# WILL SHORTZ PRESENTS HOLIDAY
# SUDOKU

## 300 EASY TO HARD PUZZLES

### INTRODUCTION BY
# WILL SHORTZ

### PUZZLES BY
# PZZL.COM

www.stmartins.com

ISBN 978-1-250-01546-4

First Edition: October 2012

10  9  8  7  6  5  4  3  2  1

# Introduction

Throughout the history of puzzles and games, many of the biggest successes have come as complete surprises, because they've broken all the "rules."

Parker Bros. famously turned down the rights to the game Monopoly in 1934, because it had "52 design errors." It was too complicated, they said, it had too many pieces, and it took too long to play. So the inventor, Charles B. Darrow, produced and sold 5,000 handmade copies of Monopoly, they quickly sold out, and—once Parker Bros. finally bought the rights—it became the biggest game hit of 1935.

Similarly, the "experts" initially pooh-poohed Scrabble, Trivial Pursuit, crossword puzzles, and many other game and puzzle successes over the years.

Hardly anyone thought sudoku would be popular when it was introduced in Britain in late 2004 and in the U.S. in 2005. The public was not interested in number puzzles, according to conventional wisdom. Yet we all know what happened. In less than a year sudoku had become one of the most popular puzzles in history. Virtually every newspaper has made room for a daily sudoku, sudoku books have been bestsellers, and sudoku tournaments have been held across the country and around the world. Language Report named "sudoku" the World of the Year for 2005.

The craze goes on, and, to everyone's surprise, shows little sign of abating.

## What's So Great About Sudoku?

The appeal of sudoku comes partly from the simplicity of the rules, which can be stated in a single sentence, and the compactness of the grid, just $9 \times 9$ squares—combined with some unexpectedly subtle logic. Even longtime enthusiasts may not understand all the techniques needed to work it. Sudoku packs a lot of punch for so small a feature.

Sudoku is a flexible puzzle. It can have different challenge levels—in this book "Light and Easy," "Moderate," "Demanding," and "Beware! Very Challenging." And the amount of time needed to solve one—generally between 10 and 30 minutes, for most people for most puzzles—is about perfect in order to feed a daily addiction. If sudoku took less time, it wouldn't pose enough challenge, and if it took more, you might lose interest or simply not be able to fit sudoku into your schedule.

Like crosswords, sudoku puzzles have blank squares that are inviting to fill in. It's said nature abhors a vacuum. We as human beings seem to have a natural compulsion to fill up empty spaces. A sudoku addict has difficulty turning a page that has empty puzzle squares begging to be completed.

Sudoku also provides an appealing rhythm of solving. Generally the first few numbers are easy to enter. Then, in the harder examples at least, you can get stymied and maybe a bit frustrated. Once you make the critical breakthrough (or breakthroughs), though, the final numbers can come quickly, giving you a rush and a heady sense of achievement—often tempting you to start another sudoku immediately. Hence the addictiveness of sudoku, which is the "crack cocaine" of puzzles.

## New Challenges
On the following pages are 300 sudoku puzzles rated "Light and Easy" (#1–90), "Moderate" (#91–150), "Demanding" (#151–225) and "Beware! Very Challenging" (#226–300). Every one has been checked, rechecked, and then re-rechecked to ensure that it has a unique solution, and that it can be solved using step-by-step logic. You never have to guess here.

As usual, all the puzzles in this book were created by my colleague Peter Ritmeester and the staff of PZZL.com.

Try them. And as one correspondent wrote me recently, you, too, will go "sudoku kuku."

—Will Shortz

# How to Solve Sudoku

A sudoku puzzle consists of a 9×9–square grid subdivided into nine 3×3 boxes. Some of the squares contain numbers. The object is to fill in the remaining squares so that every row, every column, and every 3×3 box contains each of the numbers from 1 to 9 exactly once.

Solving a sudoku puzzle involves pure logic. No guesswork is needed—or even desirable. Getting started involves mastering just a few simple techniques.

Take the example on this page (in which we've labeled the nine 3×3 boxes A to I as shown). Note that the boxes H and I already have 8's filled in, but box G does not. Can you determine where the 8 goes here?

| 5 | 8 | 6 |   |   |   |   | 1 | 2 |
|---|---|---|---|---|---|---|---|---|
|   |   |   | 5 | 2 | 8 | 6 |   |   |
| 2 | 4 |   | 8 | 1 |   |   |   | 3 |
|   |   |   | 5 |   | 3 |   | 9 |   |
|   |   |   | 8 | 1 | 2 | 4 |   |   |
| 4 |   | 5 | 6 |   |   | 7 | 3 | 8 |
|   | 5 |   | 2 | 3 |   |   | 8 | 1 |
| 7 |   |   |   | 8 |   |   |   |   |
| 3 | 6 |   |   | 5 |   |   |   |   |

| A | B | C |
|---|---|---|
| D | E | F |
| G | H | I |

The 8 can't appear in the top row of squares in box G, because an 8 already appears in the top row of I—and no number can be repeated in a row. Similarly, it can't appear in the middle row of G, because an 8 already appears in the middle row of H. So, by process of elimination, an 8 must appear in the bottom row of G. Since only one square in this row is empty—next to the 3 and 6—you have your first answer. Fill in an 8 to the right of the 6.

Next, look in the three left-hand boxes of the grid, A, D, and G. An 8 appears in both A and G (the latter being the one you just entered). In box A, the 8 appears in the middle column, while in G the 8 appears on the right. By elimination, in box D, an 8 must go in the leftmost column. But which square? The column here has two squares open.

The answer is forced by box E. Here an 8 appears in the middle row. This means an 8 cannot appear in the middle row of D. Therefore, it must appear in the top row of the leftmost column of D. You have your second answer.

In solving a sudoku, build on the answers you've filled in as far as possible—left, right, up, and down—before moving on.

For a different kind of logic, consider the sixth row of numbers—4, ?, 5, 6, ?, ?, 7, 3, 8. The missing numbers must be 1, 2, and 9, in some order. The sixth square can't be a 1, because box E already has a 1. And it can't be a 2, because a 2 already appears in the sixth column in box B. So the sixth square in the sixth row has to be a 9. Fill this in.

Now you're left with just 1 and 2 for the empty squares of this row. The fifth square can't be a 1, because box E already has a 1. So the fifth square must be a 2. The second square, by elimination, has a 1. Voilà! Your first complete row is filled in.

Box E now has only two empty squares, so this is a good spot to consider next. Only the 4 and 7 remain to be filled in. The leftmost square of the middle row can't be a 4, because a 4 already appears in this row in box F. So it must be 7. The remaining square must be 4. Your first complete box is done.

One more tip, and then you're on your own.

Consider 3's in the boxes A, B, and C. Only one 3 is filled in—in the ninth row, in box C. In box A you don't have enough information to fill in a 3 yet. However, you know the 3 can't appear in A's bottom row, because a 3 appears in the bottom row of C. And it can't appear in the top row, because that row is already done. Therefore, it must appear in the middle row. Which square, you don't know yet. But now, by elimination, you do know that in box B a 3 must appear in the top row. Specifically, it must appear in the fourth column, because 3's already appear in the fifth and sixth columns of E and H. Fill this in.

Following logic, using these and other techniques left for you to discover, you can work your way around the grid, filling in the rest of the missing numbers. The complete solution is shown below.

| 5 | 8 | 6 | 3 | 7 | 4 | 9 | 1 | 2 |
| 1 | 3 | 7 | 9 | 5 | 2 | 8 | 6 | 4 |
| 2 | 4 | 9 | 8 | 1 | 6 | 5 | 7 | 3 |
| 8 | 7 | 2 | 5 | 4 | 3 | 1 | 9 | 6 |
| 6 | 9 | 3 | 7 | 8 | 1 | 2 | 4 | 5 |
| 4 | 1 | 5 | 6 | 2 | 9 | 7 | 3 | 8 |
| 9 | 5 | 4 | 2 | 3 | 7 | 6 | 8 | 1 |
| 7 | 2 | 1 | 4 | 6 | 8 | 3 | 5 | 9 |
| 3 | 6 | 8 | 1 | 9 | 5 | 4 | 2 | 7 |

Remember, don't guess. Be careful not to repeat a number where you shouldn't, because a wrong answer may force you to start over. And don't give up. Soon you'll be a sudoku master!

# SEARCHING FOR MORE SUDOKU?

| | 4 | | | | | | 3 | |
|---|---|---|---|---|---|---|---|---|
| 9 | 3 | | 7 | | | | 6 | 2 |
| 1 | | | | | 9 | | 5 | |
| | | | 8 | 9 | | | | |
| | | | | 3 | | 1 | | |
| | 6 | 9 | | | 7 | 3 | | |
| 7 | 5 | 4 | 9 | 6 | | | | |
| 8 | 1 | | | | | | | |
| | | | | | 2 | 8 | | |

| 4 |   |   |   |   |   | 5 |   |   |
|---|---|---|---|---|---|---|---|---|
|   | 3 | 7 | 2 | 6 |   |   |   | 1 |
|   |   |   |   |   |   |   |   | 3 |
| 5 | 9 |   | 7 |   |   | 1 | 6 |   |
|   | 7 |   |   | 9 | 2 |   | 4 |   |
|   |   | 4 | 8 |   | 6 |   | 9 |   |
|   |   | 5 |   |   | 3 |   |   |   |
| 6 | 4 | 3 |   | 1 |   |   |   | 7 |
| 1 |   |   |   |   |   |   |   |   |

| | | | | 7 | | 3 | 2 | |
|---|---|---|---|---|---|---|---|---|
| 4 | | | 1 | | | | 8 | |
| | 9 | 3 | | 4 | | | | 1 |
| 6 | | | | | 5 | | | |
| | | | | | | | | 9 |
| 2 | | | 8 | | | 6 | 1 | |
| | 6 | 4 | | | 2 | | 7 | |
| | | | | | | | 9 | |
| | | | | | 3 | 5 | | |

|   | 6 | 7 |   |   | 1 | 5 | 3 |   |
|---|---|---|---|---|---|---|---|---|
|   |   |   |   |   | 6 |   |   |   |
|   |   | 1 | 2 |   | 8 |   | 9 |   |
|   |   | 4 | 8 | 9 |   | 1 |   |   |
| 9 |   |   |   |   |   |   | 5 |   |
|   |   |   |   | 2 | 5 | 4 |   |   |
|   | 4 |   |   |   |   | 2 |   |   |
|   |   | 3 |   |   |   | 6 | 4 |   |
|   |   |   | 3 |   |   |   |   |   |

| | | 3 | | | | | | |
|---|---|---|---|---|---|---|---|---|
| 4 | 2 | | 7 | 5 | 6 | | | |
| 8 | 7 | 9 | | | | 1 | | |
| | 5 | 8 | 1 | 2 | 7 | | 3 | |
| 3 | 1 | 4 | | | | | | |
| 2 | | | | | | 8 | | |
| 1 | | | | | 3 | | | |
| 9 | 8 | 6 | | | | | 1 | 4 |
| | 3 | | 8 | 4 | | 2 | 9 | |

|   |   | 6 |   |   | 8 |   | 4 |   |
|---|---|---|---|---|---|---|---|---|
|   |   | 8 |   | 9 | 5 |   |   |   |
| 2 | 9 |   |   |   | 4 |   | 1 |   |
|   | 5 | 7 |   |   |   |   | 6 |   |
| 3 |   | 9 | 8 |   |   |   | 2 |   |
| 4 |   |   | 1 | 5 |   | 9 |   |   |
|   |   | 3 |   |   |   |   |   |   |
|   |   |   |   | 3 | 1 |   | 9 | 8 |
|   |   |   | 6 | 7 |   |   |   |   |

| 4 |   |   |   |   |   |   | 2 |   |
|---|---|---|---|---|---|---|---|---|
|   | 5 |   | 8 |   | 1 | 6 |   | 9 |
|   | 1 |   |   | 9 |   |   |   | 8 |
| 1 | 3 |   |   | 4 |   |   | 6 |   |
|   |   |   |   |   |   |   |   | 3 |
|   |   | 2 |   |   | 6 | 5 | 1 |   |
| 9 |   |   | 1 |   | 8 |   |   | 2 |
|   | 6 | 3 |   |   | 7 |   |   | 1 |
|   |   |   | 4 |   |   |   |   |   |

|   |   | 9 |   | 3 | 6 | 4 |   | 7 |
|---|---|---|---|---|---|---|---|---|
|   |   | 4 |   | 9 |   | 5 |   |   |
|   | 1 | 3 |   | 7 | 8 | 9 | 6 |   |
| 3 |   |   |   |   | 7 | 6 |   |   |
| 1 | 5 |   | 6 | 2 |   |   | 3 | 4 |
| 9 | 6 | 8 | 3 |   | 4 |   |   |   |
|   |   |   |   |   |   |   |   |   |
|   | 3 |   |   | 4 |   |   | 2 |   |
|   | 2 | 5 | 8 | 1 |   |   |   | 6 |

| 3 |   |   | 5 | 7 |   |   | 2 | 6 |
|---|---|---|---|---|---|---|---|---|
| 9 |   | 5 |   | 4 |   |   | 7 |   |
|   |   | 7 |   |   |   |   | 3 |   |
|   |   | 8 | 6 |   |   |   |   |   |
|   |   |   |   |   |   | 2 |   | 9 |
| 1 | 7 |   | 9 |   | 4 | 6 |   | 3 |
|   | 5 |   | 2 | 6 |   | 3 | 9 |   |
|   |   | 9 |   |   |   | 7 |   | 2 |
| 2 |   |   |   | 9 |   |   | 5 | 8 |

| 8 | 2 | 7 |   |   | 6 |   | 9 |   |
|---|---|---|---|---|---|---|---|---|
|   |   | 9 |   |   |   |   |   | 8 |
| 1 | 3 | 5 |   | 9 | 8 | 7 |   | 4 |
|   |   |   | 8 | 6 |   | 4 | 5 |   |
| 4 |   | 8 | 3 |   | 1 |   |   |   |
| 9 | 5 |   | 7 |   | 2 | 3 |   |   |
|   |   | 3 | 6 |   |   | 2 |   | 9 |
|   |   |   | 1 | 2 |   |   | 3 |   |
|   |   |   |   |   | 7 | 6 |   | 5 |

|   |   | 3 |   |   |   |   | 7 |   |
|---|---|---|---|---|---|---|---|---|
| 4 | 2 | 7 | 8 | 3 |   |   | 9 | 1 |
|   | 9 | 8 |   |   | 2 |   |   | 5 |
|   | 3 | 6 |   | 5 |   | 8 |   | 9 |
|   |   | 1 |   |   |   |   |   |   |
|   |   |   |   | 6 |   |   | 1 | 7 |
|   |   |   |   | 1 |   |   | 5 | 3 |
| 7 |   |   |   | 2 |   |   |   |   |
|   |   |   | 6 |   | 8 |   |   |   |

|   |   | 1 |   |   |   | 8 |   |   |
|---|---|---|---|---|---|---|---|---|
|   | 7 |   | 9 | 5 | 3 | 1 |   | 2 |
| 4 | 3 | 2 |   | 8 |   | 9 |   |   |
|   |   | 4 |   | 9 |   | 7 | 5 |   |
|   |   | 9 | 7 |   |   |   |   |   |
|   |   | 7 | 4 |   | 8 |   | 2 | 9 |
| 7 | 9 |   |   | 4 | 1 |   |   | 6 |
|   |   | 8 |   |   | 6 | 3 |   | 4 |
|   | 4 |   |   | 2 |   | 5 |   |   |

| | 2 | | | 8 | | | 6 | |
|---|---|---|---|---|---|---|---|---|
| | | | 3 | 6 | | | | |
| | | 3 | | | | 5 | | |
| 3 | | 6 | 7 | 4 | | | | |
| 9 | 5 | 7 | | 1 | | 4 | 3 | |
| | | 1 | | | | | | 6 |
| | | | 4 | | | 2 | | 5 |
| 6 | | | | 9 | 5 | | 8 | |
| | | | | | | | 1 | 9 |

| | | | | | | 3 | 2 | 4 |
|---|---|---|---|---|---|---|---|---|
| | 4 | 5 | | | 2 | 7 | | |
| | | | 4 | | 6 | | | |
| 2 | | | | 3 | 7 | | | 6 |
| | 9 | 3 | 2 | | 8 | 1 | 7 | 5 |
| | 1 | | | 6 | 9 | | | 3 |
| 5 | | 4 | | | 3 | | | |
| | 3 | 2 | | | | | 4 | 7 |
| 7 | 8 | | 9 | | | | | |

| 7 |   |   |   | 9 | 3 |   |   | 5 |
|---|---|---|---|---|---|---|---|---|
|   |   |   |   |   | 4 |   |   | 7 |
| 2 |   |   | 1 |   |   |   | 9 | 3 |
|   | 6 | 4 |   |   | 9 |   | 5 |   |
|   |   |   |   | 1 | 8 | 2 |   |   |
|   |   | 5 |   |   | 6 |   |   |   |
|   |   |   |   | 6 |   |   |   | 2 |
|   | 7 |   |   | 8 |   |   |   |   |
| 9 |   | 1 | 4 |   |   | 6 | 3 |   |

|   |   |   |   |   |   | 5 |   | 8 |
|---|---|---|---|---|---|---|---|---|
|   |   | 1 |   |   |   |   | 9 |   |
|   |   | 8 |   | 7 |   |   |   |   |
| 2 |   |   |   |   |   |   |   | 7 |
|   |   | 5 |   | 8 | 1 |   |   |   |
| 3 |   |   |   |   |   | 4 | 1 |   |
|   |   |   | 2 |   |   |   | 6 |   |
| 5 |   | 6 | 3 |   |   | 9 |   |   |
| 8 | 4 | 7 | 6 | 1 |   |   | 3 |   |

|   |   | 6 | 7 |   | 3 |   |   |   |
|---|---|---|---|---|---|---|---|---|
|   |   | 3 |   |   |   |   | 9 |   |
|   | 2 | 8 |   |   | 9 |   | 6 |   |
| 6 | 1 |   | 2 |   | 8 | 7 |   | 9 |
|   |   | 7 |   | 4 |   |   |   | 8 |
|   |   |   |   | 9 |   |   |   |   |
|   | 6 | 9 | 8 | 3 |   |   |   |   |
| 8 | 7 | 2 |   |   | 4 |   |   | 3 |
| 4 | 3 |   |   |   | 2 | 8 |   |   |

|   |   | 1 |   | 8 | 2 |   |   | 6 |
|---|---|---|---|---|---|---|---|---|
| 9 | 5 |   | 3 |   | 6 |   |   |   |
| 4 |   |   |   |   |   | 2 |   |   |
|   | 2 |   |   | 9 | 5 | 6 |   | 4 |
|   |   | 5 |   | 2 |   |   |   |   |
|   | 8 |   |   |   |   |   |   | 5 |
| 8 |   |   |   |   |   | 1 |   |   |
| 2 |   | 3 |   | 4 | 7 |   |   |   |
|   | 1 |   |   | 3 |   |   | 4 |   |

|   |   |   | 7 |   |   | 8 |   |   |
|---|---|---|---|---|---|---|---|---|
|   | 7 |   |   | 6 |   |   | 2 | 3 |
| 4 | 9 |   |   |   |   |   |   |   |
| 5 |   |   | 3 | 7 |   |   | 9 |   |
| 9 |   |   |   | 2 |   |   |   | 8 |
|   |   |   | 6 | 5 |   |   |   |   |
|   |   | 8 |   |   |   |   |   | 2 |
| 7 |   |   |   |   |   |   |   |   |
| 3 | 5 |   |   |   | 4 | 9 |   | 1 |

# 20 Light and Easy

|   |   |   | 2 | 3 |   |   |   |   |
|---|---|---|---|---|---|---|---|---|
| 2 |   |   |   | 1 | 8 |   | 3 | 5 |
| 9 |   | 8 | 4 | 5 | 7 | 2 |   |   |
|   |   |   |   |   | 6 |   | 7 |   |
|   |   |   | 3 |   |   | 1 |   |   |
| 6 |   |   |   | 4 |   |   | 8 |   |
| 7 | 1 |   | 8 | 2 |   |   | 5 |   |
|   |   |   | 7 |   |   | 3 | 1 | 4 |
| 5 |   |   |   | 6 |   | 7 |   |   |

|   | 7 |   | 6 |   | 9 | 5 |   |   |
|---|---|---|---|---|---|---|---|---|
|   |   |   |   | 2 |   |   |   |   |
|   |   |   | 7 |   | 4 |   |   | 9 |
|   |   |   |   | 1 |   |   |   | 6 |
|   | 9 | 1 | 3 |   |   |   |   | 2 |
| 2 |   |   |   | 5 |   | 7 |   | 8 |
|   | 8 |   |   |   |   | 1 | 4 | 7 |
| 1 |   |   |   | 4 |   |   | 9 |   |
|   | 6 | 4 |   | 9 |   | 2 |   |   |

**Light and Easy**

|   |   |   |   | 5 |   |   |   |   |
|---|---|---|---|---|---|---|---|---|
| 9 |   | 2 |   | 7 |   |   |   | 3 |
|   |   |   |   | 2 | 6 | 4 |   | 9 |
|   | 3 | 4 |   |   | 5 |   |   |   |
|   |   |   | 4 | 6 |   |   | 1 | 8 |
| 7 |   |   |   |   | 1 | 2 |   |   |
| 6 |   |   | 7 | 1 |   | 9 | 4 |   |
| 4 |   |   | 6 | 9 |   |   |   | 7 |
| 8 |   | 7 | 5 |   | 2 |   |   |   |

|   | 7 |   |   |   | 4 |   | 8 |   |
|---|---|---|---|---|---|---|---|---|
| 3 |   |   | 9 |   |   |   |   |   |
| 8 | 1 |   |   | 6 |   |   | 9 | 2 |
|   |   |   |   |   | 9 |   | 5 |   |
|   |   | 6 |   |   |   |   |   |   |
| 7 | 3 |   | 8 |   | 6 |   |   | 4 |
|   |   |   |   |   |   |   |   |   |
|   |   | 4 |   |   | 5 |   |   | 7 |
| 9 |   |   | 3 | 4 |   |   |   | 6 |

|   | 1 | 7 |   |   |   |   |   |   |
|---|---|---|---|---|---|---|---|---|
| 6 |   | 4 | 7 |   | 2 | 1 |   |   |
| 9 |   |   |   | 1 |   |   | 2 | 3 |
| 4 | 7 |   | 5 |   |   | 3 |   | 6 |
|   | 6 | 1 | 8 | 3 | 9 |   |   | 7 |
|   |   |   |   | 4 | 7 | 8 | 5 |   |
| 8 | 4 |   |   | 7 | 5 |   |   |   |
|   |   | 2 |   |   |   |   |   |   |
|   | 5 | 3 | 2 |   | 8 |   | 1 |   |

|   | 7 | 5 | 2 | 3 |   | 1 |   |   |
|---|---|---|---|---|---|---|---|---|
|   |   | 8 | 1 |   |   | 2 |   | 5 |
|   |   | 6 |   |   | 4 | 7 | 3 | 9 |
|   |   | 3 | 8 |   |   |   |   |   |
|   |   | 7 |   | 2 |   |   |   |   |
| 1 |   |   | 7 |   |   |   | 5 |   |
|   | 3 |   |   | 7 |   |   |   | 2 |
|   | 6 |   | 3 | 1 | 2 |   | 9 |   |
|   |   |   |   | 6 | 8 |   | 7 | 1 |

Light and Easy

|   |   | 8 |   |   | 9 | 3 | 6 | 7 |
|---|---|---|---|---|---|---|---|---|
| 5 | 4 | 7 |   |   | 3 |   | 1 |   |
| 6 |   |   | 2 | 7 | 1 | 4 |   |   |
|   | 8 |   |   |   | 7 |   |   | 6 |
| 1 |   |   | 8 |   | 5 |   | 9 | 4 |
| 7 |   | 6 |   |   |   |   |   |   |
|   |   |   | 7 |   | 2 | 6 |   | 5 |
| 4 |   |   | 1 |   | 8 | 2 | 7 |   |
|   |   |   |   | 9 |   | 8 |   |   |

| 9 |   | 6 |   |   | 1 |   |   | 3 |
|   | 5 |   |   |   |   | 7 | 6 |   |
|   |   |   | 6 | 3 |   |   | 5 | 2 |
|   |   | 5 | 2 |   |   |   | 3 |   |
|   |   |   |   | 4 |   | 2 | 1 |   |
|   | 4 |   |   |   | 3 |   |   |   |
|   |   |   |   | 6 |   | 3 |   | 7 |
| 6 | 9 | 4 |   |   | 7 |   | 2 |   |
|   | 3 |   | 5 |   | 8 |   | 4 | 1 |

|   |   |   | 9 |   | 3 |   | 6 |   |
|---|---|---|---|---|---|---|---|---|
| 9 |   | 6 |   | 7 |   | 2 | 5 |   |
| 4 |   |   |   |   | 1 |   |   |   |
| 5 |   |   |   | 4 |   | 3 |   | 1 |
|   |   | 3 | 1 |   |   | 7 |   | 5 |
| 1 |   |   |   |   |   |   | 8 |   |
|   |   | 1 |   |   | 7 |   |   | 8 |
|   |   | 8 |   |   |   |   | 9 |   |
|   |   | 5 |   | 3 |   | 6 |   |   |

|   |   |   | 5 | 9 |   |   | 6 |   |
|---|---|---|---|---|---|---|---|---|
|   | 6 | 9 |   |   |   |   | 1 |   |
| 2 |   | 8 |   |   | 4 |   |   |   |
| 3 |   |   | 7 |   | 9 | 4 |   | 6 |
| 9 |   |   | 2 |   |   |   |   |   |
|   |   |   | 1 | 4 |   | 3 | 2 | 9 |
| 1 | 8 |   | 9 | 6 |   |   |   |   |
| 7 |   |   |   | 1 | 2 | 6 | 9 | 8 |
| 6 |   |   |   | 8 | 7 | 5 | 3 |   |

|   |   |   |   |   |   |   | 9 |   |
|---|---|---|---|---|---|---|---|---|
|   | 7 |   | 2 | 1 |   |   |   |   |
|   | 4 |   |   |   |   | 1 |   |   |
|   |   |   | 4 |   | 6 |   |   | 7 |
|   | 6 |   |   | 5 |   |   | 3 | 2 |
| 4 |   |   | 9 | 3 |   |   | 6 |   |
| 1 |   |   |   | 2 | 5 |   | 4 | 6 |
|   |   |   |   | 9 |   |   |   |   |
|   |   |   | 8 |   |   | 3 | 1 |   |

| | | | | 9 | 7 | 3 | | |
|---|---|---|---|---|---|---|---|---|
| 2 | 4 | | | | 8 | | | 9 |
| 9 | | 7 | | 5 | | | | |
| 7 | 3 | | | | 4 | 5 | | |
| | 6 | | | 3 | | | 7 | 4 |
| 8 | | | | 1 | | | | |
| | | | 5 | | | | | |
| 1 | 2 | 5 | | | | | 3 | |
| | 8 | | | | 6 | | | |

|   | 9 | 1 | 6 |   |   |   | 8 | 3 |
|---|---|---|---|---|---|---|---|---|
| 4 |   |   |   | 1 |   |   |   | 5 |
|   | 8 |   |   |   |   | 6 |   | 7 |
|   |   | 9 | 1 | 8 |   |   | 5 |   |
| 8 | 5 | 4 | 3 | 9 |   |   |   |   |
|   |   | 7 |   | 6 |   |   | 9 |   |
|   | 3 | 8 | 7 | 2 |   |   |   |   |
|   |   |   | 4 | 3 |   |   | 7 | 6 |
|   |   |   |   |   | 8 |   |   |   |

|   |   |   |   |   |   | 1 | 8 |   |
|---|---|---|---|---|---|---|---|---|
|   |   | 8 |   | 7 |   |   | 6 |   |
| 1 |   | 6 |   |   |   | 5 |   | 3 |
|   | 1 |   | 5 |   |   | 9 | 2 | 8 |
|   | 5 | 4 | 9 |   |   |   | 1 |   |
| 6 |   |   | 8 | 1 | 3 |   | 4 |   |
| 2 | 9 |   |   | 4 |   |   | 3 | 1 |
| 7 |   | 1 | 6 |   |   | 4 | 9 | 2 |
|   |   | 3 | 1 |   |   |   |   |   |

# 34 Light and Easy

| 4 |   | 2 | 9 |   |   |   |   | 5 |
|---|---|---|---|---|---|---|---|---|
| 8 |   |   |   |   |   |   |   |   |
|   |   |   | 2 |   |   | 9 | 6 |   |
| 1 | 3 | 5 |   |   |   | 2 |   | 6 |
| 2 |   | 9 |   |   | 7 | 5 |   |   |
|   |   |   |   |   |   |   |   |   |
|   |   | 1 |   |   |   | 6 |   |   |
|   | 6 | 8 |   |   | 9 | 1 |   | 2 |
|   |   |   |   | 1 |   | 3 | 8 | 4 |

| | | 4 | | 8 | | 3 | | |
|---|---|---|---|---|---|---|---|---|
| | | 8 | 1 | 5 | | 7 | | |
| 1 | 2 | 9 | 6 | | | | 8 | 4 |
| 2 | 4 | 7 | | 1 | | 6 | 5 | 9 |
| | 9 | | 7 | | 6 | 2 | 1 | |
| 3 | | | | 9 | | 8 | | 7 |
| | 1 | | 9 | | | | | |
| | 8 | 2 | | 6 | | 9 | 7 | 5 |
| | | | | | 5 | 1 | | |

|   |   | 9 |   |   |   |   |   | 2 |
|---|---|---|---|---|---|---|---|---|
| 8 |   |   |   |   |   | 4 |   |   |
|   |   |   |   |   | 4 | 8 | 3 |   |
|   |   | 3 | 4 |   | 8 | 9 |   | 1 |
| 7 |   |   |   |   |   |   | 5 | 8 |
|   | 6 |   |   | 2 |   |   |   |   |
| 5 |   |   |   |   |   | 3 |   |   |
|   |   |   |   | 5 |   |   | 1 |   |
| 1 | 4 |   | 7 | 3 |   |   |   |   |

| | | | | | | | | |
|---|---|---|---|---|---|---|---|---|
| | | | | | | | | |
| | | | | 4 | 3 | | | |
| | 1 | | | 5 | 6 | 2 | 9 | |
| 6 | | 4 | | | 7 | 5 | | |
| | 5 | 1 | | | 8 | | | 6 |
| | 2 | | 3 | | | | 8 | 4 |
| | | | | 3 | | 7 | | 8 |
| | 6 | 2 | | 7 | | | | 5 |
| 5 | | | 6 | | | | | |

| | 7 | | 9 | 6 | | 1 | 2 | |
|---|---|---|---|---|---|---|---|---|
| | 8 | | | | | | | |
| 2 | | | 3 | | | | 8 | 4 |
| | | | | | | | | |
| 9 | 3 | | 4 | | 2 | | | |
| | | | | | | | 7 | 6 |
| | | | | | | | | |
| | | 7 | | 8 | | 5 | | |
| | | 1 | 6 | 5 | 4 | | | 3 |

| 3 | 2 |   | 1 | 9 |   | 4 | 7 | 8 |
|---|---|---|---|---|---|---|---|---|
|   |   | 1 | 4 | 6 | 2 | 5 |   |   |
|   |   |   | 8 |   |   | 6 |   |   |
|   | 6 | 7 | 2 |   |   |   |   |   |
|   |   | 8 |   | 4 | 7 |   | 6 |   |
| 2 |   | 3 |   | 5 | 8 | 7 |   |   |
| 9 | 1 |   | 3 |   |   |   |   | 7 |
| 6 |   |   | 7 | 8 | 9 |   |   | 4 |
| 8 |   |   |   |   |   |   | 9 | 6 |

|   |   | 1 |   |   | 5 | 4 | 6 |   |
|---|---|---|---|---|---|---|---|---|
|   |   | 6 | 4 | 1 |   |   |   |   |
|   |   |   |   |   |   | 3 | 8 |   |
| 4 | 9 |   |   | 7 | 2 |   | 5 |   |
|   |   |   |   |   | 8 | 9 |   | 4 |
| 6 | 5 |   | 1 | 4 | 9 |   |   |   |
| 8 |   | 9 | 2 |   | 1 | 7 |   |   |
| 7 | 2 |   |   | 5 |   |   |   |   |
|   |   | 5 | 8 |   | 7 | 6 |   |   |

| 2 |   |   |   |   |   |   |   | 3 |
|---|---|---|---|---|---|---|---|---|
| 7 |   |   |   | 8 |   |   | 4 | 9 |
|   |   |   |   |   | 6 |   | 1 |   |
|   | 1 |   | 8 |   |   |   |   | 6 |
| 6 | 2 |   | 1 |   |   |   |   |   |
|   | 8 | 9 |   | 4 | 7 |   |   |   |
|   |   |   | 4 | 1 | 5 |   | 3 | 7 |
|   |   | 4 |   | 3 | 8 | 2 |   |   |
|   | 5 | 8 |   |   |   |   |   | 4 |

| | | 1 | 8 | 7 | 4 | | 3 | 2 |
|---|---|---|---|---|---|---|---|---|
| | | 3 | | | | | 8 | 4 |
| 2 | 4 | | 1 | 9 | | | | 5 |
| | | | | 2 | 5 | | 1 | 7 |
| 3 | | 2 | | | | | | |
| | | | 9 | | 7 | | 2 | |
| 8 | | | | 3 | 2 | | 9 | |
| 9 | 2 | 4 | 7 | 8 | | | | |
| | 3 | 5 | 4 | 6 | | | | |

| 4 | 1 | 9 | 6 |   |   |   |   | 8 |
|---|---|---|---|---|---|---|---|---|
|   | 7 | 5 |   |   |   |   |   |   |
|   | 3 |   | 7 |   |   | 9 | 2 | 1 |
|   | 5 |   |   |   |   | 3 | 9 |   |
|   |   |   | 9 |   |   |   |   |   |
|   |   |   | 3 | 4 | 6 |   | 8 | 5 |
|   |   |   | 8 |   | 3 |   | 7 |   |
| 7 | 2 | 8 | 4 |   | 1 |   |   |   |
|   |   | 3 |   | 2 |   |   |   | 4 |

|   |   | 5 |   |   |   | 9 | 4 | 2 |
|---|---|---|---|---|---|---|---|---|
| 9 |   | 4 | 2 |   | 5 |   | 3 |   |
| 3 | 6 | 2 |   | 9 | 8 | 1 | 5 |   |
|   |   |   | 5 | 4 |   | 7 |   | 9 |
|   |   | 3 | 9 | 7 |   |   |   | 8 |
|   | 4 |   |   | 6 | 1 |   |   |   |
| 4 |   |   | 1 |   | 6 |   | 8 |   |
| 2 | 1 |   |   |   |   |   | 7 |   |
| 5 |   |   |   |   | 4 | 6 | 9 |   |

|   |   | 5 | 4 |   |   | 6 | 9 |   |
|---|---|---|---|---|---|---|---|---|
| 6 |   |   | 5 | 9 |   |   | 2 | 7 |
|   |   |   |   | 7 |   |   |   |   |
|   | 8 |   | 9 |   | 4 | 1 | 5 |   |
|   | 9 |   |   |   |   |   |   | 6 |
|   |   |   | 2 |   |   |   | 4 |   |
|   |   | 8 |   | 5 | 6 |   |   | 3 |
| 2 | 3 |   |   |   |   | 7 |   |   |
|   |   |   |   | 8 |   |   |   |   |

|   |   |   |   |   | 6 | 9 | 5 | 1 |
|---|---|---|---|---|---|---|---|---|
|   | 1 |   |   |   | 9 |   |   |   |
|   |   | 7 | 5 |   |   | 8 |   | 6 |
| 9 | 7 |   |   |   | 2 | 6 |   |   |
| 1 | 6 |   | 4 |   |   |   |   | 3 |
| 2 |   | 4 | 8 |   |   | 5 |   |   |
|   |   |   | 9 |   | 8 | 7 | 3 | 5 |
|   |   | 9 | 1 | 2 | 3 | 4 |   | 8 |
| 8 | 4 |   |   |   |   |   |   | 2 |

|   |   | 9 | 1 | 7 | 5 |   | 3 |   |
|---|---|---|---|---|---|---|---|---|
|   |   | 1 |   | 4 |   |   |   |   |
|   |   | 5 | 3 |   | 9 |   |   | 6 |
|   |   |   |   |   | 2 |   | 8 | 9 |
| 7 | 5 | 2 |   |   |   |   |   |   |
|   | 4 |   | 7 |   |   |   |   |   |
|   |   | 6 | 2 |   | 8 | 4 |   | 1 |
|   |   |   |   |   |   |   | 5 |   |
|   | 9 |   |   |   | 7 | 3 |   | 2 |

| 5 | 3 |   | 8 |   |   | 2 |   |   |
|---|---|---|---|---|---|---|---|---|
|   |   |   |   | 6 |   |   | 1 | 5 |
| 6 |   | 1 |   | 3 | 4 | 9 | 7 |   |
|   |   | 3 |   | 2 | 8 |   | 9 |   |
|   | 9 | 5 | 1 | 7 |   |   |   |   |
|   |   |   |   |   | 6 |   | 8 |   |
| 2 |   | 8 |   |   | 5 | 7 |   | 1 |
| 7 | 5 |   | 3 |   | 1 | 8 | 6 |   |
|   |   |   | 7 |   | 2 | 4 | 5 |   |

| 6 |   |   |   |   |   | 9 |   |   |
|---|---|---|---|---|---|---|---|---|
| 3 | 2 |   | 9 | 5 |   |   | 1 | 7 |
|   | 9 |   | 1 | 7 |   |   |   |   |
|   |   |   | 7 |   |   |   |   | 1 |
|   |   | 9 |   |   |   | 5 | 2 |   |
| 5 |   | 6 |   |   |   |   | 9 | 8 |
| 2 |   |   |   |   |   | 6 |   |   |
| 1 |   |   | 2 | 6 |   | 8 | 7 |   |
|   |   |   |   | 4 | 8 |   |   |   |

|   |   |   |   |   |   | 6 |   |   |
|---|---|---|---|---|---|---|---|---|
|   |   | 1 |   | 2 |   | 5 |   |   |
| 3 | 7 |   |   |   | 4 |   |   |   |
| 2 |   |   |   |   | 1 |   |   |   |
| 6 |   | 8 | 7 |   |   |   | 2 | 9 |
| 4 | 5 |   |   |   | 3 |   | 1 |   |
|   |   |   | 8 |   |   |   |   |   |
| 5 |   | 9 |   |   |   |   |   |   |
| 7 |   | 2 | 1 | 5 | 9 |   | 8 |   |

| 6 | 5 |   | 8 |   | 7 | 9 |   |   |
|---|---|---|---|---|---|---|---|---|
|   |   | 7 |   | 1 |   | 5 |   |   |
|   |   |   |   |   |   |   | 4 |   |
|   | 7 |   | 2 | 6 |   |   |   |   |
|   | 2 | 9 |   |   |   |   | 7 | 4 |
|   |   |   |   |   | 3 |   | 9 |   |
|   |   |   |   | 3 |   |   |   | 2 |
| 1 | 8 |   | 9 | 2 |   |   | 5 | 3 |
|   |   | 4 |   | 5 | 6 |   |   |   |

|   |   |   | 3 |   |   |   |   | 8 |
|---|---|---|---|---|---|---|---|---|
|   | 6 |   | 8 |   |   |   | 4 |   |
| 3 |   |   |   | 5 |   |   |   |   |
| 8 |   |   |   |   |   | 2 |   |   |
|   | 2 | 5 |   |   |   | 6 | 1 |   |
|   | 1 | 4 | 5 |   |   |   |   |   |
|   | 7 |   |   |   | 1 |   |   | 9 |
|   |   | 9 | 2 |   |   | 4 |   |   |
|   |   | 6 | 4 | 3 |   |   | 8 |   |

|   |   |   | 4 |   | 9 | 3 | 6 | 1 |
|---|---|---|---|---|---|---|---|---|
|   |   | 3 |   | 5 |   |   | 8 | 4 |
| 6 | 9 |   | 3 |   |   | 5 |   | 2 |
|   |   |   | 8 |   | 7 | 1 |   |   |
| 1 | 4 | 9 |   | 2 | 3 |   | 5 |   |
|   | 7 | 8 |   |   |   |   |   | 9 |
| 9 | 2 | 1 |   |   | 4 |   |   |   |
|   |   |   | 9 | 6 |   | 8 | 1 | 5 |
| 5 |   | 6 |   | 3 |   |   | 2 |   |

| 6 | 3 |   |   |   |   |   |   |   |
|---|---|---|---|---|---|---|---|---|
|   |   | 7 | 1 |   |   | 9 | 3 | 4 |
|   |   | 1 | 8 |   |   |   | 6 | 2 |
|   |   | 4 |   |   |   | 5 |   |   |
|   | 1 | 2 |   | 7 |   |   |   | 6 |
|   | 8 |   | 5 |   | 2 | 3 |   |   |
|   |   |   |   |   |   |   | 7 | 9 |
|   |   |   | 9 |   |   | 4 |   | 3 |
|   | 9 |   |   | 5 | 4 |   | 1 |   |

| 4 | 8 |   |   |   |   |   |   |   |
|---|---|---|---|---|---|---|---|---|
|   |   | 1 |   |   |   |   |   | 7 |
| 7 |   | 9 | 1 |   | 3 |   |   |   |
| 5 |   | 4 | 8 |   | 9 | 6 | 7 |   |
|   | 2 | 8 |   |   | 5 |   |   | 4 |
|   |   |   |   | 4 | 1 |   |   | 2 |
|   |   | 5 | 7 |   |   | 4 |   | 3 |
| 8 |   |   |   | 5 | 2 | 7 | 9 | 6 |
|   |   |   |   |   | 6 |   |   |   |

| 2 |   | 3 |   |   |   |   | 8 | 4 |
|---|---|---|---|---|---|---|---|---|
| 1 |   |   |   |   |   | 5 | 2 | 3 |
| 5 |   |   | 2 |   |   |   | 6 |   |
| 3 | 9 |   | 8 |   | 5 |   |   | 6 |
|   |   |   | 9 |   |   |   |   |   |
|   | 5 | 6 |   | 1 |   |   | 4 |   |
|   | 1 |   |   | 6 |   |   | 3 |   |
| 6 |   |   | 5 |   | 4 | 1 |   |   |
|   |   |   |   | 8 |   |   |   |   |

| 3 |   | 1 |   |   |   |   |   | 9 |
|---|---|---|---|---|---|---|---|---|
|   |   |   | 1 |   | 9 |   |   |   |
|   |   |   | 7 |   | 5 |   |   | 6 |
|   | 3 |   | 8 |   |   |   | 1 |   |
| 1 | 8 |   |   |   | 2 |   | 4 |   |
| 4 |   | 2 |   |   |   | 6 |   |   |
|   | 1 |   | 5 |   |   | 3 |   |   |
|   |   | 7 |   | 8 | 3 | 9 |   |   |
| 5 |   |   | 6 |   | 4 |   |   | 7 |

Light and Easy

| 7 | 4 |   |   | 3 |   | 8 |   |   |
|---|---|---|---|---|---|---|---|---|
|   |   | 8 |   | 1 | 2 |   |   | 6 |
|   |   |   |   |   |   |   | 5 |   |
|   | 2 | 4 |   |   |   |   | 6 |   |
| 5 |   | 9 |   |   |   |   | 2 | 4 |
|   |   | 3 | 5 |   |   | 1 |   |   |
|   |   |   |   |   |   |   | 9 |   |
| 6 | 1 |   |   |   | 8 |   |   |   |
|   |   |   | 2 |   | 7 |   |   |   |

| | | | | | | 8 | | 2 |
|---|---|---|---|---|---|---|---|---|
| 1 | | | 7 | 2 | | | | |
| | | | | | 8 | | | 4 |
| | | | | 7 | | | | 6 |
| | 6 | | | | | 3 | | |
| | 8 | | | 3 | 6 | | 4 | |
| | 9 | | 2 | | | | | 3 |
| | 5 | 1 | | 9 | | | 6 | |
| 6 | 4 | | | | | | 5 | 7 |

|   | 3 | 8 | 2 |   | 9 |   |   | 4 |
|---|---|---|---|---|---|---|---|---|
|   |   |   |   | 3 |   |   |   |   |
| 2 |   | 9 |   | 1 |   |   |   | 7 |
|   | 8 |   |   |   |   |   | 2 |   |
| 6 |   |   | 7 | 5 | 8 |   | 1 |   |
|   |   | 7 |   |   | 6 |   | 9 |   |
|   | 3 |   |   |   |   |   |   |   |
|   | 2 |   |   |   |   |   |   | 9 |
| 4 |   |   |   |   | 5 |   | 8 |   |

| 6 |   |   | 8 | 9 | 5 |   |   |   |
|---|---|---|---|---|---|---|---|---|
|   |   | 1 | 7 | 4 | 2 |   | 6 |   |
| 5 | 9 | 7 |   | 3 |   |   |   |   |
| 3 |   |   |   | 7 |   |   |   |   |
|   | 6 |   | 4 |   | 3 | 7 | 2 |   |
| 4 | 7 |   |   |   | 8 | 5 |   | 3 |
|   | 1 |   | 5 |   |   | 6 | 3 |   |
| 2 |   |   | 3 | 1 |   |   |   |   |
|   | 4 | 3 |   |   | 9 |   | 5 |   |

|   |   |   |   |   |   |   | 2 |   |
|---|---|---|---|---|---|---|---|---|
| 8 |   | 9 |   |   |   |   |   |   |
| 4 | 7 |   | 5 | 6 |   |   | 1 |   |
|   |   |   | 6 |   |   |   | 8 | 7 |
| 3 |   | 5 |   | 7 |   |   |   | 2 |
| 9 |   |   |   |   |   | 5 |   |   |
|   |   |   |   |   | 6 | 1 |   | 3 |
|   |   | 6 |   | 5 | 9 | 2 |   |   |
|   |   | 1 |   | 3 |   |   | 5 |   |

| | 6 | | 8 | 5 | 7 | | | |
|---|---|---|---|---|---|---|---|---|
| | | | | | 9 | | | |
| 5 | 9 | | | | 3 | 7 | 1 | 8 |
| | 4 | | | | 5 | | | 2 |
| | | 3 | 9 | | | | 7 | 1 |
| 2 | 5 | 7 | | | | | 8 | |
| | | 2 | | | | | | 7 |
| 9 | | 6 | 3 | | 2 | | 4 | 5 |
| 8 | 7 | 5 | | 4 | 1 | 9 | | |

| 9 |   | 7 |   |   |   |   |   | 5 |
|---|---|---|---|---|---|---|---|---|
|   |   | 4 | 1 |   |   | 2 | 3 |   |
|   |   |   |   | 9 |   |   |   |   |
|   | 6 |   | 2 |   |   |   |   |   |
| 8 | 7 |   |   | 3 |   |   |   |   |
|   |   | 2 |   |   | 4 | 6 |   | 1 |
|   | 9 |   |   | 7 |   | 8 |   | 6 |
| 6 |   |   | 8 | 2 |   | 5 |   | 4 |
| 7 | 4 |   |   | 1 |   |   |   | 3 |

| 8 |   |   | 3 |   |   |   | 4 | 2 |
|---|---|---|---|---|---|---|---|---|
| 7 |   |   | 1 |   |   |   |   |   |
|   |   | 6 |   |   |   |   | 9 | 5 |
|   |   |   |   | 9 |   | 2 |   |   |
|   |   |   |   |   | 7 |   |   | 3 |
|   | 8 | 7 |   | 2 |   |   |   |   |
| 6 | 3 | 2 | 9 |   |   |   |   | 8 |
|   |   | 8 |   | 6 |   |   |   | 7 |
|   |   |   |   |   | 5 |   |   |   |

| 9 |   |   |   | 1 |   |   |   | 4 |
|---|---|---|---|---|---|---|---|---|
|   | 2 |   |   | 7 |   |   |   |   |
| 1 |   |   | 3 | 8 | 9 |   |   |   |
| 5 |   | 6 |   |   |   | 4 |   | 7 |
|   |   |   |   |   |   |   |   |   |
| 4 |   | 3 | 2 |   |   | 1 |   |   |
|   |   |   | 1 | 4 | 5 |   |   |   |
|   |   |   |   |   | 7 | 6 |   |   |
|   |   |   |   |   |   |   | 9 | 8 |

| | | 7 | | | 8 | 5 | | |
|---|---|---|---|---|---|---|---|---|
| 6 | 1 | | | | | 7 | 3 | 8 |
| 3 | | | 6 | 7 | | | | |
| | | | 7 | | | | | |
| 8 | | | | | | 2 | | 1 |
| 9 | | 4 | | 6 | | 8 | | 3 |
| 1 | | 6 | | 5 | | | | 9 |
| | | 3 | | | 9 | | 2 | 5 |
| | 9 | | | 3 | | | 4 | 7 |

|   |   |   |   |   |   |   |   | 8 |
|---|---|---|---|---|---|---|---|---|
|   | 9 |   | 3 | 2 |   |   | 1 |   |
| 4 | 2 |   |   |   | 8 |   | 9 |   |
|   | 1 |   |   | 8 |   |   |   |   |
| 3 | 5 | 6 |   |   | 9 |   |   |   |
|   |   |   |   | 6 | 7 | 4 |   | 1 |
|   |   |   |   |   |   |   | 8 | 6 |
|   |   | 2 |   |   | 4 |   |   |   |
| 8 |   | 7 |   | 1 |   | 9 |   |   |

| 6 |   | 9 | 2 |   |   |   |   | 3 |
|   |   | 3 |   |   |   | 4 | 8 |   |
|   |   |   |   | 3 | 4 | 6 |   | 5 |
| 3 | 1 |   | 6 |   | 9 |   | 7 | 8 |
|   |   |   |   |   |   |   |   |   |
|   |   |   |   |   | 5 |   | 6 |   |
|   | 8 | 1 | 7 |   |   |   |   | 4 |
|   |   | 6 |   |   |   |   | 5 |   |
|   |   | 7 |   | 4 |   |   | 2 |   |

| 1 | 3 |   |   | 2 |   |   |   | 9 |
|---|---|---|---|---|---|---|---|---|
|   |   | 7 |   |   | 3 |   |   |   |
| 5 |   | 4 | 1 |   |   | 7 |   | 2 |
|   |   | 6 | 8 | 3 | 7 |   | 1 |   |
| 7 |   |   |   |   |   | 4 |   |   |
|   |   |   |   |   |   | 3 | 7 | 6 |
| 6 |   |   |   | 7 |   |   |   |   |
|   |   |   |   | 1 |   |   | 9 |   |
|   | 1 |   | 9 |   | 8 | 6 | 4 |   |

| 3 |   | 9 | 7 | 4 |   |   | 6 |   |
|---|---|---|---|---|---|---|---|---|
|   |   | 7 |   | 6 | 3 |   |   |   |
| 8 |   |   |   |   |   | 4 |   |   |
|   |   |   |   | 2 | 7 | 6 |   | 8 |
|   | 2 |   |   |   |   | 1 |   | 4 |
|   |   | 1 | 3 |   |   |   |   |   |
|   | 5 |   |   |   |   |   |   | 2 |
| 4 |   |   |   | 5 |   |   | 8 |   |
|   | 3 |   | 4 |   |   | 9 |   |   |

Light and Easy

| | | | 5 | | | | | |
|---|---|---|---|---|---|---|---|---|
| | | | | 9 | | 8 | | 4 |
| 2 | | 3 | | 1 | | | | |
| | | 6 | 7 | 8 | | | | |
| 9 | | 5 | 6 | 4 | | | | |
| | 4 | | | | | 2 | 7 | |
| 5 | | 4 | | | | | | |
| 1 | | | | | 9 | | 3 | |
| | | | | | | | 8 | 9 |

| 5 |   |   | 9 | 1 |   |   | 3 |   |
|---|---|---|---|---|---|---|---|---|
| 1 |   | 8 | 3 |   |   |   | 2 |   |
| 7 | 3 |   | 2 |   |   |   |   |   |
|   |   | 6 |   | 9 |   |   | 5 |   |
|   |   | 5 |   |   |   |   | 7 | 8 |
|   |   | 1 | 8 |   | 5 | 9 |   | 6 |
|   | 5 | 7 |   |   | 4 | 6 |   | 3 |
|   |   |   |   |   |   | 4 |   |   |
|   |   |   |   | 8 | 3 | 5 |   | 7 |

| 8 | 9 |   |   | 3 | 5 |   |   |   |
|   |   | 3 |   |   |   |   |   |   |
|   | 1 | 5 | 4 | 7 |   |   |   | 9 |
|   |   |   |   |   |   |   |   | 7 |
|   |   | 8 |   |   |   | 6 | 2 |   |
|   | 6 | 4 |   | 8 | 3 |   | 1 | 5 |
| 9 |   |   | 3 |   | 2 |   |   | 8 |
|   |   | 1 |   | 4 |   |   |   | 6 |
| 5 |   | 7 |   |   |   | 1 | 4 |   |

| 4 | 9 | 7 |   | 1 | 3 |   | 8 | 2 |
|---|---|---|---|---|---|---|---|---|
|   |   |   |   |   |   |   |   |   |
|   |   |   |   |   | 4 | 1 |   |   |
| 8 |   | 2 |   | 4 |   |   |   | 6 |
| 1 |   |   | 8 |   |   |   |   | 9 |
| 5 | 3 |   |   |   |   |   | 2 | 8 |
|   | 1 | 6 | 7 | 3 |   |   |   | 4 |
|   | 5 |   | 4 | 6 |   |   | 7 |   |
|   | 4 | 3 |   | 5 | 8 |   |   |   |

|   | 4 | 2 | 8 |   | 9 |   |   |   |
|---|---|---|---|---|---|---|---|---|
| 9 |   |   | 3 |   |   |   |   |   |
|   | 5 |   | 6 |   |   | 7 | 9 |   |
|   |   |   | 1 |   |   |   | 8 |   |
| 5 |   |   |   |   |   |   | 1 | 7 |
|   |   |   |   |   | 2 | 3 |   | 6 |
|   | 6 | 5 |   |   | 4 | 8 |   |   |
|   |   |   |   | 3 |   |   | 7 | 9 |
| 2 | 9 |   |   |   |   |   | 6 | 3 |

| 8 | 9 |   |   |   | 6 |   |   |   |
|   | 3 | 7 | 1 |   |   |   | 2 |   |
|   |   | 2 |   | 8 | 4 |   | 3 |   |
| 1 |   |   |   |   | 3 |   |   |   |
|   | 7 |   |   |   |   |   |   |   |
| 2 |   | 6 |   |   | 5 |   |   |   |
|   |   |   |   |   |   | 8 |   |   |
|   |   |   |   |   |   | 1 | 7 | 3 |
|   | 4 |   | 8 | 3 | 1 | 2 | 9 |   |

| | | 8 | | | | | | 7 |
|---|---|---|---|---|---|---|---|---|
| 9 | 5 | | | | 8 | 2 | 6 | |
| | | | | | 3 | 1 | | |
| 7 | | 1 | 9 | | | | | |
| | | 5 | 8 | 4 | 7 | | | |
| | | | | 1 | 5 | 8 | 7 | |
| 5 | 3 | | | | | | 1 | |
| 8 | 9 | 7 | | | | 6 | | |
| 2 | 1 | | | | | 7 | 9 | 5 |

| | 3 | | | 8 | | | | 9 |
|---|---|---|---|---|---|---|---|---|
| | 7 | | | | 6 | 4 | 8 | 5 |
| | | 9 | | | | | 6 | |
| 7 | 5 | | | | | 9 | 1 | 2 |
| | | 1 | 9 | 5 | 7 | 8 | 4 | |
| 6 | | 8 | 2 | | | 7 | | |
| | | 5 | | | 9 | 6 | | 7 |
| 9 | 4 | | 6 | | | | 2 | 8 |
| | | 3 | 1 | | 8 | | 9 | |

| | | | | | 2 | | | |
|---|---|---|---|---|---|---|---|---|
| | 7 | | 9 | | | 8 | 4 | |
| 9 | | 8 | | | 6 | | | 7 |
| | | | 3 | 5 | | | | 1 |
| | | | | | | | | 3 |
| | | 5 | | 1 | 8 | 6 | | |
| | | | 5 | | | | 3 | |
| 3 | | 9 | | | | | | |
| 1 | | | | 7 | | | | 6 |

|   |   | 8 | 6 |   | 5 | 2 |   |   |
|---|---|---|---|---|---|---|---|---|
| 7 |   |   |   |   |   |   | 3 |   |
|   |   |   | 3 | 7 | 4 |   |   |   |
|   | 1 | 2 | 7 |   |   |   | 5 |   |
|   |   |   |   |   |   | 8 |   | 7 |
|   |   |   |   | 6 |   |   | 9 | 2 |
|   |   |   |   | 9 |   | 5 | 1 | 6 |
|   |   | 4 |   |   |   |   |   | 8 |
|   |   | 9 | 8 |   | 6 |   |   | 3 |

| 7 |   |   |   |   |   | 1 |   | 4 |
|---|---|---|---|---|---|---|---|---|
| 6 | 1 |   | 5 |   |   |   | 9 |   |
|   | 8 | 9 |   |   | 2 |   |   |   |
|   | 7 |   | 1 |   | 8 | 5 | 6 |   |
| 4 |   |   |   |   |   |   | 8 | 2 |
|   | 5 |   |   |   |   |   |   |   |
| 2 | 6 |   |   | 7 |   |   | 5 |   |
| 1 |   |   |   |   | 6 | 8 | 2 | 7 |
|   |   |   |   | 2 |   |   |   |   |

| | 4 | 2 | | 6 | | 1 | | |
|---|---|---|---|---|---|---|---|---|
| 1 | | | | | 9 | | | |
| 5 | 8 | | | 2 | | 3 | | |
| | | | | | | 4 | | |
| | 6 | | | | 8 | | | 3 |
| | | 1 | 9 | | 2 | | | |
| | | | | | | 8 | | |
| 6 | 3 | 7 | | | | 5 | 9 | |
| | | | | 7 | 4 | | | 6 |

| | 4 | | | 9 | 7 | 8 | 6 | |
|---|---|---|---|---|---|---|---|---|
| | | | | 8 | | 9 | | 4 |
| | | | | 4 | 1 | 3 | | |
| | | | 9 | 5 | | | | |
| 9 | 5 | 6 | 2 | 1 | | 4 | | |
| 4 | 8 | | | 6 | 3 | 2 | | |
| | | 3 | | | 9 | | | |
| | | | 8 | | | 5 | | |
| 1 | | | | 2 | | | | |

| 1 |   |   | 2 |   |   | 8 | 4 | 7 |
|---|---|---|---|---|---|---|---|---|
| 4 | 9 |   |   | 3 |   |   | 1 |   |
|   |   |   |   |   |   |   | 5 | 3 |
|   |   |   |   | 5 |   | 6 |   |   |
|   | 5 |   |   |   |   |   |   |   |
| 8 | 7 | 6 | 4 |   | 3 |   |   |   |
|   | 2 |   |   | 1 |   |   | 8 |   |
| 3 |   | 1 | 8 |   |   |   |   |   |
| 5 | 8 | 9 |   | 2 |   |   |   |   |

| | 3 | | | | | 6 | | 7 |
|---|---|---|---|---|---|---|---|---|
| | | 2 | | 6 | | | | |
| | 1 | | 8 | 7 | 5 | | | |
| 7 | | | 3 | 8 | | | | 9 |
| 1 | | | | | 6 | | | 4 |
| 4 | 5 | | 7 | 1 | | | | |
| | | | 6 | | | 2 | | 5 |
| | | | | | | 4 | | |
| 9 | | | 4 | | 7 | 8 | 3 | |

| 6 |   | 9 |   |   | 4 | 7 |   | 8 |
|   | 1 |   |   |   |   | 3 | 4 |   |
|   |   | 5 |   |   | 2 |   | 9 |   |
| 1 |   |   | 6 |   |   |   |   |   |
|   | 6 |   |   |   | 5 |   |   | 3 |
| 7 |   | 8 |   | 9 | 3 | 6 |   |   |
|   | 7 | 4 | 3 |   |   |   |   |   |
|   |   | 1 | 5 | 6 | 9 |   | 3 |   |
|   |   |   |   |   |   | 2 | 8 | 9 |

| 6 | 9 | 1 |   | 7 | 2 |   |   |   |
|---|---|---|---|---|---|---|---|---|
|   |   | 5 |   |   |   | 3 | 1 |   |
|   |   | 2 |   | 8 | 1 | 9 | 7 |   |
|   | 1 |   |   |   | 7 |   |   |   |
|   |   |   | 2 | 5 |   |   |   |   |
|   |   | 3 | 9 |   |   | 2 |   |   |
| 1 | 2 |   |   | 9 | 4 |   |   |   |
|   | 8 |   | 1 |   |   | 6 |   |   |
| 3 |   | 9 |   | 6 |   | 1 |   | 7 |

|   |   |   |   |   | 3 | 2 |   |   |
|---|---|---|---|---|---|---|---|---|
| 8 |   |   |   |   | 1 |   | 9 |   |
|   |   |   |   | 7 |   | 3 |   | 4 |
|   |   | 5 |   |   |   | 6 |   |   |
|   |   |   |   | 4 |   | 7 |   |   |
|   | 9 | 6 | 5 |   |   |   |   |   |
| 5 |   |   |   | 6 |   |   |   |   |
|   |   |   |   | 3 | 4 |   | 6 |   |
|   | 4 | 7 |   |   | 9 |   | 8 |   |

Light and Easy

| 6 |   |   | 9 | 8 | 3 |   | 2 |   |
|---|---|---|---|---|---|---|---|---|
|   | 8 |   |   | 1 |   | 7 |   | 9 |
| 1 |   | 9 |   |   | 4 |   |   | 3 |
| 8 |   | 6 | 2 |   |   |   |   |   |
|   | 4 |   |   | 9 | 1 | 3 | 5 |   |
| 5 | 9 |   | 4 |   |   |   |   | 8 |
|   |   |   | 1 | 4 |   | 9 |   |   |
|   |   | 8 | 3 |   |   | 6 |   | 7 |
| 9 |   | 2 | 7 |   |   | 4 |   |   |

|   |   | 6 |   | 2 |   |   | 8 |   |
|---|---|---|---|---|---|---|---|---|
| 7 | 3 |   | 8 |   |   |   |   |   |
|   |   | 1 |   |   |   |   |   | 7 |
|   |   |   |   |   |   |   |   |   |
| 5 |   |   |   | 1 | 4 |   |   |   |
|   | 2 |   |   |   | 3 | 9 | 6 |   |
|   |   |   |   |   |   |   |   |   |
| 8 | 9 |   |   |   |   | 5 |   |   |
|   |   | 3 |   | 8 | 7 | 6 | 4 |   |

| 2 |   |   |   |   | 9 |   | 5 | 6 |
|---|---|---|---|---|---|---|---|---|
|   |   |   |   |   |   |   | 4 |   |
|   | 9 |   |   | 6 | 5 | 7 |   |   |
| 6 |   |   |   |   |   |   |   |   |
| 4 |   |   |   |   |   |   | 3 |   |
| 5 |   |   |   | 8 | 7 | 6 | 1 |   |
|   |   | 1 |   | 8 |   |   |   | 9 |
|   |   |   | 3 | 2 | 1 |   |   |   |
|   | 8 |   | 4 |   |   |   |   | 2 |

| | | 4 | | 7 | 8 | 6 | | |
|---|---|---|---|---|---|---|---|---|
| | | | | | | | | |
| | 5 | 9 | 1 | | | 7 | | |
| | | | | 1 | | | | |
| | | 8 | | 9 | | | 6 | 5 |
| 3 | 2 | | | | | 4 | 8 | |
| | | | 4 | | 5 | 3 | | 6 |
| | | | | | | | 7 | |
| | 3 | | | 2 | 7 | | | 8 |

| 1 |   |   |   |   |   |   |   |   |
|---|---|---|---|---|---|---|---|---|
|   |   |   | 5 |   |   |   |   |   |
|   | 2 | 5 | 7 | 3 |   |   |   | 6 |
|   | 9 |   |   |   |   |   | 1 |   |
| 8 |   |   |   |   | 2 |   |   |   |
| 4 |   |   | 9 |   | 5 |   |   | 8 |
| 5 | 8 |   | 6 |   |   | 7 |   |   |
|   |   | 7 |   | 5 |   |   |   |   |
| 6 |   |   | 1 |   | 9 | 3 |   |   |

| 3 |   | 2 | 9 | 4 |   | 6 |   |   |
|---|---|---|---|---|---|---|---|---|
| 6 |   | 4 |   |   |   |   | 5 | 7 |
|   | 5 |   | 6 |   |   | 3 |   |   |
|   | 4 |   | 3 | 1 |   | 5 |   |   |
|   |   | 9 |   | 2 |   |   | 4 |   |
|   | 3 |   |   |   |   |   |   |   |
|   |   |   | 2 |   |   | 8 |   | 9 |
|   | 2 |   |   |   |   |   |   |   |
|   |   |   | 1 |   |   |   | 6 | 5 |

|   |   |   | 3 |   |   | 8 |   |   |
|---|---|---|---|---|---|---|---|---|
|   | 5 | 7 |   |   | 6 |   |   |   |
|   | 6 | 1 | 5 |   | 4 |   |   | 7 |
|   | 3 | 5 | 8 |   |   |   |   |   |
| 2 | 7 |   |   |   |   |   |   |   |
|   | 8 |   | 6 |   |   | 7 |   |   |
|   |   | 4 |   |   |   | 5 | 3 | 1 |
|   |   |   | 7 | 5 |   |   |   | 4 |
|   | 1 |   |   |   |   |   |   | 2 |

| | 9 | 7 | | | | | | |
|---|---|---|---|---|---|---|---|---|
| 5 | 3 | | | | 7 | | 8 | 9 |
| | | | 1 | | | 2 | | 3 |
| 3 | | | | 9 | | | 2 | 4 |
| | | 2 | | 1 | 8 | | | 5 |
| 4 | | | | | | | | |
| | | 9 | 7 | | | 8 | | |
| | 2 | | | | | | | |
| 7 | 6 | | 3 | | | | | |

| | | 1 | | | | 5 | | 3 |
|---|---|---|---|---|---|---|---|---|
| | 4 | | | | | | | 9 |
| 6 | | | | 2 | | | | |
| 8 | | 9 | | | | 3 | 1 | |
| | 2 | | | 6 | 5 | | | 8 |
| | | | | | | | | |
| | 5 | | | 4 | 2 | | | |
| 4 | | 2 | | 8 | | | | |
| | | | 7 | | 6 | 2 | 4 | |

| 5 | 2 | 4 | 3 | 6 | 1 | 8 | 9 | 7 |
|---|---|---|---|---|---|---|---|---|
| 3 | 8 | 7 | 4 | 9 | 2 | 1 | 5 | 6 |
| 9 | 6 | 1 | 7 | 5 | 8 | 4 | 2 | 3 |
| 2 | 4 | 6 | 1 | 7 | 9 | 3 | 8 | 5 |
| 1 | 3 | 5 | 8 | 2 | 6 | 7 | 4 | 9 |
| 8 | 7 | 9 | 5 | 3 | 4 | 2 | 6 | 1 |
| 6 | 1 | 3 | 2 | 8 | 5 | 9 | 7 | 4 |
| 4 | 5 | 2 | 9 | 1 | 7 | 6 | 3 | 8 |
| 7 | 9 | 8 | 6 | 4 | 3 | 5 | 1 | 2 |

| 2 | 4 |   | 7 | 6 |   | 8 |   |   |
|---|---|---|---|---|---|---|---|---|
|   |   |   |   |   |   |   | 4 | 6 |
|   |   |   |   |   |   | 5 |   |   |
|   | 1 |   |   |   |   |   |   | 4 |
|   | 7 |   |   |   |   |   | 9 |   |
|   |   |   | 4 | 8 | 3 |   | 5 |   |
|   | 3 |   | 5 |   | 8 |   |   |   |
|   |   | 4 |   |   | 9 |   |   |   |
| 6 | 2 |   | 3 |   | 1 |   | 7 |   |

| 2 | 3 |   |   |   |   |   | 4 |   |
|---|---|---|---|---|---|---|---|---|
|   |   |   |   | 7 |   |   | 9 |   |
|   |   | 4 |   | 5 |   | 6 |   |   |
|   |   |   |   |   |   |   |   |   |
| 1 |   |   | 9 |   |   |   | 6 | 7 |
|   | 4 | 7 |   |   |   |   | 8 |   |
|   | 8 |   |   | 3 | 4 | 1 |   | 2 |
| 3 |   | 5 | 1 |   |   |   |   |   |
|   |   | 6 |   |   |   |   |   |   |

## 102 Moderate

|   |   |   |   |   |   |   |   | 5 |
|---|---|---|---|---|---|---|---|---|
|   |   | 2 |   | 9 |   |   | 4 |   |
|   | 8 |   |   |   |   |   | 2 |   |
| 5 |   |   |   | 1 |   |   |   | 3 |
|   | 1 |   | 5 | 2 |   | 8 | 7 |   |
|   |   |   |   |   |   | 5 |   | 9 |
|   |   | 6 | 2 |   |   |   |   |   |
|   | 2 | 5 | 3 |   | 7 |   |   | 1 |
|   | 7 |   | 1 | 6 | 4 |   |   |   |

| | | | | | | 2 | | 6 |
|---|---|---|---|---|---|---|---|---|
| 4 | | | | 6 | | | | |
| | 8 | 2 | 7 | 1 | | | | |
| | | 3 | | 4 | | 9 | 7 | |
| | | | 2 | | | | | |
| 8 | | 5 | | | | 4 | | |
| 2 | | | 6 | | 1 | | | |
| | | 4 | 8 | 7 | 3 | | | |
| | | | | | | | 9 | |

|   | 8 |   |   |   |   |   | 4 |   |
|---|---|---|---|---|---|---|---|---|
| 7 |   | 3 |   | 1 |   |   |   |   |
|   |   |   | 4 |   |   | 3 | 8 | 7 |
|   |   |   |   |   |   | 2 | 6 | 3 |
|   |   |   |   | 9 |   |   |   |   |
| 8 |   |   | 3 |   |   |   |   |   |
|   |   | 6 | 9 |   | 1 |   | 2 | 8 |
|   | 9 |   |   | 5 |   |   |   |   |
| 5 |   |   | 2 | 6 |   | 1 | 3 |   |

| 9 |   |   |   |   |   | 1 |   |   |
|---|---|---|---|---|---|---|---|---|
| 7 |   |   |   | 5 |   |   |   |   |
|   | 8 | 5 |   |   | 3 |   |   |   |
| 5 | 6 |   | 8 |   |   |   | 2 | 7 |
|   |   |   |   |   | 2 |   |   | 1 |
|   |   |   | 7 | 4 | 1 | 8 |   |   |
|   |   |   | 6 |   |   |   | 8 | 4 |
| 1 |   |   |   |   |   | 7 |   | 3 |
| 8 |   |   |   |   | 7 |   |   |   |

| 8 |   |   | 4 |   | 5 |   |   |   |
|---|---|---|---|---|---|---|---|---|
| 1 |   | 4 | 2 | 3 |   |   | 9 |   |
|   |   |   |   |   | 8 |   |   |   |
|   | 8 | 6 | 5 | 4 |   | 7 | 1 |   |
| 9 |   |   | 1 |   |   | 5 | 2 |   |
|   |   |   |   |   |   |   |   |   |
|   |   |   |   |   | 3 |   | 8 | 9 |
| 4 |   |   |   |   |   |   |   |   |
|   | 2 | 3 |   |   |   | 1 |   |   |

|   |   | 3 |   |   | 5 | 9 |   | 4 |
|---|---|---|---|---|---|---|---|---|
|   |   |   |   |   | 6 | 2 | 8 |   |
| 4 |   | 1 |   |   | 9 |   |   |   |
|   | 5 | 7 | 8 |   |   |   |   |   |
|   | 1 |   |   | 3 |   |   |   |   |
|   |   |   |   |   |   | 6 |   | 1 |
| 3 |   | 5 | 4 |   |   |   |   | 9 |
| 7 |   |   |   | 9 |   | 5 |   |   |
|   |   |   | 5 |   |   |   |   | 6 |

## 108 Moderate

| 4 |   |   |   |   |   |   |   |   |
|---|---|---|---|---|---|---|---|---|
|   |   |   |   |   | 7 |   | 1 | 9 |
|   | 8 |   | 1 |   |   |   |   | 6 |
|   |   |   | 7 |   |   |   |   | 8 |
|   |   |   |   |   | 1 | 3 |   |   |
|   |   | 2 |   | 9 | 3 |   | 6 |   |
|   |   |   | 4 |   |   | 2 |   |   |
|   | 3 |   |   |   |   | 1 |   |   |
|   | 4 |   | 8 |   |   |   | 3 |   |

| 4 |   | 9 |   |   |   | 8 |   |   |
|---|---|---|---|---|---|---|---|---|
| 3 |   | 8 |   | 2 | 1 |   |   |   |
|   | 1 | 5 |   | 7 |   | 6 |   |   |
|   |   |   |   |   | 5 | 2 | 7 |   |
|   |   |   |   | 9 | 7 |   | 6 |   |
|   | 9 | 2 |   | 8 |   |   |   |   |
|   |   |   |   |   |   |   | 9 | 4 |
|   |   | 3 | 5 |   |   |   |   |   |
|   |   | 7 |   |   |   |   | 8 | 1 |

| 5 | 3 |   | 9 |   |   |   |   | 7 |
|---|---|---|---|---|---|---|---|---|
|   | 4 |   | 5 |   | 3 |   |   | 2 |
|   |   |   |   | 2 |   |   | 9 |   |
| 3 |   |   |   |   | 4 | 2 |   |   |
|   |   |   | 7 | 8 |   | 9 |   |   |
|   |   |   |   |   |   |   |   |   |
| 7 |   |   |   |   |   |   | 3 |   |
|   | 6 | 8 |   |   |   | 4 |   |   |
|   |   |   | 1 | 5 |   |   |   |   |

| | | | | | | 1 | | |
|---|---|---|---|---|---|---|---|---|
| | 5 | | 7 | | 2 | 9 | 6 | |
| | 6 | | 8 | | | 2 | 3 | |
| | | | | | | | 4 | 2 |
| 6 | | | | 1 | | | 9 | 3 |
| | | 3 | | | | | | |
| 4 | | | 1 | | 8 | | | |
| 5 | | 6 | | | 7 | | | |
| | 3 | 7 | | 5 | 4 | | | |

## 112 Moderate

| 8 |   | 6 |   | 1 |   |   |   | 2 |
|---|---|---|---|---|---|---|---|---|
| 1 |   |   | 3 |   |   |   | 4 |   |
|   |   |   | 2 | 5 |   |   |   |   |
|   | 4 |   |   | 9 |   | 6 | 7 |   |
|   |   | 3 | 6 |   |   |   |   |   |
|   |   |   |   |   | 2 | 1 |   |   |
|   |   | 7 |   |   | 5 |   |   | 4 |
| 6 |   | 5 | 4 |   |   |   | 8 |   |
| 3 |   |   |   |   |   |   |   | 6 |

| | 6 | | 5 | 3 | | | | 4 |
|---|---|---|---|---|---|---|---|---|
| 2 | | | | 1 | | | 5 | |
| | 8 | 4 | | | 6 | | | 3 |
| 8 | | | | | | 7 | | 9 |
| 6 | | | | | | | | |
| | 5 | | | | | | | |
| | | | | | 8 | | 3 | 7 |
| | 4 | | | 2 | 7 | | | |
| | | | | 5 | 1 | 2 | | |

| 5 |   |   | 2 |   |   |   | 4 | 8 |
|---|---|---|---|---|---|---|---|---|
|   |   |   |   |   |   |   |   |   |
|   | 1 |   |   |   | 4 |   | 2 | 6 |
| 1 | 6 |   |   | 2 |   | 9 |   |   |
| 9 |   |   | 1 |   |   | 3 |   |   |
|   |   | 2 |   |   | 3 |   | 8 |   |
|   |   |   |   |   | 6 |   | 5 |   |
| 3 |   | 7 |   |   | 5 |   |   | 4 |
|   |   |   |   |   |   |   |   | 3 |

| 2 |   |   |   |   |   | 9 |   |   |
|---|---|---|---|---|---|---|---|---|
|   | 3 |   | 8 |   | 5 | 2 |   |   |
|   |   |   |   |   |   |   | 4 |   |
|   | 4 |   |   |   |   | 1 | 8 |   |
|   | 5 |   | 6 |   |   |   | 3 |   |
| 1 |   |   |   |   |   |   |   | 7 |
|   |   | 9 | 4 |   |   |   |   |   |
|   | 1 |   |   | 8 |   |   |   | 4 |
| 5 |   |   |   | 2 | 9 | 8 | 7 |   |

|   |   |   |   |   |   |   |   |   |
|---|---|---|---|---|---|---|---|---|
|   |   |   |   |   |   |   |   |   |
|   |   |   |   |   |   | 4 | 6 | 5 |
| 7 |   | 2 |   | 9 |   |   | 8 |   |
|   |   |   |   |   |   | 2 |   |   |
| 3 |   |   |   |   | 6 |   | 9 | 1 |
| 8 |   |   | 9 |   |   |   |   |   |
|   | 5 | 4 |   | 7 | 2 |   |   |   |
|   |   |   |   |   |   | 8 |   | 2 |
|   |   |   |   | 5 | 1 |   |   | 7 |

|   |   |   |   | 1 |   |   | 5 |   |
|---|---|---|---|---|---|---|---|---|
| 3 |   | 5 |   |   |   |   |   |   |
|   |   |   | 8 |   | 6 | 2 |   |   |
|   |   |   | 1 |   |   | 9 |   |   |
|   |   |   |   |   |   |   | 4 | 3 |
|   | 8 |   | 4 |   |   |   |   |   |
| 6 | 4 |   |   |   | 3 |   |   | 7 |
| 5 |   |   |   |   |   | 8 | 6 |   |
|   |   | 9 | 5 |   |   |   |   | 1 |

## 118 Moderate

| 9 |   | 3 |   |   |   |   |   |   |
|---|---|---|---|---|---|---|---|---|
|   | 2 |   |   |   |   | 1 |   |   |
|   |   | 5 | 1 | 2 | 6 |   |   |   |
|   |   | 6 |   | 4 |   |   |   | 8 |
|   |   | 8 |   |   | 3 |   | 5 |   |
| 3 |   |   | 6 |   |   |   |   | 7 |
| 1 |   | 4 | 7 |   |   | 3 |   |   |
| 7 |   |   |   |   |   | 2 |   |   |
|   |   |   |   |   |   |   |   |   |

|   |   |   |   |   |   |   |   | 6 |
|---|---|---|---|---|---|---|---|---|
| 2 |   | 1 |   |   | 8 | 3 |   |   |
|   |   | 9 |   | 5 | 6 | 1 |   |   |
|   | 4 |   |   |   |   |   |   |   |
|   |   | 2 |   |   | 9 |   |   |   |
|   |   |   | 4 |   |   |   |   | 2 |
| 8 |   | 3 | 2 |   |   |   |   | 5 |
| 4 |   |   | 5 |   |   |   |   | 7 |
|   |   |   |   |   | 1 |   | 6 |   |

# 120 Moderate

| 6 |   |   | 4 |   | 7 | 2 | 5 |   |
|---|---|---|---|---|---|---|---|---|
|   |   |   |   |   |   |   |   | 6 |
| 7 |   |   | 8 |   |   |   |   |   |
| 8 | 3 |   |   |   |   |   | 9 | 1 |
|   | 2 |   |   | 9 | 5 | 8 |   |   |
|   |   |   | 7 |   |   | 5 |   |   |
|   |   |   |   | 1 |   |   |   |   |
| 4 | 9 |   |   |   | 2 |   |   |   |
|   |   |   |   |   |   | 3 |   |   |

| | | | 8 | | 9 | | | |
|---|---|---|---|---|---|---|---|---|
| | | | | | | | | 7 |
| 7 | | | | | | 3 | 2 | |
| 5 | | | | | 3 | | 9 | |
| 9 | | | 7 | 6 | | | | 3 |
| | | 1 | | 8 | | | | |
| | 2 | 4 | | | 1 | | 8 | 6 |
| | | 6 | | | | | | 9 |
| | | | | | | | 1 | |

| 2 |   | 9 |   | 1 |   |   |   | 5 |
|---|---|---|---|---|---|---|---|---|
| 3 |   |   |   | 7 |   |   |   |   |
|   | 5 | 4 |   |   |   |   |   |   |
|   |   |   |   |   | 3 | 7 | 1 |   |
|   | 7 |   | 6 |   |   |   |   | 8 |
|   | 4 |   |   |   |   | 9 |   |   |
|   |   | 1 | 4 |   | 9 |   |   |   |
|   |   |   |   |   |   |   |   |   |
| 9 |   |   | 2 |   |   |   | 3 | 6 |

| 8 |   |   | 2 |   |   |   |   |   |
|---|---|---|---|---|---|---|---|---|
|   | 3 | 5 |   |   | 1 |   |   |   |
|   |   |   |   |   | 4 |   |   | 5 |
|   | 8 |   |   |   | 7 |   |   | 2 |
|   | 9 |   |   |   |   |   | 4 |   |
|   |   |   |   |   | 3 | 8 | 1 |   |
|   |   |   |   | 5 | 9 |   |   | 4 |
|   |   |   | 6 |   |   |   | 8 |   |
| 4 |   |   |   |   |   | 7 | 9 |   |

|   |   |   | 8 |   |   |   |   | 4 |
|---|---|---|---|---|---|---|---|---|
| 7 | 8 |   | 1 |   |   |   | 9 |   |
| 9 |   |   |   |   |   | 6 |   |   |
|   |   | 3 |   | 5 |   |   |   |   |
| 6 |   |   |   |   | 8 |   |   |   |
| 8 |   |   | 7 |   | 1 |   | 4 | 2 |
|   |   |   |   |   |   | 1 |   |   |
|   | 2 |   |   |   |   |   |   |   |
|   |   | 4 |   | 2 | 5 |   |   |   |

|   | 4 |   |   |   |   |   |   |   |
|---|---|---|---|---|---|---|---|---|
|   | 1 |   | 7 | 9 |   |   |   |   |
|   | 8 |   |   |   | 3 |   | 7 | 2 |
|   |   | 2 | 1 |   |   | 4 |   |   |
|   |   |   | 3 |   |   | 5 |   | 9 |
|   |   |   |   |   | 4 |   |   |   |
|   |   |   |   |   |   |   | 4 |   |
|   | 6 |   |   |   |   | 8 |   | 7 |
| 1 |   |   | 9 |   |   |   | 6 | 3 |

|   |   |   |   |   |   |   |   |   |
|---|---|---|---|---|---|---|---|---|
|   |   |   |   |   |   |   |   |   |
|   |   | 1 |   |   |   | 5 | 2 | 3 |
|   | 9 | 4 | 1 |   |   |   |   |   |
|   | 5 |   |   |   | 8 |   | 1 |   |
|   | 1 |   |   |   | 3 |   | 7 |   |
|   |   | 6 |   |   |   |   |   | 9 |
|   |   |   | 5 |   | 2 |   |   |   |
|   |   | 3 | 8 |   | 1 |   | 9 |   |
|   |   |   | 9 |   |   | 7 |   | 6 |

| 6 |   |   | 5 |   | 2 |   |   | 4 |
|---|---|---|---|---|---|---|---|---|
|   | 3 |   |   | 7 | 6 |   |   | 8 |
|   | 7 |   |   |   |   |   |   |   |
|   |   | 9 |   |   |   |   |   | 7 |
|   | 6 | 5 | 4 |   |   | 3 |   |   |
| 3 |   |   |   | 5 |   | 1 |   | 2 |
|   |   | 8 |   |   |   | 2 | 1 |   |
|   |   |   |   | 2 | 9 |   |   |   |
|   |   |   | 8 |   |   |   |   |   |

| 5 | 3 |   |   |   | 6 |   |   |   |
|   |   |   |   |   |   |   |   |   |
| 6 |   |   | 1 |   |   | 9 | 3 | 5 |
|   |   |   |   |   | 9 |   |   |   |
|   |   |   | 7 |   |   |   |   | 2 |
|   |   |   | 1 |   |   |   | 8 | 9 |
|   |   | 8 |   |   |   |   |   |   |
|   |   |   | 6 | 2 |   |   |   | 1 |
| 7 |   | 3 | 9 |   |   |   |   | 8 |
| 4 |   |   |   |   | 5 |   |   |   |

| | | 8 | | 9 | | | | |
|---|---|---|---|---|---|---|---|---|
| | | 5 | | | | | | 2 |
| | | 6 | | 8 | 7 | | | |
| | | | | 1 | | 5 | 2 | |
| | | 2 | | | | | 7 | |
| 3 | 1 | | | | 9 | | | 4 |
| | 2 | 9 | | | 4 | | | |
| | | | | | | | | 3 |
| | 8 | | | 2 | | | 5 | 6 |

# 130 Moderate

| 8 | 3 |   |   |   | 6 |   | 1 |   |
|---|---|---|---|---|---|---|---|---|
|   |   | 2 |   |   |   |   |   | 3 |
|   | 6 |   | 4 |   |   |   |   | 8 |
|   |   |   | 6 |   | 1 |   | 9 | 5 |
|   | 8 |   |   | 2 |   |   | 7 | 6 |
|   | 9 |   |   |   |   |   |   | 1 |
|   |   |   |   |   |   |   | 2 |   |
|   |   |   |   |   | 8 |   |   |   |
| 4 |   | 6 | 5 |   | 7 |   |   |   |

| | 9 | 3 | | | | 7 | | |
|---|---|---|---|---|---|---|---|---|
| 1 | | | | | | 9 | | |
| | | | | 8 | | | | |
| 3 | | | | | | 4 | | 6 |
| | 7 | | | | 4 | | | 1 |
| | | 9 | 1 | 2 | | | | |
| 8 | 1 | | | 7 | | | | |
| | | | | | 3 | 6 | 5 | |
| | | 2 | | 6 | | | 1 | |

## 132 Moderate

| | | | | | 1 | 4 | | |
|---|---|---|---|---|---|---|---|---|
| | 8 | | | | | 7 | | 2 |
| | | 7 | 3 | | 4 | 8 | | |
| | | 3 | | | | | 8 | 1 |
| | | | | | | 9 | 6 | |
| 8 | | 4 | | 6 | | 2 | | |
| 5 | | 2 | | | | | 9 | |
| | | 9 | | 2 | | | | |
| | | | 1 | 9 | | | | |

|   |   |   | 4 |   | 6 |   | 7 |   |
|---|---|---|---|---|---|---|---|---|
| 9 |   | 2 |   |   |   |   |   |   |
|   |   | 7 |   |   |   | 2 | 6 |   |
| 2 | 7 |   |   | 1 |   | 5 |   |   |
|   | 5 |   | 3 | 8 |   | 6 |   |   |
|   |   |   |   |   |   |   |   | 8 |
|   |   | 2 |   |   |   |   | 3 | 4 |
| 3 |   | 9 | 1 |   |   |   | 2 |   |
|   |   |   |   |   |   |   |   |   |

|   |   |   |   |   |   |   | 5 | 9 |
|---|---|---|---|---|---|---|---|---|
|   |   |   | 8 | 7 |   | 2 |   |   |
|   |   |   |   | 5 | 6 | 8 | 1 |   |
| 2 |   |   |   | 6 |   | 5 |   |   |
|   |   | 9 |   |   |   |   |   |   |
| 1 |   |   | 4 |   |   |   |   | 8 |
|   | 2 |   |   | 8 |   | 1 |   |   |
|   |   |   |   |   | 1 | 7 |   | 4 |
| 5 |   | 6 |   | 4 |   |   |   |   |

| 6 |   | 5 |   |   |   |   | 4 |   |
|---|---|---|---|---|---|---|---|---|
| 9 | 3 | 2 | 7 | 6 | 4 | 5 | 1 | 8 |
|   |   |   |   | 5 |   |   |   | 6 |
| 8 | 1 | 6 |   |   |   | 3 |   | 2 |
|   |   | 7 |   |   | 8 | 6 |   | 4 |
|   | 2 |   |   |   | 6 | 1 | 8 | 7 |
|   |   |   |   | 2 | 1 | 4 | 6 |   |
|   |   |   |   |   |   |   | 7 |   |
|   | 6 | 8 |   |   |   |   |   | 1 |

## 136 Moderate

|   |   |   |   |   |   | 9 |   |   |
|---|---|---|---|---|---|---|---|---|
| 9 |   |   |   | 8 | 2 |   |   | 1 |
|   | 8 |   |   |   |   | 2 | 4 |   |
|   |   |   |   |   | 4 |   |   |   |
|   | 9 |   | 7 |   |   |   | 8 |   |
|   | 3 |   | 8 | 6 |   |   | 5 |   |
| 6 | 7 | 8 | 9 | 5 |   |   | 3 |   |
| 1 |   |   |   |   | 6 |   |   |   |
|   |   |   |   |   |   | 7 |   |   |

| 7 |   |   | 4 | 8 |   | 1 |   |   |
|---|---|---|---|---|---|---|---|---|
| 3 |   |   |   |   |   |   |   | 2 |
|   | 6 |   |   |   |   | 4 |   | 5 |
|   |   |   |   | 7 |   | 9 |   |   |
|   |   |   |   |   |   |   | 7 |   |
| 6 |   | 2 |   | 9 |   | 8 | 5 |   |
|   |   |   |   |   |   | 6 | 4 |   |
|   | 4 | 3 | 7 | 1 |   | 2 |   |   |
| 9 |   |   |   |   |   |   |   |   |

|   |   |   | 9 |   |   |   | 8 | 7 |
|---|---|---|---|---|---|---|---|---|
|   |   |   | 7 |   |   |   |   |   |
| 3 |   |   |   |   |   |   |   |   |
|   |   | 8 |   | 4 |   | 6 | 1 | 5 |
|   | 4 | 6 | 8 |   |   |   |   | 9 |
|   |   |   |   | 7 |   |   |   |   |
|   | 6 |   |   |   | 2 |   | 5 | 1 |
| 5 |   |   | 3 |   | 8 | 4 |   |   |
|   | 3 |   |   |   |   |   |   | 2 |

| 5 |   | 9 |   |   |   |   | 2 |   |
|   | 4 |   |   | 8 |   |   | 1 |   |
|   |   |   |   |   | 2 |   | 4 | 6 |
| 7 | 5 |   |   |   | 6 |   |   | 3 |
|   |   |   |   |   | 9 |   |   |   |
| 9 |   | 2 | 8 |   |   |   | 6 |   |
|   | 3 |   | 4 | 6 |   | 1 |   |   |
|   |   |   |   |   |   | 7 |   |   |
|   |   |   | 2 |   |   |   |   |   |

## 140 Moderate

|   |   | 3 |   |   |   | 8 |   | 7 |
|---|---|---|---|---|---|---|---|---|
|   | 4 |   |   | 6 |   |   |   |   |
| 2 | 1 |   | 7 |   |   |   |   | 5 |
|   |   |   | 9 |   | 8 |   | 2 |   |
|   | 8 |   |   | 2 |   |   |   | 1 |
|   |   |   |   |   |   | 3 |   | 4 |
|   |   |   |   |   |   |   |   | 9 |
| 5 |   | 4 |   |   |   |   |   |   |
| 7 |   | 1 | 6 | 9 |   |   |   |   |

| 3 |   |   |   |   | 9 |   | 2 |   |
|---|---|---|---|---|---|---|---|---|
| 9 |   |   |   |   | 5 |   |   |   |
|   |   |   | 6 |   |   | 1 |   |   |
| 8 |   |   |   |   |   |   | 5 |   |
|   |   | 1 | 8 | 6 |   |   |   |   |
|   | 4 |   |   |   |   |   |   | 1 |
| 2 |   |   |   |   | 3 |   | 4 | 5 |
|   | 8 |   |   |   |   |   | 9 |   |
|   |   | 3 |   | 2 | 7 |   |   | 6 |

## 142 Moderate

|   | 5 | 7 |   |   |   | 6 |   |   |
|---|---|---|---|---|---|---|---|---|
| 3 |   | 6 |   |   |   |   |   |   |
|   | 1 |   |   | 9 |   |   |   |   |
|   |   | 4 | 3 |   | 1 | 2 |   |   |
|   |   |   | 6 |   | 9 |   | 1 |   |
| 9 | 7 |   |   |   |   | 8 | 6 |   |
|   |   |   |   | 2 |   |   |   |   |
| 5 |   | 9 |   |   |   |   |   |   |
|   |   |   |   |   |   | 3 | 2 | 4 |

| | 2 | | 4 | | | | | |
|---|---|---|---|---|---|---|---|---|
| | | | | 3 | | | 8 | 2 |
| 3 | 1 | | | | | | 6 | |
| | | 6 | | | | 7 | | |
| | | | 9 | | 3 | 4 | | 5 |
| | | | | | | | 2 | |
| 1 | | | | | | | | 3 |
| | 5 | | | 7 | 8 | | | 1 |
| | 7 | | | | 9 | 8 | | |

## 144 Moderate

| 5 |   |   | 1 | 7 |   |   | 2 | 9 |
|---|---|---|---|---|---|---|---|---|
|   |   | 6 |   |   |   |   | 1 |   |
|   |   | 7 | 5 |   | 3 |   | 8 |   |
| 3 |   |   |   | 5 |   |   |   | 4 |
|   |   |   |   |   |   |   |   |   |
|   | 4 |   | 2 | 8 | 9 |   |   |   |
|   |   |   |   | 9 | 7 |   |   |   |
|   |   |   |   |   |   |   |   | 5 |
|   | 6 |   |   |   |   | 8 |   | 1 |

| 5 |   | 7 | 4 |   |   |   | 8 |   |
|---|---|---|---|---|---|---|---|---|
|   |   |   |   | 6 |   |   |   | 2 |
|   |   |   |   | 2 |   |   |   |   |
| 6 |   |   |   |   |   |   | 3 |   |
|   | 3 |   |   |   |   | 5 | 2 | 4 |
|   |   |   |   | 8 |   |   |   |   |
|   | 9 |   |   |   | 6 |   |   |   |
| 8 |   | 2 |   |   | 5 |   |   | 1 |
| 1 | 4 |   |   |   |   | 6 |   | 5 |

|   |   |   |   | 3 |   |   |   |   |
|---|---|---|---|---|---|---|---|---|
|   |   | 4 |   |   | 8 |   | 3 |   |
|   |   | 3 |   | 6 |   |   | 9 | 2 |
|   | 3 |   |   | 4 |   |   |   |   |
|   |   | 8 | 9 |   |   | 2 |   |   |
|   |   |   | 3 | 2 |   |   | 5 | 9 |
|   |   |   |   | 5 |   |   | 7 | 6 |
|   | 2 | 7 |   |   |   | 1 |   |   |
| 9 |   |   | 1 |   |   |   |   |   |

| | 7 | 2 | | 3 | | 9 | | |
|---|---|---|---|---|---|---|---|---|
| | | | | 2 | | | | |
| | | | 1 | 8 | | | 7 | |
| 8 | | 5 | | | | 6 | | 9 |
| | 6 | | | | | 7 | 8 | |
| | | | | | 2 | | | 4 |
| | | 9 | | | 4 | | 3 | 2 |
| 7 | 8 | | | | | | | |
| 1 | | | | | | | | |

## 148 Moderate

|   |   |   |   |   |   |   | 4 |   |
|---|---|---|---|---|---|---|---|---|
|   |   | 7 |   | 3 |   | 1 | 2 |   |
| 8 | 2 |   |   | 7 | 6 |   |   |   |
| 6 |   | 9 |   |   | 2 |   | 7 |   |
| 5 |   | 3 |   |   | 1 |   |   |   |
|   |   |   |   |   | 7 | 5 |   |   |
|   |   |   |   | 5 |   | 4 |   |   |
|   | 3 |   |   | 8 |   | 6 |   |   |
|   |   |   |   |   | 9 |   | 1 |   |

| | 8 | | | | | 5 | | 9 |
|---|---|---|---|---|---|---|---|---|
| 5 | | | 4 | | | | | |
| | 3 | | 9 | | | | | 2 |
| | | 7 | | 9 | | | | |
| | 5 | | | | | | | |
| | | | | 8 | 6 | | | 7 |
| 8 | | | | | 2 | | 6 | |
| 4 | 6 | | 1 | 5 | | | | 3 |
| 1 | | | | | | 7 | | |

| | 9 | | 7 | | 3 | | | |
|---|---|---|---|---|---|---|---|---|
| | | 4 | | | | | 7 | |
| 8 | | | | 9 | 6 | | | |
| | | | 2 | | 7 | | | |
| | | | | | 1 | | 4 | 3 |
| | 3 | 5 | | | | | | 1 |
| 7 | | 8 | 3 | 5 | | | 6 | |
| | | 3 | | | | | | |
| 4 | 2 | | | | | | | |

| 9 |   |   |   | 8 |   |   |   |   |
|---|---|---|---|---|---|---|---|---|
| 5 |   |   |   | 7 |   |   | 4 |   |
| 4 | 6 |   |   |   |   | 3 | 7 |   |
| 7 |   |   |   |   | 5 |   |   | 9 |
|   |   |   |   | 9 |   |   |   |   |
|   |   | 2 |   |   |   |   | 8 |   |
|   | 7 | 4 |   | 3 |   |   |   |   |
|   |   |   |   |   | 7 |   |   | 1 |
|   |   | 8 |   |   | 2 |   |   |   |

## 152 Demanding

| | 1 | | | | | 8 | | 9 |
|---|---|---|---|---|---|---|---|---|
| 2 | | | | 6 | | | | |
| 7 | 8 | | | | 9 | | | 4 |
| 3 | | | | | | | | 6 |
| | | | | 8 | | | 7 | |
| | | | | 7 | 2 | | | |
| | | | | | | | | |
| | 5 | | 3 | | 1 | 7 | 2 | |
| | | 4 | | | | | 5 | |

| 4 |   |   |   | 9 |   | 3 |   |   |
|---|---|---|---|---|---|---|---|---|
| 1 |   | 3 | 5 |   |   |   |   |   |
|   |   |   |   |   |   | 8 | 6 |   |
|   |   |   |   | 3 |   | 1 | 7 |   |
|   |   |   |   |   |   |   |   |   |
| 6 | 9 |   |   |   |   |   |   | 4 |
|   | 4 | 8 |   |   | 5 |   |   | 7 |
|   |   | 7 | 6 |   |   |   |   | 1 |
|   |   |   |   | 4 |   |   |   |   |

Demanding

|   |   |   | 4 | 6 | 5 |   |   |   |
|---|---|---|---|---|---|---|---|---|
|   |   |   | 2 |   |   | 1 | 6 |   |
|   |   |   |   |   |   |   | 9 | 4 |
| 4 | 7 |   |   |   |   |   |   |   |
|   | 9 | 3 |   |   |   |   |   | 8 |
|   |   |   | 6 | 7 |   |   |   |   |
| 5 |   | 6 |   | 8 |   |   |   | 3 |
|   |   |   | 5 |   |   | 4 |   |   |
|   |   |   |   |   | 3 |   | 2 |   |

| | | 8 | | | | 9 | | |
|---|---|---|---|---|---|---|---|---|
| | | 4 | | | | | | |
| | 1 | | | 3 | | | 2 | 7 |
| | | | | | | | | |
| | | | | 6 | | 1 | | 4 |
| | 2 | 5 | 1 | | | 6 | | |
| | 7 | | 4 | | | | | 9 |
| 5 | | | 8 | | | | 1 | |
| 4 | | 3 | | 9 | | | | |

|   |   | 4 |   | 7 |   | 1 | 3 |   |
|---|---|---|---|---|---|---|---|---|
|   | 1 |   |   | 9 | 6 | 8 |   |   |
|   |   | 7 | 5 | 2 | 3 |   | 4 |   |
|   |   |   |   |   |   |   |   | 2 |
|   |   |   |   |   | 9 | 6 |   |   |
| 5 |   |   |   |   | 8 |   |   |   |
|   |   | 2 |   | 1 |   |   |   |   |
|   | 8 |   | 4 | 6 |   |   |   |   |

|   |   |   |   |   |   |   |   | 1 |
|---|---|---|---|---|---|---|---|---|
|   |   |   | 6 |   |   |   |   | 5 |
|   |   |   |   | 7 | 3 | 9 | 8 |   |
| 6 | 5 |   | 8 |   |   |   |   |   |
|   | 9 |   | 5 | 2 |   | 7 |   |   |
| 1 |   |   |   | 9 |   |   |   |   |
|   |   | 3 |   |   | 7 |   |   |   |
|   |   |   |   | 1 |   | 2 |   |   |
|   |   | 2 | 4 |   |   | 5 |   |   |

## 158 Demanding

| 1 | 9 |   |   |   | 3 |   | 4 |   |
|---|---|---|---|---|---|---|---|---|
|   | 6 |   |   |   |   | 7 |   |   |
|   | 2 |   |   | 1 |   |   |   | 8 |
| 9 |   |   |   | 2 |   |   |   |   |
|   |   |   | 4 |   |   | 1 | 6 |   |
|   |   |   | 7 | 5 | 6 |   |   |   |
|   |   |   |   |   |   |   | 3 | 7 |
|   |   | 4 | 8 |   |   | 5 |   |   |
| 7 |   |   |   |   |   | 9 |   |   |

| 5 |   |   | 6 |   |   |   |   |   |
|---|---|---|---|---|---|---|---|---|
|   |   |   | 4 |   |   | 9 |   | 2 |
|   |   |   | 1 |   |   |   |   |   |
| 3 |   |   |   |   |   | 6 |   | 8 |
|   |   | 1 |   |   |   | 7 |   |   |
|   | 5 | 7 | 8 |   | 2 |   |   |   |
| 7 | 6 |   |   |   | 9 |   | 8 |   |
|   | 3 | 9 |   |   |   |   |   |   |
|   |   |   |   |   | 1 |   |   | 5 |

| 8 |   |   | 1 | 9 |   |   |   |   |
|---|---|---|---|---|---|---|---|---|
| 9 |   |   |   |   | 5 |   | 8 |   |
|   |   |   |   |   |   |   |   | 9 |
| 6 | 7 |   |   |   |   |   |   |   |
|   |   | 3 |   |   |   | 4 |   |   |
|   |   | 2 |   |   |   | 1 | 5 | 3 |
|   |   |   |   | 5 |   |   | 7 |   |
|   | 2 |   | 7 |   | 4 | 8 |   |   |
|   |   | 4 |   |   | 6 |   |   |   |

| 5 |   |   |   |   |   |   | 7 |   |
|---|---|---|---|---|---|---|---|---|
|   |   |   |   |   |   |   |   |   |
|   |   |   | 6 |   | 7 | 8 | 5 | 4 |
|   |   | 7 |   |   | 3 |   |   |   |
|   |   | 2 |   | 7 | 5 | 9 |   |   |
|   | 9 |   |   |   |   |   | 8 |   |
| 1 |   |   |   |   |   |   |   | 6 |
| 6 | 7 |   | 1 |   | 9 |   | 3 |   |
|   |   | 4 | 5 | 6 |   |   |   |   |

Demanding

|   | 5 |   |   | 9 | 3 |   |   |   |
|---|---|---|---|---|---|---|---|---|
| 7 |   |   |   | 2 |   | 8 |   |   |
|   | 2 | 3 |   |   |   | 9 |   |   |
| 9 |   |   |   |   |   |   |   | 4 |
|   |   |   |   | 6 |   |   | 3 |   |
| 5 |   |   |   |   |   |   | 1 |   |
|   |   | 6 |   | 4 |   |   |   | 2 |
|   |   | 7 | 6 |   | 5 | 1 |   |   |
|   |   |   | 7 |   |   |   |   |   |

| | | | 5 | | | | | 1 |
|---|---|---|---|---|---|---|---|---|
| | | 9 | | 2 | 8 | | | 3 |
| 7 | | 5 | | | | | | |
| | | | | | 1 | | | |
| | 6 | | 3 | 4 | | | 2 | |
| | | | | | | 3 | | 4 |
| | 5 | | | | 6 | | 8 | |
| | 4 | | | | | 7 | | |
| | 8 | | | 1 | | | 9 | |

|   |   | 8 |   |   |   | 2 |   |   |
|---|---|---|---|---|---|---|---|---|
| 9 |   |   |   | 7 |   |   |   |   |
|   | 4 |   |   | 9 | 3 |   |   | 7 |
|   |   | 5 | 6 |   |   |   |   | 4 |
|   | 2 |   |   |   |   |   | 5 |   |
|   |   | 4 |   |   |   | 1 | 3 |   |
|   |   |   |   |   |   |   |   | 6 |
|   |   |   | 2 | 5 | 8 |   | 4 |   |
| 5 | 3 |   |   |   |   |   |   |   |

| | 1 | | 6 | | 7 | | | |
|---|---|---|---|---|---|---|---|---|
| | 2 | | | 5 | | 3 | 1 | 8 |
| | | | | | | | | 5 |
| | 4 | | | | | 2 | | 1 |
| | | | | 8 | | | | |
| 3 | | | | | 6 | | 8 | |
| | 5 | | | | | | 2 | 3 |
| | | | 1 | 7 | | | | |
| | | | | | 3 | 4 | | |

| 1 | 6 | 5 |   |   |   |   |   |   |
|---|---|---|---|---|---|---|---|---|
|   |   |   | 3 | 4 |   |   |   |   |
|   |   |   | 2 |   |   |   |   | 9 |
|   |   |   |   |   |   | 1 |   | 5 |
| 9 |   |   |   | 2 |   |   |   | 6 |
|   |   |   |   |   | 6 |   |   | 4 |
| 7 |   |   | 1 |   |   |   |   |   |
|   | 3 |   |   |   | 8 |   | 5 |   |
| 4 |   | 2 |   |   |   | 7 |   |   |

|   |   |   |   | 3 |   | 7 |   |   |
|---|---|---|---|---|---|---|---|---|
|   |   |   | 6 | 9 | 8 |   |   |   |
|   | 5 |   |   |   | 4 |   |   |   |
|   |   |   |   |   |   |   | 4 |   |
|   |   |   |   |   | 6 |   |   | 8 |
| 4 | 6 |   |   |   |   |   |   | 9 |
|   |   | 2 |   |   |   |   | 7 | 4 |
| 6 |   | 9 | 1 |   |   |   |   |   |
| 3 |   | 7 | 8 |   |   | 5 |   |   |

# 168 Demanding

| 2 | 6 |   |   |   |   |   |   |   |
|---|---|---|---|---|---|---|---|---|
|   |   | 8 |   | 9 | 2 |   |   |   |
| 4 | 7 |   |   |   |   |   |   |   |
|   | 8 |   | 1 | 4 |   |   |   | 9 |
|   |   |   |   | 5 |   | 1 | 8 |   |
|   |   |   |   |   |   | 4 |   |   |
| 7 |   |   |   |   | 6 | 2 |   |   |
|   |   |   | 2 |   | 3 |   | 5 |   |
|   | 1 |   |   |   |   |   |   |   |

|   | 1 | 3 |   | 4 |   |   |   | 5 |
|---|---|---|---|---|---|---|---|---|
|   |   |   |   |   | 1 | 8 |   |   |
| 7 | 9 |   |   |   |   |   |   |   |
| 8 |   |   | 2 |   | 7 |   |   |   |
|   |   | 7 |   |   |   |   |   |   |
|   |   | 2 | 1 |   | 8 |   |   | 3 |
|   | 6 |   | 4 |   |   |   |   | 2 |
|   |   |   |   |   | 3 | 6 |   |   |
|   |   | 5 |   |   |   |   |   |   |

# 170 Demanding

| | | | | 7 | | | 2 | 6 |
|---|---|---|---|---|---|---|---|---|
| | | 6 | | | | 1 | | |
| 4 | | | 9 | | | | | |
| | | | | | 5 | 9 | | |
| | | | | 1 | | 4 | | |
| 7 | | | | | | | 6 | |
| | | 1 | | 3 | | | | 8 |
| | 3 | 5 | 6 | | | | 7 | |
| 2 | | | | 9 | | | | |

| | | | | 4 | | 7 | | |
|---|---|---|---|---|---|---|---|---|
| | 6 | | | | 5 | 8 | 9 | |
| | | | | | | | | |
| | | | 5 | | 6 | | | 2 |
| | | 9 | 8 | | 1 | | 6 | |
| | 8 | | | | | | | |
| 7 | | | | | | | 1 | |
| 2 | | | | 5 | | | | |
| | | 5 | | 3 | 8 | | 2 | 9 |

## 172 Demanding

| 7 |   |   | 2 | 6 |   |   | 3 |   |
|---|---|---|---|---|---|---|---|---|
| 5 |   | 1 |   |   |   |   |   | 7 |
|   |   |   |   |   |   |   |   |   |
|   |   |   |   | 7 | 3 |   | 9 |   |
|   | 5 |   |   |   | 1 | 4 |   |   |
|   |   | 3 |   | 9 |   | 2 |   |   |
|   |   |   |   |   |   |   | 1 |   |
| 4 |   |   |   | 8 |   |   |   |   |
|   | 6 | 2 |   | 3 |   | 9 |   |   |

| 9 |   |   | 4 |   |   | 6 |   |   |
|---|---|---|---|---|---|---|---|---|
| 5 | 8 |   |   |   |   |   | 9 |   |
|   |   | 3 | 7 |   |   |   |   |   |
| 3 |   |   |   |   | 6 | 8 |   |   |
|   | 1 |   |   | 4 |   | 5 |   |   |
|   | 2 |   |   | 5 |   |   |   |   |
| 8 |   | 9 | 6 |   |   |   |   |   |
|   |   |   |   | 7 |   |   | 2 |   |
|   |   |   |   |   | 1 |   |   | 3 |

|   |   | 3 | 7 |   |   |   | 6 |   |
|---|---|---|---|---|---|---|---|---|
|   | 8 | 6 |   |   |   |   | 9 |   |
| 5 |   | 9 |   |   |   |   |   | 8 |
|   |   |   |   |   | 6 | 8 |   |   |
|   |   |   | 3 |   | 4 |   | 7 |   |
|   | 1 |   |   |   | 2 | 5 | 4 |   |
| 8 |   |   |   |   |   |   |   | 4 |
|   | 2 |   |   |   |   | 3 |   |   |
|   | 9 |   | 5 |   |   | 2 |   |   |

| 6 | 1 |   |   |   |   |   | 9 | 8 |
|---|---|---|---|---|---|---|---|---|
|   | 3 |   |   |   | 4 |   | 2 |   |
|   | 2 |   |   |   |   |   |   |   |
|   | 6 | 7 |   | 8 |   |   |   |   |
|   |   | 4 |   |   | 2 |   | 5 |   |
|   |   |   |   |   |   |   | 1 |   |
|   |   |   |   |   | 9 |   |   |   |
|   | 8 |   |   | 1 |   |   |   | 6 |
|   |   |   | 7 | 2 |   |   |   |   |

| 3 |   | 5 |   | 2 |   |   |   |   |
|---|---|---|---|---|---|---|---|---|
|   |   |   |   |   |   | 2 |   |   |
|   |   |   |   |   | 4 |   | 1 | 3 |
|   |   |   | 2 |   |   |   |   | 1 |
| 2 |   | 3 |   | 8 | 7 |   | 4 |   |
| 6 |   |   |   |   |   |   | 9 |   |
|   | 4 | 7 | 9 |   |   | 8 |   |   |
|   |   |   | 8 | 5 |   |   |   |   |
|   |   | 6 |   |   |   |   |   |   |

|   | 3 |   | 8 |   |   | 6 |   |   |
|---|---|---|---|---|---|---|---|---|
|   |   | 1 |   |   |   |   | 9 |   |
| 2 |   |   | 1 |   |   | 7 |   |   |
|   |   | 5 |   |   |   |   | 8 | 9 |
| 7 |   |   |   | 4 | 2 |   |   |   |
|   |   |   |   |   |   |   |   | 5 |
|   |   |   | 4 |   |   | 8 | 6 |   |
|   |   | 8 | 9 |   | 5 |   |   |   |
| 3 |   |   |   |   | 1 |   |   |   |

## 178 Demanding

| 3 | 8 |   | 6 |   |   |   |   |   |
|---|---|---|---|---|---|---|---|---|
|   | 5 |   |   |   |   |   |   | 8 |
|   |   | 4 |   |   |   |   | 9 |   |
|   | 6 |   |   | 1 |   | 3 |   | 5 |
|   |   | 9 |   |   | 3 |   | 6 |   |
|   |   |   |   |   |   |   | 4 |   |
|   |   |   | 7 |   |   |   |   | 4 |
|   |   | 1 |   |   | 2 | 9 |   |   |
|   |   | 7 | 9 |   |   | 2 |   |   |

| | | 1 | 6 | | | | 9 | |
|---|---|---|---|---|---|---|---|---|
| | | | | 3 | | | 6 | 4 |
| | | 7 | | 8 | | | | |
| | | | | | 4 | | 3 | |
| 3 | | | | | 7 | | | |
| 2 | | 8 | | | | 1 | | |
| | | | | | 3 | | | |
| 4 | | | 2 | 5 | | | | |
| | 9 | | | | | | 7 | 6 |

| | 7 | | 8 | | | | | |
|---|---|---|---|---|---|---|---|---|
| | | | 2 | | | 6 | | |
| | 8 | | | 5 | | 9 | | 7 |
| | 3 | | | | 8 | | 4 | |
| 2 | | | | | | | 1 | |
| 5 | | | | | | | | 2 |
| | | | 7 | 5 | 4 | | | |
| | | | | 4 | | | 3 | |
| 3 | | 6 | 1 | | | | | |

| 4 |   |   | 7 |   |   |   |   | 5 |
|---|---|---|---|---|---|---|---|---|
|   |   | 8 |   |   |   | 4 |   |   |
|   | 7 |   |   |   | 9 |   |   |   |
|   | 8 |   |   |   | 3 |   |   | 7 |
|   | 2 | 1 |   |   |   |   |   | 9 |
|   |   |   |   | 5 | 7 |   |   |   |
|   |   | 5 |   |   | 2 |   |   |   |
| 3 | 6 |   |   |   |   | 9 |   |   |
| 2 |   |   |   | 1 |   |   |   | 6 |

|   |   |   |   |   |   |   |   |   |
|---|---|---|---|---|---|---|---|---|
|   |   |   |   |   |   |   |   |   |
|   | 2 |   | 6 |   |   |   | 1 | 9 |
|   |   | 4 | 7 |   |   |   |   | 8 |
|   | 8 |   |   |   |   |   |   |   |
|   |   |   |   | 9 |   |   | 2 |   |
|   | 6 | 5 |   | 1 | 4 |   |   |   |
| 5 |   | 9 |   | 2 |   |   |   |   |
|   |   |   |   |   |   |   |   |   |
| 1 |   |   |   |   |   | 3 | 4 | 6 |

| 2 |   |   |   |   | 3 |   |   | 4 |
|---|---|---|---|---|---|---|---|---|
|   | 3 |   | 1 |   |   |   |   |   |
|   |   |   | 4 |   | 2 |   | 3 |   |
|   | 6 | 7 |   | 8 |   | 9 |   |   |
| 3 |   |   |   |   | 1 |   |   | 8 |
|   |   |   |   |   |   |   | 4 |   |
|   |   |   | 2 |   | 8 | 5 |   |   |
| 1 |   |   |   |   |   |   |   | 7 |
| 7 | 9 | 8 |   |   |   | 4 |   |   |

## 184 Demanding

| | 1 | | | | | 8 | | 2 |
|---|---|---|---|---|---|---|---|---|
| 9 | | | | | 4 | 6 | | |
| | | | | 2 | 5 | | 9 | 7 |
| | | | | | 3 | | | 5 |
| | 4 | 3 | | | 7 | | 6 | |
| 6 | | | | | 9 | 2 | | |
| | | | | | | | | |
| | 6 | | | | | | 1 | |
| 8 | 7 | 2 | 5 | | | | | |

| | | | | 4 | | 1 | 3 | |
|---|---|---|---|---|---|---|---|---|
| | | | | 7 | 2 | | | |
| | | 8 | 6 | | | | | |
| | | | | | | | | 7 |
| | 2 | | | 1 | | | | 6 |
| | | | | | | 3 | | 5 |
| | | 5 | | 9 | | | | |
| 8 | | 4 | | | 5 | 2 | | 1 |
| | | 3 | 2 | | | 4 | | |

## 186 Demanding

| 6 | 9 |   |   | 2 |   |   |   |   |
|---|---|---|---|---|---|---|---|---|
|   |   |   | 6 | 1 |   | 5 | 8 | 9 |
|   |   |   | 9 |   |   | 2 | 6 |   |
| 5 |   |   |   |   | 6 |   |   |   |
| 4 |   |   |   |   |   |   |   | 6 |
|   | 6 | 3 | 4 |   |   |   |   |   |
|   |   |   |   |   | 5 |   | 3 | 4 |
|   |   | 9 |   |   |   |   |   | 7 |
|   | 2 |   | 1 |   |   |   |   |   |

|   |   | 5 |   |   |   |   | 9 |   |
|---|---|---|---|---|---|---|---|---|
| 1 |   | 6 |   |   |   |   |   |   |
|   |   | 3 |   |   |   | 8 | 2 | 5 |
|   | 3 |   |   | 6 |   | 2 | 4 |   |
|   |   |   | 9 |   |   |   |   |   |
|   |   | 1 | 8 | 5 |   |   |   |   |
|   |   |   |   |   | 3 | 4 |   | 6 |
| 2 |   |   |   | 4 |   |   |   |   |
|   |   |   |   |   | 9 |   | 1 |   |

| | | | 8 | | | | 5 | |
|---|---|---|---|---|---|---|---|---|
| | | 1 | | | 9 | 6 | | 4 |
| | | | | 5 | | | 2 | |
| | | 3 | | 7 | | | | |
| | 6 | 4 | | | 3 | | | |
| | | | 9 | | | | | |
| 4 | | | | 6 | | | | 8 |
| 9 | 1 | 2 | | | 4 | | 7 | |
| | | | | | | 5 | | |

| 3 | 47 | 47 | 56 | 9 | 568 | 14 | 2 | 68 |
|---|----|----|----|---|-----|----|---|----|
| 8 | 29 | 29 |    |   |     | 34 / 3 | 5 | 46 |
| 5 | 1 | 6 | 24 | 3 | 248 | 9 | 7 | 48 |
| 67 | 8 |   | 456 | 1 | 3456 | 2 | 9 | 357 |
| 1 | 3 | 57 | 9 | 2 | 56 | 4 | 8 | 57 |
| 129 |   |   | 7 | 8 | 346 | 6 | 1 | 35 |
| 247 | 247 | 8 | 3 | 47 | 1 | 5 | 46 | 9 |
| 4 | 5 | 1 | 8 | 6 | 9 | 7 | 3 | 2 |
| 2679 | 2679 | 3 | 24 | 5 | 207 | 8 | 46 | 1 |

Demanding

| | 2 | | | 6 | | | | |
|---|---|---|---|---|---|---|---|---|
| 1 | | | 8 | 7 | | 5 | | 9 |
| | | 4 | | | | | | |
| | | | | | 7 | | | 3 |
| | | 5 | | | | 9 | 2 | 1 |
| | | | | | 6 | | | |
| | | | | | | 1 | 5 | 2 |
| 4 | | | 1 | | | | | |
| | 3 | | | 9 | | | | |

|   | 9 |   |   |   | 5 |   |   |   |
|---|---|---|---|---|---|---|---|---|
|   |   |   | 4 |   | 3 | 8 |   |   |
| 2 |   |   |   |   | 6 |   | 3 |   |
|   |   | 6 |   |   | 1 | 4 |   |   |
| 3 |   |   |   |   |   |   | 5 |   |
|   |   | 1 | 5 | 7 |   |   |   | 8 |
|   |   | 7 |   |   |   |   |   |   |
| 8 |   |   |   |   |   |   |   | 2 |
|   |   |   |   | 9 | 4 | 7 |   |   |

## 192 Demanding

| 6 |   | 2 | 4 | 5 |   |   |   |   |
|---|---|---|---|---|---|---|---|---|
| 9 |   |   |   |   |   |   |   |   |
|   | 7 |   |   |   |   | 9 |   |   |
|   |   |   |   | 3 |   | 7 |   |   |
| 5 |   |   |   |   |   |   | 6 |   |
|   |   |   | 1 | 8 |   |   |   |   |
|   |   |   | 5 |   |   | 8 |   |   |
|   |   | 4 |   |   | 2 | 1 | 3 |   |
|   | 1 | 3 |   |   |   |   |   | 2 |

| 5 |   |   |   |   |   |   |   | 2 |
|---|---|---|---|---|---|---|---|---|
| 1 |   |   | 4 |   |   |   |   |   |
| 4 |   |   | 6 |   | 7 |   |   |   |
|   |   |   |   |   |   | 7 | 1 |   |
| 3 | 4 |   |   |   |   |   |   |   |
|   |   |   |   |   |   |   | 8 | 9 |
| 7 | 3 |   |   |   | 5 |   |   |   |
|   | 9 |   | 2 |   |   |   |   |   |
|   |   |   |   | 1 | 3 | 6 |   | 8 |

## 194 Demanding

| | | | | 3 | 5 | | | 8 |
|---|---|---|---|---|---|---|---|---|
| 6 | 8 | | | | | 7 | | |
| | | | | | | 2 | 9 | |
| 9 | | | | 5 | 4 | | | |
| | | | 2 | | | | | |
| 4 | | | 6 | | | | | 1 |
| | | 5 | | | 9 | | 3 | |
| | | | 7 | | | | | 9 |
| 2 | | 8 | | | | | | 4 |

| 1 |   |   |   |   |   | 2 |   |   |
|---|---|---|---|---|---|---|---|---|
|   |   |   | 4 |   | 8 |   |   | 9 |
| 3 |   | 6 |   |   |   |   |   |   |
|   | 5 |   | 2 | 8 |   |   |   |   |
|   | 8 |   |   | 4 | 5 |   |   |   |
|   |   | 7 |   |   |   |   |   |   |
| 2 | 6 |   |   |   |   |   |   | 7 |
|   |   |   | 3 |   |   |   | 4 | 1 |
|   |   |   |   | 9 |   | 8 |   |   |

| 2 |   |   |   | 9 | 7 |   |   | 1 |
|---|---|---|---|---|---|---|---|---|
|   |   | 8 | 1 |   |   |   |   |   |
|   |   |   |   |   |   |   |   | 4 |
|   | 3 |   |   | 2 |   |   |   |   |
|   | 2 |   |   |   | 5 |   |   | 3 |
|   | 1 | 4 |   |   | 6 |   | 9 | 2 |
|   | 4 |   | 3 |   |   |   | 7 | 9 |
|   |   |   | 2 |   |   | 1 |   |   |
|   |   |   |   | 7 | 8 |   |   |   |

|   |   | 1 |   |   |   | 5 |   |   |
|---|---|---|---|---|---|---|---|---|
|   | 7 | 8 |   | 2 |   |   |   |   |
|   | 3 |   |   |   | 1 |   | 2 |   |
| 9 | 2 |   |   | 3 |   |   |   |   |
| 6 |   |   |   |   |   |   | 7 |   |
| 8 |   |   |   |   | 9 | 6 |   |   |
|   |   |   |   |   |   |   |   | 7 |
|   |   |   |   | 5 |   |   | 3 |   |
|   |   |   | 8 |   | 6 |   |   | 9 |

| 6 |   |   | 4 |   |   |   |   |   |
|---|---|---|---|---|---|---|---|---|
|   |   |   | 8 |   |   |   |   | 3 |
| 5 | 9 | 8 |   | 1 | 2 | 4 |   |   |
|   |   | 9 |   |   |   |   |   | 1 |
|   | 7 |   | 1 | 2 |   |   |   |   |
|   |   | 1 |   |   |   | 7 | 3 | 2 |
|   |   | 2 |   |   |   |   | 8 | 9 |
|   |   |   | 9 | 4 | 5 | 2 |   |   |
|   |   |   |   |   |   |   |   |   |

|   | 8 |   |   |   |   | 9 |   |   |
|---|---|---|---|---|---|---|---|---|
|   |   |   | 6 | 5 |   |   | 7 |   |
|   |   | 1 |   | 4 |   |   |   |   |
|   | 7 |   | 2 |   |   |   | 4 | 8 |
|   | 5 |   |   |   |   |   |   | 6 |
| 2 |   |   |   |   | 3 |   | 5 |   |
|   |   |   |   | 8 |   |   | 6 |   |
|   |   | 4 | 7 |   | 1 |   |   |   |
|   | 3 |   | 9 |   |   |   |   |   |

|   |   |   | 4 |   |   | 2 |   |   |
|---|---|---|---|---|---|---|---|---|
| 1 | 7 |   | 5 |   |   |   | 3 | 6 |
|   |   | 9 |   |   |   | 7 |   | 5 |
|   |   |   | 1 | 5 |   |   |   |   |
| 4 |   | 2 |   |   | 6 |   | 7 |   |
|   |   | 3 | 8 |   |   |   | 6 |   |
|   | 3 | 4 |   |   | 1 |   |   |   |
|   |   |   |   | 4 |   |   |   |   |
|   | 8 |   |   |   |   |   |   | 1 |

| | 2 | | | | | | | |
|---|---|---|---|---|---|---|---|---|
| | | | | 9 | | | | 1 |
| | 7 | 8 | | | 1 | 3 | 9 | |
| | | 1 | | | | | | |
| 6 | | 7 | | | 2 | 8 | | |
| | 4 | | | 1 | | | 2 | 6 |
| | | 6 | | | | | | |
| | | | | | 8 | 7 | 3 | |
| 5 | | | | 2 | | | | |

## 202 Demanding

| 9 |   |   |   |   | 7 |   |   |   |
|---|---|---|---|---|---|---|---|---|
|   | 8 |   |   | 1 |   | 5 |   |   |
|   |   | 2 |   |   |   |   | 6 |   |
|   |   |   |   | 4 |   | 3 | 7 | 9 |
|   |   |   |   |   |   |   |   |   |
|   |   | 6 | 8 |   |   | 1 |   |   |
| 1 | 7 |   |   |   | 8 |   | 9 |   |
|   | 3 | 4 | 6 |   |   |   |   |   |
|   |   |   |   |   |   |   | 2 | 3 |

| 1 |   |   |   | 9 |   |   | 2 | 8 |
|---|---|---|---|---|---|---|---|---|
|   |   | 9 | 2 |   |   |   |   | 1 |
|   | 6 |   | 7 |   |   |   |   | 3 |
|   |   |   |   |   |   |   |   |   |
| 9 | 8 |   | 1 |   |   |   | 5 |   |
| 4 |   |   | 8 |   | 7 |   |   |   |
|   |   | 7 |   | 3 | 4 | 9 |   |   |
|   |   |   |   |   |   | 6 |   |   |
|   |   |   | 5 |   |   |   |   |   |

| | | 8 | | | 6 | | 9 | |
|---|---|---|---|---|---|---|---|---|
| | | | 2 | | 7 | | 5 | |
| 5 | | | 8 | | 1 | | | |
| 6 | | | | | 2 | | | 8 |
| | | | 9 | | | | | 7 |
| | | 3 | 5 | | | | | |
| | | | 3 | | 6 | | | |
| | | | 4 | | | | | |
| 1 | | 9 | | | | 3 | 4 | |

|   |   |   | 1 | 3 |   |   |   |   |
|---|---|---|---|---|---|---|---|---|
|   | 3 |   |   | 2 |   |   |   | 7 |
|   | 8 |   | 3 |   |   |   |   | 6 |
|   | 9 |   |   |   | 4 | 5 |   |   |
|   |   |   |   |   |   |   |   | 4 |
| 2 |   |   | 4 | 8 |   | 9 |   |   |
|   |   | 7 |   |   | 3 | 8 | 6 |   |
|   |   |   |   | 5 |   |   | 2 | 1 |

Demanding

| 6 |   |   |   |   |   |   |   |   |
|---|---|---|---|---|---|---|---|---|
|   | 8 | 3 |   | 2 |   |   |   | 4 |
|   |   |   |   |   | 3 | 9 |   |   |
|   | 2 |   |   |   |   |   |   | 5 |
| 3 |   |   | 1 |   | 2 |   |   |   |
| 9 |   |   |   | 6 |   | 7 |   |   |
|   | 4 |   |   | 3 |   |   | 8 | 7 |
|   | 1 |   |   |   |   | 3 |   |   |
|   |   |   |   |   |   | 5 |   | 6 |

|   |   | 7 | 9 |   |   |   | 8 |   |
|---|---|---|---|---|---|---|---|---|
|   | 1 | 6 | 5 |   | 2 |   |   |   |
|   |   |   | 3 | 1 |   |   |   |   |
|   | 9 |   |   |   |   | 1 |   |   |
| 1 |   |   | 6 | 8 |   |   |   | 5 |
|   |   | 2 |   |   |   |   |   |   |
|   |   |   |   |   |   |   | 9 | 3 |
| 6 |   |   |   | 2 |   | 7 |   |   |
|   |   |   |   | 4 | 9 |   |   |   |

## 208 Demanding

|   |   | 5 |   |   | 8 | 1 |   |   |
|---|---|---|---|---|---|---|---|---|
|   |   | 1 |   |   | 4 |   | 9 |   |
|   | 3 |   | 6 |   |   | 2 |   |   |
|   |   |   | 2 | 4 |   |   |   |   |
|   | 2 |   | 9 |   |   |   |   |   |
| 9 | 4 |   | 5 |   | 3 |   |   |   |
| 1 |   | 6 | 8 |   |   |   |   |   |
|   |   |   |   |   |   |   |   | 3 |
|   |   |   |   |   |   |   | 5 | 7 |

|   |   |   | 5 |   |   | 3 |   |   |
|---|---|---|---|---|---|---|---|---|
|   | 7 | 2 |   |   |   |   |   |   |
|   |   |   |   | 6 | 4 | 7 |   |   |
|   |   |   |   | 3 |   |   | 1 |   |
|   | 6 | 4 |   |   | 2 |   | 9 |   |
| 3 | 5 |   |   |   | 7 |   |   |   |
| 8 |   |   |   | 2 | 6 |   |   |   |
|   |   |   |   |   | 1 | 6 | 2 |   |
|   |   |   |   |   |   |   |   | 4 |

|   |   | 4 | 8 |   | 2 |   |   |   |
|---|---|---|---|---|---|---|---|---|
|   | 6 |   |   | 1 |   |   | 5 |   |
| 9 |   |   |   |   |   |   |   |   |
| 2 |   |   |   |   | 8 | 7 |   | 5 |
|   |   |   | 1 |   | 7 | 6 |   |   |
|   | 9 |   |   |   |   |   |   |   |
|   |   |   |   |   |   |   | 6 | 4 |
| 3 |   |   |   |   |   | 1 |   |   |
|   | 2 |   |   | 6 |   | 9 |   | 7 |

|   |   | 3 |   | 7 |   |   |   | 2 |
|---|---|---|---|---|---|---|---|---|
|   |   |   |   | 6 |   |   | 1 |   |
|   | 8 |   | 5 |   |   |   |   |   |
|   |   |   |   | 8 |   | 7 |   |   |
|   | 4 |   |   | 5 | 9 |   | 6 | 8 |
| 1 |   |   |   |   |   |   |   |   |
|   |   |   |   | 9 | 3 |   | 5 |   |
|   |   |   |   |   |   |   | 9 | 3 |
|   | 5 |   | 4 |   | 7 |   |   |   |

# 212 Demanding

| | 9 | | | | 1 | | | |
|---|---|---|---|---|---|---|---|---|
| 8 | 5 | | | | 9 | | | |
| 2 | | | | | | 1 | | 7 |
| 3 | | | | | | 4 | | 6 |
| | | | | 8 | 2 | | | |
| | 6 | | | 9 | | 2 | 1 | |
| | | 4 | | 1 | | | | 8 |
| | | 2 | 9 | | | | | |
| | | | | | | 6 | | |

| | | | | | | | 5 | |
|---|---|---|---|---|---|---|---|---|
| | 9 | | 7 | | | | | |
| 7 | | | | 8 | | 6 | | 2 |
| | | 7 | 8 | | | | | |
| | | | | | | | 6 | |
| | 1 | 3 | | | | 4 | | |
| 5 | | | | 1 | 2 | 3 | | |
| 6 | 3 | 2 | | | | | | 5 |
| | | | | 4 | | 7 | | |

## 214 Demanding

| | | | | 4 | | | | 7 |
|---|---|---|---|---|---|---|---|---|
| | 2 | | 1 | | | 6 | | |
| | 3 | | | | 8 | | 5 | 1 |
| 3 | | 1 | | | 9 | | | |
| | | 5 | | | 6 | 4 | | |
| | | | | | | 3 | | |
| | | 6 | | | | | | |
| 4 | | | | | | | 7 | |
| 5 | | 9 | | | 1 | | 6 | |

| 1 |   |   |   |   | 5 |   |   |   |
|---|---|---|---|---|---|---|---|---|
|   | 3 | 6 | 8 |   |   |   |   |   |
|   |   |   |   | 9 |   | 2 |   |   |
|   |   |   |   |   | 7 |   | 8 |   |
| 4 |   |   | 9 |   | 2 |   |   |   |
| 3 |   |   |   | 4 |   |   |   | 7 |
|   |   | 8 | 1 |   |   | 7 | 3 |   |
|   | 9 |   |   |   |   | 4 |   |   |
|   |   | 5 |   |   |   |   | 6 |   |

| 1 |   |   |   |   | 5 |   | 2 | 4 |
|   |   |   |   |   |   |   |   |   |
| 9 |   |   | 2 |   |   |   |   |   |
|   |   |   |   |   |   | 3 | 5 |   |
|   | 1 |   |   |   | 3 |   |   | 9 |
|   |   | 9 | 6 |   |   |   |   |   |
|   |   |   |   | 8 |   |   | 4 |   |
|   |   |   |   |   | 4 |   | 6 | 1 |
|   |   |   |   | 1 |   |   | 3 |   |
| 7 |   |   |   | 5 |   | 2 |   |   |

| | | | | | | | 7 | |
|---|---|---|---|---|---|---|---|---|
| | | | | | 8 | | | |
| | 5 | 3 | | | 4 | | 9 | |
| | | 5 | | | | | 8 | |
| 3 | | 9 | | 7 | | | | |
| | | 8 | 9 | | 5 | | | 4 |
| | | 1 | | | | 6 | | 5 |
| 2 | | | | 4 | | | | |
| | | | | 2 | | | | 1 |

|   |   | 1 | 6 | 8 | 9 |   |   |   |
|---|---|---|---|---|---|---|---|---|
|   |   |   | 3 |   |   |   |   | 9 |
| 7 |   |   |   |   |   | 4 |   |   |
|   | 6 |   |   |   |   | 7 | 8 | 2 |
| 8 | 9 |   |   |   |   |   |   |   |
|   |   |   |   |   | 5 | 1 |   |   |
|   |   |   |   |   | 2 |   |   |   |
| 4 |   |   |   |   |   |   | 3 |   |
| 6 | 2 |   | 1 |   |   |   |   |   |

|   | 2 |   |   |   |   | 8 | 7 |   |
|---|---|---|---|---|---|---|---|---|
|   |   |   | 4 |   |   | 6 |   |   |
|   |   |   |   | 9 |   |   |   |   |
|   | 1 |   |   |   |   |   |   |   |
|   | 5 |   | 6 | 4 |   |   |   | 8 |
| 7 | 6 | 2 |   |   | 5 |   |   |   |
|   |   |   | 1 |   |   |   | 9 | 5 |
| 4 |   |   |   | 3 | 7 |   |   |   |
| 3 |   |   |   |   |   |   |   |   |

| | 7 | 9 | 2 | | | | | |
|---|---|---|---|---|---|---|---|---|
| 8 | | | | | | 9 | | 3 |
| 2 | | | | 6 | | | | 1 |
| 4 | | | | 8 | | | | |
| 9 | | | 5 | | | | | 4 |
| | 3 | 5 | | | | | 6 | |
| | | | 7 | | | | | |
| | | 2 | | | | 7 | | |
| 7 | | | | 4 | | | | 6 |

|   |   |   | 3 |   |   |   |   |   |
|---|---|---|---|---|---|---|---|---|
| 6 |   | 7 |   |   |   | 1 |   | 8 |
|   | 9 |   |   | 1 | 2 |   |   | 6 |
| 5 |   |   |   |   |   | 6 |   | 4 |
|   |   | 8 | 7 |   |   |   |   |   |
|   | 4 |   |   |   | 1 |   |   | 9 |
| 2 |   |   |   |   |   |   |   |   |
|   |   |   |   | 5 |   |   | 8 |   |
| 4 | 3 |   |   |   |   |   |   |   |

| | | 3 | 1 | | | 9 | | 2 |
|---|---|---|---|---|---|---|---|---|
| | | | 5 | | | | | |
| 2 | 1 | 9 | | 3 | | | | |
| | 6 | | | | | | | |
| | | | | | | | | |
| | | | | 2 | 4 | 5 | 6 | |
| 6 | | | 7 | | | | | 9 |
| 5 | 2 | | | | 8 | 1 | | |
| | 3 | | | | | 4 | | |

|   |   | 8 | 9 |   | 3 |   |   | 4 |
|---|---|---|---|---|---|---|---|---|
| 3 | 9 |   |   |   | 2 |   |   |   |
| 2 |   |   |   | 1 |   |   | 7 |   |
|   |   |   |   |   |   | 3 |   |   |
|   | 8 |   |   | 4 |   |   |   | 6 |
| 7 | 4 |   |   |   |   |   | 5 |   |
|   |   |   |   | 9 |   |   |   |   |
|   |   |   |   | 6 | 5 |   |   | 9 |
|   |   | 7 |   |   |   | 2 |   |   |

| 8 |   |   | 1 |   |   |   |   | 4 |
|---|---|---|---|---|---|---|---|---|
|   |   |   | 9 |   | 7 |   | 2 | 1 |
| 9 |   |   |   |   |   |   |   |   |
| 4 | 7 |   |   |   |   |   |   | 2 |
|   | 3 |   |   |   | 1 |   |   |   |
|   |   |   |   |   | 6 | 8 |   |   |
|   |   |   | 3 |   |   | 6 |   |   |
|   | 2 | 3 |   |   |   |   |   |   |
|   |   |   | 9 |   | 3 |   |   | 5 |

|   |   |   |   |   |   | 8 |   |   |
|---|---|---|---|---|---|---|---|---|
|   |   | 1 |   |   |   |   |   | 9 |
|   |   |   | 7 | 6 | 5 |   | 4 |   |
|   |   | 8 | 1 | 2 |   | 6 |   |   |
| 7 |   |   |   |   |   |   |   |   |
|   |   |   |   |   | 4 |   | 9 |   |
|   |   |   |   |   | 6 |   |   | 4 |
| 2 |   |   |   |   | 3 | 7 | 6 |   |
|   | 3 |   |   | 5 | 2 |   |   |   |

Beware! Very Challenging

| | 9 | 1 | | | | | | |
|---|---|---|---|---|---|---|---|---|
| | 6 | 2 | | | | | | 8 |
| | | | 1 | | | 4 | | |
| 3 | | | 9 | | 5 | | | |
| | | 4 | | 1 | | | | |
| | | | 4 | | | 2 | 3 | |
| 5 | | | 8 | 9 | | | | |
| | | 7 | | | | 3 | | |
| | 8 | | | 6 | | | | 7 |

|   | 3 |   | 1 |   |   |   |   |   |
|---|---|---|---|---|---|---|---|---|
| 1 | 2 |   |   | 3 |   |   | 6 |   |
|   |   |   |   |   |   |   |   |   |
|   |   |   |   |   | 1 |   | 4 | 7 |
|   |   | 8 |   |   |   |   | 3 |   |
|   | 6 | 7 |   |   |   |   |   | 2 |
|   | 7 |   |   | 6 | 8 | 5 |   |   |
|   | 8 |   | 7 |   |   |   |   | 4 |
|   |   | 9 | 5 |   |   |   |   |   |

|   |   |   |   |   | 7 | 5 | 3 |   |
|---|---|---|---|---|---|---|---|---|
|   |   | 4 |   |   |   | 1 |   |   |
| 3 | 8 |   | 6 |   |   |   |   | 7 |
| 4 |   |   |   | 2 |   |   |   | 5 |
|   | 9 |   | 8 | 3 | 6 |   | 7 |   |
|   | 1 |   |   |   |   |   | 9 |   |
|   |   | 9 | 3 |   |   |   |   | 4 |
| 1 | 3 | 2 | 5 |   |   |   |   |   |
|   |   |   |   |   |   |   |   |   |

| | 4 | | 5 | | 7 | | | |
|---|---|---|---|---|---|---|---|---|
| | | | | 6 | | 9 | 7 | |
| | | | | | | 2 | | |
| | | 7 | | 4 | 5 | 1 | | 6 |
| 9 | | | | | | | | |
| | | 3 | | | 6 | | | 4 |
| 5 | | | 8 | 3 | | | | 9 |
| | 1 | | | | | | | 2 |
| | | | 7 | | | | | |

Beware! Very Challenging

|   |   |   |   | 9 |   |   |   |   |
|---|---|---|---|---|---|---|---|---|
|   | 1 | 7 | 3 |   |   |   |   |   |
|   |   | 2 |   |   |   | 8 |   | 1 |
|   |   |   |   |   | 5 |   |   |   |
|   |   |   | 6 |   |   |   | 4 | 2 |
|   |   |   |   | 8 | 9 | 6 | 5 |   |
|   | 3 | 5 |   |   |   |   |   | 4 |
|   |   |   | 9 | 1 | 7 | 2 |   |   |
|   |   |   | 4 |   |   |   |   |   |

|   |   |   |   |   |   |   |   |   |
|---|---|---|---|---|---|---|---|---|
|   |   |   |   |   |   |   |   |   |
|   | 9 |   |   | 2 |   | 7 |   | 8 |
|   |   |   |   |   | 9 | 5 |   | 3 |
|   | 7 |   |   | 1 |   | 6 |   |   |
|   | 8 | 9 |   |   |   |   |   |   |
| 3 | 5 |   |   |   |   |   |   | 7 |
| 6 |   |   | 4 |   | 1 |   |   |   |
|   |   | 8 |   | 3 |   |   | 2 |   |
|   |   |   |   |   | 5 | 8 |   |   |

## 232 Beware! Very Challenging

|   | 6 |   |   | 2 |   | 7 |   | 9 |
|---|---|---|---|---|---|---|---|---|
|   | 1 |   |   |   |   |   | 6 | 5 |
|   |   |   |   | 9 |   |   |   |   |
|   |   |   |   |   | 2 | 4 | 7 |   |
|   |   | 3 |   |   |   | 6 |   | 8 |
|   |   |   | 5 |   | 6 |   |   |   |
|   |   |   |   |   |   | 5 |   | 1 |
| 3 |   |   |   |   |   |   |   |   |
|   |   | 4 | 7 |   | 8 |   |   |   |

|   | 7 | 8 | 3 |   | 1 |   |   | 6 |
|---|---|---|---|---|---|---|---|---|
|   | 9 |   | 6 | 8 |   |   | 4 |   |
|   |   |   |   |   |   |   |   |   |
|   |   |   |   |   | 4 |   |   |   |
|   |   | 1 |   |   |   |   |   | 8 |
|   | 3 |   |   | 7 |   |   |   |   |
|   |   |   |   | 6 |   |   |   | 3 |
| 2 | 4 |   | 9 |   |   | 5 |   |   |
|   |   | 5 |   |   |   |   | 2 |   |

| | 1 | 5 | | | 2 | | 7 | |
|---|---|---|---|---|---|---|---|---|
| | | | | | | 9 | 6 | |
| | 9 | 6 | | | | | 8 | |
| 7 | 5 | | 4 | | | | | |
| 4 | | 9 | | | | | | 3 |
| | | | | | | 1 | | |
| | | | 8 | | 6 | | | 7 |
| | | | | 9 | | | | |
| | 3 | | 5 | | | | | 6 |

| | 8 | | 5 | | 1 | | 2 | |
|---|---|---|---|---|---|---|---|---|
| 1 | | 2 | | | | | 9 | |
| | 9 | | | | | | | |
| 9 | | | | | | | 3 | |
| | | | | 4 | 8 | | | 5 |
| | 2 | | | 7 | | | | |
| | | | | | 3 | | 1 | |
| 3 | | 6 | 7 | | | | | 4 |
| | | | 4 | | | | | 9 |

| 9 | 5 |   |   |   | 1 |   | 2 |   |
|---|---|---|---|---|---|---|---|---|
| 3 |   |   |   |   |   |   |   |   |
| 2 | 8 | 4 |   |   |   |   |   | 9 |
|   |   |   |   |   | 3 |   |   |   |
| 4 |   |   |   |   |   |   | 1 |   |
|   |   |   |   | 2 |   | 5 | 8 |   |
|   | 2 | 6 |   | 9 |   |   |   | 7 |
|   |   |   |   | 8 |   |   |   |   |
|   |   |   |   | 6 | 4 |   |   |   |

|   | 3 |   | 2 |   |   |   |   | 9 |
|---|---|---|---|---|---|---|---|---|
|   |   |   |   | 1 |   |   | 7 |   |
|   | 4 |   |   | 6 |   |   |   |   |
|   | 9 |   |   | 8 | 4 | 5 | 3 |   |
|   |   |   | 3 | 5 |   |   |   | 4 |
|   |   |   |   |   |   |   | 6 |   |
|   |   | 2 |   |   |   |   | 9 |   |
|   | 1 |   | 7 |   |   |   |   | 6 |
| 6 |   |   |   | 4 | 5 |   | 1 |   |

| 2 | 4 | 9 |   |   | 5 |   |   | 6 |
|---|---|---|---|---|---|---|---|---|
|   |   |   |   |   |   |   |   |   |
|   |   | 3 | 4 | 8 |   | 9 |   |   |
|   |   |   | 6 |   | 9 |   |   |   |
| 5 |   |   | 8 |   | 2 |   |   |   |
|   |   |   | 1 | 7 |   | 6 |   |   |
| 8 | 6 | 4 |   |   |   |   |   | 5 |
|   |   |   |   |   |   |   |   | 3 |
|   | 9 |   |   |   |   | 8 | 7 |   |

|   |   | 7 |   |   | 2 |   |   |   |
|---|---|---|---|---|---|---|---|---|
|   |   | 9 | 1 | 3 |   |   |   |   |
| 6 | 8 | 5 |   |   |   |   |   |   |
|   |   |   |   | 9 |   |   | 8 |   |
|   |   |   | 7 | 6 | 5 | 3 |   |   |
|   | 1 |   |   |   |   |   |   |   |
|   |   |   |   |   |   |   | 2 |   |
|   |   |   | 9 | 1 |   | 8 |   | 7 |
| 4 |   |   |   |   | 6 |   |   | 5 |

## 240 Beware! Very Challenging

| 3 |   |   |   | 6 |   |   |   |   |
|---|---|---|---|---|---|---|---|---|
| 8 | 6 |   | 3 |   |   | 9 |   |   |
|   |   |   |   | 7 |   |   |   |   |
|   |   |   |   |   |   |   | 3 |   |
|   |   | 4 |   |   | 9 | 2 |   |   |
|   |   |   | 6 | 2 | 5 | 1 | 4 |   |
|   | 9 |   |   |   |   | 5 |   |   |
|   | 5 |   |   |   | 2 |   |   | 8 |
| 7 |   |   | 1 |   |   |   |   |   |

| 4 |   |   |   | 3 |   |   |   | 2 |
|---|---|---|---|---|---|---|---|---|
|   |   |   | 8 |   | 1 | 3 |   | 7 |
|   |   |   |   |   |   |   |   | 5 |
| 5 | 7 |   |   |   |   |   |   | 9 |
|   | 4 |   |   |   |   |   |   |   |
| 2 |   | 9 |   |   |   | 6 | 8 |   |
|   |   |   |   |   | 5 |   | 3 |   |
|   | 8 |   |   |   | 2 |   |   |   |
|   |   | 1 |   |   | 9 | 2 |   | 6 |

|   |   |   |   | 8 | 9 |   |   |   |
|---|---|---|---|---|---|---|---|---|
|   |   |   | 5 |   |   |   |   |   |
| 7 | 1 |   |   | 3 |   |   |   | 6 |
| 6 |   | 7 |   |   |   |   |   |   |
| 9 |   |   |   |   | 8 | 5 |   |   |
|   |   | 8 | 7 |   |   |   |   |   |
| 5 |   |   |   | 7 |   |   |   |   |
|   |   |   | 4 |   |   |   | 1 |   |
|   |   | 6 |   | 9 | 5 | 8 |   | 2 |

|   |   | 5 |   | 1 |   |   | 3 |   |
|---|---|---|---|---|---|---|---|---|
| 8 |   |   | 6 |   |   | 1 |   |   |
| 9 |   | 3 |   |   |   |   | 8 |   |
| 4 |   |   |   |   |   | 5 |   | 9 |
|   |   |   |   |   | 6 |   |   |   |
|   |   |   |   |   |   |   | 7 | 8 |
| 5 |   |   |   |   | 4 | 2 |   | 6 |
| 6 |   | 8 | 3 |   | 1 |   | 5 |   |
|   |   |   |   |   | 5 |   |   |   |

| | | | 6 | | | 5 | | |
|---|---|---|---|---|---|---|---|---|
| 7 | | 3 | 1 | 9 | | | | |
| | | | | | | | 4 | |
| | | | | | | 2 | 5 | 6 |
| 8 | 3 | | | | | | | |
| | | 1 | | | | | | |
| | 6 | | | 8 | | | 7 | |
| | | 8 | 5 | | | 6 | 3 | 9 |
| 1 | | | | | 9 | | | |

|   | 8 |   |   |   |   | 5 |   | 7 |
|---|---|---|---|---|---|---|---|---|
| 2 |   | 1 | 9 |   |   |   |   | 3 |
|   | 5 |   |   |   |   |   | 8 |   |
|   | 6 |   | 1 | 9 |   |   |   |   |
|   |   | 3 |   | 6 |   |   |   | 5 |
| 7 |   |   | 8 |   | 3 |   |   |   |
|   |   |   | 6 |   | 1 |   |   | 8 |
| 9 |   |   |   |   |   |   | 1 |   |
|   |   | 4 |   |   |   |   |   |   |

Beware! Very Challenging

| 2 |   |   |   |   | 1 | 5 | 7 | 4 |
|---|---|---|---|---|---|---|---|---|
|   | 9 |   | 8 |   |   |   |   |   |
|   | 7 | 5 |   |   |   |   | 9 |   |
|   |   | 3 |   |   | 9 |   |   |   |
|   | 1 |   |   |   | 2 |   |   | 5 |
|   |   |   |   | 8 |   |   |   | 7 |
| 5 |   |   | 6 |   |   | 1 |   |   |
|   |   | 4 |   |   |   |   | 3 |   |
|   |   |   | 4 |   | 7 |   |   |   |

| | | 7 | | | 8 | 6 | | 5 |
|---|---|---|---|---|---|---|---|---|
| | | | | | | | | |
| 2 | 9 | | | | | | | |
| | | | 6 | | | 3 | | |
| | 3 | | | | 1 | 9 | | |
| | | | | 7 | | 8 | | 6 |
| | | | | | 4 | | | 7 |
| 9 | | | | | | | | |
| | 4 | 8 | 5 | | 7 | | 1 | |

| 3 | 1 |   |   |   | 2 |   | 7 |   |
|---|---|---|---|---|---|---|---|---|
|   |   |   |   |   |   |   |   |   |
| 8 |   | 9 |   |   |   |   |   | 3 |
|   |   |   | 1 |   |   |   |   | 2 |
|   |   |   | 7 |   |   |   |   |   |
|   | 3 | 6 |   |   |   |   | 8 | 9 |
| 5 | 9 |   |   |   |   | 6 |   |   |
|   |   | 4 |   | 8 | 2 |   |   |   |
|   |   | 4 |   | 7 |   | 3 |   |   |

|   |   |   | 3 |   |   |   | 2 |   |
|---|---|---|---|---|---|---|---|---|
|   | 3 |   | 1 |   | 4 |   | 7 |   |
|   | 9 |   | 5 |   |   | 6 |   |   |
| 6 |   |   |   |   |   |   |   | 9 |
| 5 |   |   |   | 1 |   |   |   |   |
|   |   | 4 |   |   |   |   |   |   |
|   |   |   |   |   |   | 8 | 5 | 7 |
|   |   | 1 |   |   |   |   |   |   |
| 2 |   | 7 |   |   | 9 |   |   | 3 |

| 1 |   |   | 2 |   |   |   | 9 | 4 |
|---|---|---|---|---|---|---|---|---|
|   |   |   |   |   |   |   |   |   |
| 4 |   |   |   | 6 |   |   |   |   |
| 7 |   | 1 | 8 |   |   |   |   |   |
|   |   |   |   |   | 3 |   |   | 8 |
| 5 | 3 |   |   | 4 |   |   |   |   |
|   | 6 |   | 9 |   |   |   |   |   |
|   |   |   | 4 |   |   |   |   | 3 |
|   |   | 9 | 7 | 5 |   |   | 1 |   |

|   |   |   | 6 |   | 1 |   |   |   |
|---|---|---|---|---|---|---|---|---|
| 7 |   |   |   |   | 8 |   | 9 |   |
|   |   | 5 |   |   |   |   |   |   |
|   | 3 |   | 8 |   |   |   |   | 4 |
|   |   | 8 |   |   | 7 |   | 5 |   |
| 2 |   | 4 |   |   |   | 1 |   |   |
| 4 |   | 7 |   | 9 |   | 3 | 1 | 6 |
|   |   |   |   |   |   |   |   | 5 |
| 3 |   |   |   |   |   |   | 4 | 8 |

| | 8 | | | 1 | 7 | 6 | | |
|---|---|---|---|---|---|---|---|---|
| 6 | 5 | | | | | 8 | | |
| | | | | | 2 | | | |
| 8 | | 3 | | | 9 | | | 2 |
| | | | | | | | | |
| 5 | | | | | | | 8 | 9 |
| | | | | | | 5 | 7 | |
| | 1 | | | 4 | | | | |
| | | 9 | | 7 | | | 4 | 6 |

| 9 | 7 | 4 |   |   |   |   |   |   |
|   |   | 8 |   |   |   |   |   |   |
| 3 | 6 |   |   |   | 1 |   |   |   |
|   | 4 |   |   | 2 |   |   |   | 8 |
| 1 |   |   |   | 4 | 9 | 5 |   |   |
|   |   | 6 |   | 7 |   | 1 |   |   |
| 4 |   |   | 3 |   | 5 |   |   |   |
|   |   |   |   |   |   | 7 | 9 |   |
|   |   |   |   |   |   |   | 2 |   |

| 4 |   |   |   |   |   |   |   |   |
|---|---|---|---|---|---|---|---|---|
|   |   | 6 |   | 3 | 5 |   |   |   |
|   |   | 9 | 8 |   |   |   |   | 7 |
|   | 3 |   |   |   |   | 4 |   |   |
| 9 |   |   | 6 | 8 |   | 3 |   | 5 |
|   | 1 |   |   | 7 |   | 2 |   |   |
|   |   | 5 | 4 | 2 |   |   |   | 3 |
| 2 |   |   |   |   |   | 5 | 4 |   |
|   |   |   |   |   |   | 1 |   |   |

|   |   | 7 |   |   | 3 |   |   |   |
|---|---|---|---|---|---|---|---|---|
|   |   | 2 |   | 5 |   |   |   | 4 |
|   | 8 |   | 2 |   |   |   | 3 |   |
|   |   | 8 |   | 6 |   |   |   |   |
|   |   |   |   |   |   | 3 | 4 |   |
| 5 |   | 3 | 4 |   |   |   |   |   |
| 6 |   |   |   |   | 7 |   | 1 |   |
| 4 |   |   |   |   | 6 | 9 | 2 |   |
|   | 7 |   |   |   |   |   |   |   |

| 6 |   | 3 |   |   |   |   |   | 7 |
|   |   |   |   |   |   |   |   |   |
| 4 |   |   |   |   | 6 |   | 9 |   |
|   |   |   |   |   |   |   |   | 2 |
|   |   |   | 4 |   |   |   |   |   |
|   |   |   | 1 |   |   |   |   | 4 |
| 8 |   |   |   |   |   | 9 | 3 |   |
|   |   |   |   | 7 | 3 | 2 |   |   |
| 5 |   | 9 |   |   |   |   | 8 |   |
|   | 2 | 6 |   | 5 |   |   |   | 1 |

|   |   |   | 2 |   |   |   | 9 |   |
|---|---|---|---|---|---|---|---|---|
| 1 | 3 |   |   | 4 |   |   |   |   |
|   | 8 | 6 |   |   |   |   | 7 |   |
|   |   |   | 3 |   |   |   |   |   |
|   |   | 7 |   |   |   | 1 |   |   |
|   |   | 5 |   |   |   |   | 2 | 4 |
|   |   |   |   |   |   |   |   |   |
|   |   |   | 7 | 5 | 6 |   |   | 9 |
| 2 |   |   |   |   | 9 | 8 |   |   |

## 258 Beware! Very Challenging

| | 8 | | | | 4 | | | |
|---|---|---|---|---|---|---|---|---|
| 4 | | 3 | 7 | | 5 | | | |
| | | | 6 | | | | | 8 |
| 7 | | | 2 | | | | | |
| | | 4 | | | | | 8 | 9 |
| | | | | | | 6 | 1 | |
| | | | | 1 | | | | |
| 6 | | | | | 9 | 3 | | |
| 5 | 2 | | | | | | 6 | |

|   |   | 3 |   | 8 |   | 6 |   |   |
|---|---|---|---|---|---|---|---|---|
|   |   |   |   |   | 1 |   |   | 5 |
| 4 | 8 |   |   |   |   |   |   | 7 |
|   | 2 | 7 |   |   | 9 |   |   |   |
|   |   |   | 3 | 4 |   |   |   |   |
|   |   |   |   |   |   |   |   |   |
|   |   |   | 5 | 3 |   |   | 9 | 8 |
|   |   | 1 |   |   |   |   |   | 2 |
| 2 |   |   |   | 9 | 6 |   |   |   |

|   | 2 |   |   |   | 1 |   |   |   |
|---|---|---|---|---|---|---|---|---|
|   |   | 9 |   |   | 8 |   | 2 |   |
|   | 3 |   |   |   |   | 8 |   | 1 |
|   |   | 5 |   |   |   | 4 |   | 6 |
| 9 | 1 |   |   |   |   |   |   | 7 |
|   |   |   |   | 7 |   |   | 3 | 5 |
|   |   |   | 3 | 6 |   | 7 |   |   |
|   | 8 |   |   |   |   |   |   |   |
| 4 |   |   |   |   | 2 |   | 5 |   |

| 8 | 2 |   |   |   | 3 | 7 |   |   |
|---|---|---|---|---|---|---|---|---|
|   |   |   |   |   |   |   |   | 3 |
|   |   |   |   |   |   |   |   |   |
|   | 6 | 1 |   |   | 5 |   |   | 4 |
| 3 |   |   |   |   |   |   |   |   |
|   |   | 4 |   |   | 9 | 1 |   | 8 |
| 7 | 3 |   | 1 |   |   | 9 |   | 6 |
| 4 |   |   |   |   | 2 |   | 5 |   |
| 1 |   |   | 6 |   |   |   |   |   |

|   |   |   |   |   | 6 | 1 |   |   |
|---|---|---|---|---|---|---|---|---|
| 4 | 5 |   |   |   |   |   |   | 9 |
|   |   |   | 8 |   |   | 3 |   |   |
|   | 2 |   | 9 |   |   | 6 | 5 |   |
| 3 |   |   |   |   |   |   | 7 |   |
| 7 |   |   |   |   |   |   |   |   |
|   | 7 | 4 |   | 2 |   |   |   | 1 |
|   | 3 |   |   | 4 |   |   |   |   |
|   |   |   |   |   | 1 | 5 |   |   |

| 4 | 5 |   |   |   | 6 |   |   | 3 |
|---|---|---|---|---|---|---|---|---|
|   |   |   |   |   |   | 1 | 9 |   |
|   |   | 2 | 7 |   |   |   |   | 4 |
|   |   |   |   | 5 |   | 4 |   |   |
|   |   |   | 6 | 1 | 8 |   |   |   |
| 3 | 2 | 5 |   |   |   | 6 |   |   |
|   | 1 |   |   | 9 |   |   |   |   |
|   |   |   | 5 |   | 4 | 2 |   |   |
|   | 4 |   |   |   |   |   |   | 8 |

Beware! Very Challenging

|   |   |   |   |   |   | 5 | 2 |   |
|---|---|---|---|---|---|---|---|---|
|   |   | 9 |   |   | 7 |   |   | 1 |
|   | 6 |   | 2 |   |   | 9 | 3 |   |
|   |   | 1 | 7 |   | 6 |   |   | 8 |
|   | 8 |   |   |   | 1 |   |   |   |
|   |   | 5 | 8 |   |   | 7 |   |   |
|   |   |   |   |   |   |   |   | 3 |
|   |   | 3 |   |   | 9 | 1 | 4 |   |
| 4 |   |   | 6 |   |   |   |   |   |

| 4 |   | 9 |   |   |   |   | 1 | 2 |
|---|---|---|---|---|---|---|---|---|
|   | 3 |   |   | 8 |   |   |   |   |
| 5 |   | 2 |   |   | 7 |   |   |   |
|   |   |   | 2 |   | 3 | 8 | 4 |   |
|   |   |   |   | 7 |   |   |   |   |
|   |   | 7 |   |   |   | 9 |   |   |
|   |   |   |   |   |   |   |   |   |
|   |   |   | 1 |   | 6 |   |   | 3 |
|   | 2 |   |   |   |   | 4 |   | 6 |

|   | 6 |   |   |   |   | 4 |   |   |
|---|---|---|---|---|---|---|---|---|
|   |   |   |   |   |   | 2 |   | 5 |
| 7 | 8 |   |   |   |   |   |   |   |
| 5 |   | 3 |   | 6 |   |   |   |   |
|   |   |   | 3 |   | 2 |   | 7 | 6 |
|   |   |   |   | 7 | 4 |   |   |   |
| 1 | 4 |   |   |   | 3 | 7 |   |   |
|   |   |   |   |   |   |   | 6 | 3 |
|   | 5 |   | 1 |   |   |   |   |   |

|   | 8 |   | 6 |   | 3 |   | 4 | 1 |
|---|---|---|---|---|---|---|---|---|
| 9 |   |   |   |   |   |   |   |   |
|   |   |   | 8 |   |   |   |   |   |
|   |   | 4 |   |   |   |   |   |   |
|   |   |   |   | 2 | 6 |   |   | 5 |
| 3 |   |   | 7 |   |   | 6 |   |   |
|   |   | 2 |   | 5 | 1 | 3 |   |   |
|   | 9 |   |   |   |   | 5 |   |   |
| 8 |   |   | 4 |   |   |   | 6 |   |

|   |   |   |   | 3 | 8 |   |   |   |
|---|---|---|---|---|---|---|---|---|
|   | 1 |   | 7 |   | 2 |   |   | 5 |
| 3 |   | 5 |   |   |   |   |   | 9 |
| 5 |   | 7 | 6 |   |   |   | 2 |   |
|   |   |   |   |   |   |   | 1 |   |
|   |   |   | 4 | 7 | 5 |   |   |   |
|   |   | 8 |   |   | 4 |   | 5 | 1 |
|   | 6 |   |   |   | 9 |   |   | 8 |
|   |   |   |   |   |   | 3 |   |   |

|   |   | 4 |   |   | 5 |   | 8 |   |
|---|---|---|---|---|---|---|---|---|
|   | 8 |   |   | 7 | 1 |   |   |   |
|   | 6 |   |   |   |   | 2 |   | 7 |
|   | 4 |   |   |   |   |   |   |   |
|   |   |   | 4 |   |   | 9 |   |   |
| 2 |   | 6 |   |   |   | 3 |   |   |
|   | 1 |   |   |   |   |   |   |   |
|   |   |   |   | 5 | 3 | 7 |   | 2 |
|   |   |   |   |   | 7 |   | 6 | 5 |

| | | | | | | | | 8 |
|---|---|---|---|---|---|---|---|---|
| | 8 | 5 | 9 | | | | | 6 |
| | | 6 | 2 | 7 | | | 1 | |
| | | 7 | 4 | | 1 | 5 | | |
| | | | | | | 6 | | |
| | | | | 8 | 3 | | | 4 |
| 5 | | 3 | | | 2 | | | |
| | | 4 | | | | 3 | | 1 |
| | | | | | | 8 | | |

| 7 |   |   |   | 8 | 2 |   |   |   |
|---|---|---|---|---|---|---|---|---|
|   |   |   |   | 5 | 1 |   | 3 |   |
|   |   | 8 |   |   |   |   | 9 |   |
|   |   |   |   |   |   |   | 1 |   |
|   |   | 4 |   |   |   |   |   |   |
| 1 |   |   |   | 7 |   |   |   | 5 |
|   | 3 |   | 6 |   |   | 4 |   |   |
|   | 9 |   |   |   | 5 |   |   | 2 |
|   | 2 |   | 4 |   |   |   | 6 |   |

Beware! Very Challenging

|   |   |   |   | 2 |   |   |   |   |
|---|---|---|---|---|---|---|---|---|
|   |   | 5 |   | 7 |   |   |   |   |
| 8 |   |   | 9 |   | 4 | 2 |   | 5 |
|   | 2 |   |   | 8 | 3 |   | 4 |   |
| 4 |   |   |   |   |   | 1 |   | 9 |
|   |   |   |   |   | 5 | 8 |   | 2 |
|   |   | 1 |   |   |   | 3 |   |   |
| 6 |   |   | 2 |   | 7 |   |   |   |
|   |   |   |   | 1 |   | 4 |   |   |

|   |   |   |   |   |   | 2 | 4 |   |
|---|---|---|---|---|---|---|---|---|
| 8 |   |   |   | 2 |   | 1 |   |   |
|   | 4 |   | 8 |   | 5 |   | 9 |   |
|   |   |   | 2 |   |   |   |   |   |
| 6 |   |   |   | 1 |   |   |   |   |
|   |   |   |   | 9 | 4 |   | 3 |   |
| 4 | 2 |   |   |   |   |   |   | 7 |
|   |   | 9 |   |   |   |   |   |   |
| 7 |   | 3 |   |   | 6 |   |   | 1 |

| 7 |   |   | 1 | 8 | 9 |   | 6 |   |
|---|---|---|---|---|---|---|---|---|
| 6 |   |   |   |   |   |   | 3 |   |
| 4 |   |   |   | 5 |   | 1 |   |   |
| 5 |   |   |   | 2 | 8 |   |   | 4 |
|   | 2 |   | 9 |   | 4 |   |   |   |
|   |   |   |   |   |   |   |   |   |
| 2 |   |   |   |   |   | 6 |   | 3 |
|   |   |   |   |   |   |   | 8 | 5 |
|   | 6 | 3 |   |   |   |   |   | 9 |

|   | 4 |   | 8 |   |   | 2 |   |   |
|---|---|---|---|---|---|---|---|---|
|   |   | 5 |   |   |   |   |   |   |
|   | 3 | 2 |   | 9 |   | 6 | 5 |   |
|   |   |   |   |   |   |   |   | 9 |
| 4 |   |   |   |   | 8 |   | 1 | 7 |
|   |   | 6 | 1 |   |   | 8 |   | 4 |
| 3 | 7 |   |   |   | 4 |   |   | 6 |
| 1 |   |   |   |   |   |   |   |   |
|   |   |   |   | 7 |   |   |   |   |

|   |   | 2 |   | 4 |   |   |   | 6 |
|---|---|---|---|---|---|---|---|---|
|   |   |   |   |   |   | 7 |   |   |
|   |   | 8 |   |   | 1 |   |   |   |
|   |   |   |   |   |   |   | 5 |   |
| 5 |   |   |   | 3 |   |   | 1 | 2 |
| 1 |   |   |   |   | 9 | 3 |   | 4 |
|   |   |   |   | 2 |   |   | 6 |   |
| 6 | 9 |   |   | 1 |   |   | 4 |   |
| 3 |   | 1 |   | 5 |   |   |   |   |

| | 3 | | | 2 | 7 | | | 5 |
|---|---|---|---|---|---|---|---|---|
| 2 | | | | | | | 3 | |
| | | | | | | | | 1 |
| | | | | 5 | | 6 | | |
| | | 7 | | 9 | | 8 | | |
| | 2 | | | | | 3 | | |
| | | | | 4 | 1 | | | 3 |
| | 7 | 8 | | 3 | | 9 | | |
| | | 6 | | | | | | |

Beware! Very Challenging

|   |   |   |   |   |   |   |   |   |
|---|---|---|---|---|---|---|---|---|
|   |   |   |   |   |   |   |   |   |
|   |   | 2 |   |   | 8 |   | 4 |   |
| 3 | 9 |   |   |   |   |   |   |   |
|   | 4 | 9 |   | 8 |   | 3 |   |   |
|   |   |   | 9 |   | 2 | 6 |   |   |
| 1 |   |   |   |   | 3 |   |   | 7 |
|   |   |   | 7 |   |   | 8 |   |   |
|   |   | 1 |   | 5 | 9 |   |   | 2 |
|   |   | 5 | 6 |   |   |   |   |   |

|   |   |   |   |   | 8 |   |   | 7 |
|---|---|---|---|---|---|---|---|---|
|   |   |   |   | 5 |   |   |   | 1 |
|   |   | 1 | 6 |   |   | 4 |   |   |
|   |   |   |   | 3 | 7 |   |   |   |
| 4 | 9 |   |   |   |   | 7 | 8 |   |
|   | 5 |   |   |   |   |   |   |   |
| 6 |   |   | 3 |   | 1 |   | 5 |   |
| 3 |   |   |   |   | 4 |   |   |   |
|   |   |   | 2 |   |   | 9 |   | 8 |

| 6 |   |   |   |   |   | 1 | 9 | 2 |
|---|---|---|---|---|---|---|---|---|
|   |   |   | 7 |   |   | 3 |   |   |
| 1 |   |   |   |   |   |   |   |   |
| 5 | 2 |   |   |   | 9 | 8 |   | 1 |
|   |   |   | 6 |   | 1 |   |   |   |
|   |   |   |   | 2 |   |   |   | 3 |
|   |   | 7 |   |   |   |   |   | 9 |
| 4 | 9 |   | 8 |   |   |   | 6 |   |
|   |   |   |   | 5 |   |   |   |   |

|   |   |   |   |   | 1 |   |   |   |
|---|---|---|---|---|---|---|---|---|
|   |   | 7 |   | 2 |   |   |   | 3 |
| 4 | 6 | 8 |   |   |   |   |   |   |
| 5 |   | 3 |   | 7 |   |   | 1 |   |
|   |   |   |   |   |   |   | 9 | 2 |
|   | 4 |   |   |   |   | 6 |   |   |
|   |   |   | 8 |   | 2 | 7 |   |   |
| 6 |   |   |   | 3 |   |   |   |   |
|   | 9 |   |   |   |   | 5 |   | 4 |

|   |   |   |   | 2 |   |   | 5 |   |
|---|---|---|---|---|---|---|---|---|
| 8 |   |   |   | 3 |   | 9 |   |   |
| 7 |   |   | 8 |   |   |   |   | 3 |
|   | 1 |   |   |   | 8 |   | 2 |   |
|   |   |   | 6 | 5 |   |   |   | 4 |
|   | 4 |   | 7 |   |   |   |   | 8 |
|   | 5 |   | 9 |   | 1 |   |   |   |
|   |   |   |   | 7 |   |   | 4 |   |
|   |   | 6 |   |   |   | 3 |   |   |

|   |   | 1 |   |   |   | 9 |   |   |
|---|---|---|---|---|---|---|---|---|
| 5 |   |   |   | 1 |   |   | 2 |   |
|   |   | 8 |   |   | 7 | 6 |   | 5 |
| 9 | 7 |   | 2 |   |   |   |   | 4 |
|   | 8 |   | 5 | 4 |   |   | 3 |   |
|   |   | 3 |   |   |   |   |   |   |
|   |   |   | 4 | 6 | 9 |   |   |   |
| 3 |   |   | 8 |   |   |   | 6 |   |
|   |   |   |   |   |   |   |   |   |

| | 8 | | 5 | 7 | 3 | | | 2 |
|---|---|---|---|---|---|---|---|---|
| | 9 | | | | 1 | 3 | | 6 |
| | | | | | 6 | | | 5 |
| 4 | | | 3 | 9 | | | | |
| | | 2 | 6 | | 4 | | | 9 |
| | | | | | | | | |
| 9 | | | | | | 7 | | 4 |
| | | | | | | | 8 | |
| 5 | | | 1 | | | | 6 | |

| 8 |   | 5 |   | 3 | 1 |   | 9 |   |
|---|---|---|---|---|---|---|---|---|
| 1 |   |   | 2 |   |   |   |   |   |
|   |   |   | 4 |   |   |   |   | 7 |
|   |   |   |   | 2 |   |   |   | 1 |
| 6 |   | 1 |   |   |   |   |   |   |
|   |   | 3 | 8 |   | 4 |   |   |   |
| 5 |   | 6 |   |   |   |   | 3 |   |
|   |   | 4 |   |   | 3 |   |   | 2 |
| 7 |   |   |   |   |   |   |   | 8 |

|   | 8 |   |   | 9 | 6 | 1 |   |   |
|---|---|---|---|---|---|---|---|---|
| 3 |   |   |   | 2 |   | 4 |   | 5 |
|   |   |   | 5 |   | 7 | 6 |   |   |
|   |   |   |   |   |   |   |   |   |
|   | 6 | 4 |   |   |   |   |   | 7 |
| 2 |   | 3 |   | 5 |   |   |   | 4 |
|   |   |   |   |   | 9 |   | 5 |   |
|   | 2 |   |   |   |   |   |   | 8 |
| 1 |   |   |   |   |   | 7 | 3 |   |

| | 6 | 3 | | | | | | |
|---|---|---|---|---|---|---|---|---|
| | | | | | | | 6 | |
| 4 | | 5 | 3 | | | | | 2 |
| | | | 2 | 8 | | | 7 | |
| | 1 | | | | 3 | | | |
| | | | 9 | | | | | 1 |
| 1 | 3 | | 4 | | | 6 | | 9 |
| | | | 7 | | | | 8 | |
| | 2 | | | | | | 3 | 5 |

| | | | | 3 | | | | 1 |
|---|---|---|---|---|---|---|---|---|
| | | | | 7 | | | | |
| | | | | | | | 9 | |
| | 1 | | | | 4 | 5 | | |
| 4 | | 9 | 3 | | 2 | | | |
| | | 3 | 7 | | | | 2 | |
| | | 4 | | | | 2 | 5 | |
| 6 | 3 | | | | | | | |
| | 7 | | | 8 | 1 | 3 | | |

| 7 |   | 4 |   |   | 8 |   |   |   |
|---|---|---|---|---|---|---|---|---|
|   |   | 6 |   |   | 1 |   | 5 |   |
|   | 3 |   | 9 |   |   |   |   | 4 |
|   |   |   |   |   |   |   |   |   |
|   |   |   |   |   | 6 |   | 7 | 9 |
|   |   |   |   | 5 |   |   | 4 | 2 |
|   | 4 |   |   |   |   |   |   |   |
|   |   | 3 |   | 7 |   |   |   |   |
|   | 9 | 5 |   | 6 |   | 3 | 8 |   |

| | 7 | | | 6 | | 5 | 2 | |
|---|---|---|---|---|---|---|---|---|
| | | 9 | | 5 | | | | |
| 6 | | 1 | 7 | | | | | |
| 3 | | | | | 1 | | | 9 |
| | | | | | 3 | 1 | | 4 |
| | | | | 4 | | | | |
| 5 | | 2 | | | | | | |
| | 3 | 6 | | | | | 5 | |
| | | | | | | 4 | 8 | |

|   | 6 |   |   | 2 |   |   | 5 |   |
|---|---|---|---|---|---|---|---|---|
| 8 |   | 7 |   |   |   |   |   |   |
|   |   |   |   |   | 4 |   |   | 9 |
|   |   |   |   |   |   |   |   | 4 |
| 6 |   |   | 8 | 5 |   |   | 7 |   |
|   | 8 |   | 7 |   |   | 6 |   | 3 |
| 3 |   |   | 4 |   |   |   |   |   |
|   |   |   |   | 7 | 1 |   |   |   |
|   |   | 4 |   |   |   |   |   | 2 |

| 5 |   |   | 1 |   | 2 | 3 |   |   |
|   |   | 4 | 8 |   |   |   |   |   |
| 2 |   |   |   |   |   | 5 |   |   |
| 4 |   | 1 |   | 9 |   |   |   |   |
|   |   | 5 |   | 7 |   | 6 |   | 8 |
|   |   |   |   | 8 |   |   |   |   |
| 9 | 7 |   |   | 8 |   |   |   | 4 |
|   |   | 3 | 2 |   |   |   |   |   |
|   |   |   |   | 6 |   |   |   |   |

|   | 6 | 9 |   | 7 | 1 |   |   |   |
|---|---|---|---|---|---|---|---|---|
| 2 |   |   |   |   | 6 |   |   | 8 |
|   | 8 |   |   | 2 |   |   |   |   |
|   |   |   |   | 1 |   | 5 |   |   |
|   |   |   |   | 5 |   |   |   |   |
|   | 9 |   | 3 | 4 |   |   |   | 1 |
|   |   | 1 |   |   |   | 7 | 6 |   |
|   |   |   |   |   |   |   |   |   |
|   | 2 | 5 |   |   |   | 9 | 4 |   |

| | | 5 | 6 | 1 | | 9 | 4 | |
|---|---|---|---|---|---|---|---|---|
| | 3 | 9 | | | | 1 | | 8 |
| | | | | | | | | |
| | 1 | | | 3 | 5 | | | |
| | | | 4 | | | | 3 | 5 |
| | | | | | | | | |
| | | 2 | | 5 | | 6 | 1 | |
| 7 | 9 | | | | | | 5 | |
| | 8 | | 7 | | | | | |

| 4 |   |   |   |   |   | 7 |   |   |
|---|---|---|---|---|---|---|---|---|
|   | 3 |   |   | 9 |   |   | 2 |   |
|   |   | 6 | 1 | 8 |   |   | 4 |   |
| 5 |   |   | 7 | 1 |   |   |   |   |
|   |   | 7 |   |   | 5 | 6 |   |   |
|   |   | 4 | 8 |   |   | 1 |   |   |
|   |   |   |   | 6 |   |   |   |   |
|   |   | 9 |   | 7 |   |   |   | 8 |
|   |   |   |   |   | 2 |   | 9 |   |

Beware! Very Challenging

| 4 | 8 |   | 5 |   |   |   |   |   |
|---|---|---|---|---|---|---|---|---|
|   |   |   |   |   |   |   |   | 3 |
| 7 |   |   | 8 |   |   |   |   |   |
|   | 5 |   |   | 2 |   | 7 |   |   |
|   |   |   |   | 1 |   | 9 |   | 6 |
|   |   |   |   |   | 7 |   |   |   |
|   |   | 3 |   |   |   |   | 2 |   |
|   |   |   | 6 | 5 | 4 |   |   | 7 |
|   |   | 6 |   | 9 |   |   |   |   |

| 9 |   |   | 2 | 7 |   | 8 |   |   |
|---|---|---|---|---|---|---|---|---|
|   | 1 |   |   |   | 8 | 6 |   | 4 |
|   |   |   |   | 3 |   |   |   |   |
|   | 2 |   | 3 |   |   |   | 6 |   |
|   | 9 |   |   |   | 4 |   |   |   |
| 8 |   |   | 1 |   |   |   |   |   |
|   |   |   |   |   |   |   | 7 |   |
|   |   | 5 |   |   |   | 9 |   |   |
|   |   | 6 |   | 2 | 5 | 1 |   |   |

|   | 1 |   |   |   |   |   |   |   |
|---|---|---|---|---|---|---|---|---|
|   |   |   | 6 |   | 5 | 4 |   | 7 |
| 3 |   |   |   |   | 4 |   |   | 2 |
| 2 |   | 9 |   |   |   | 1 |   |   |
|   |   |   |   | 2 | 9 |   |   | 3 |
|   |   |   |   |   |   | 8 |   |   |
| 6 |   |   | 7 |   |   |   |   |   |
|   | 8 |   |   | 1 |   |   | 3 | 6 |
|   | 4 |   |   |   |   |   |   |   |

| | | | | | | | | |
|---|---|---|---|---|---|---|---|---|
| | | | | | | | | |
| | 3 | 4 | 2 | | | | | |
| | | | 4 | | | 8 | 7 | 6 |
| | | 2 | | | | | | 7 |
| 6 | | | | | | 5 | | |
| 8 | 7 | | | | | 9 | | |
| 1 | | | 3 | | | | 5 | |
| | | | 8 | 4 | | 6 | | |
| | | 7 | | 2 | | | | 8 |

|   |   | 2 |   |   |   | 4 |   | 6 |
|---|---|---|---|---|---|---|---|---|
|   |   | 5 | 4 |   | 6 |   | 7 | 2 |
|   |   |   |   |   |   |   |   | 1 |
| 7 |   |   |   |   |   | 1 |   |   |
|   | 4 |   | 9 |   |   |   | 2 | 5 |
| 9 |   |   |   |   |   |   | 8 |   |
|   |   |   | 6 | 1 |   | 3 |   |   |
|   |   |   |   |   | 7 |   |   |   |
|   |   | 8 |   |   | 5 |   |   |   |

## 1

| 5 | 4 | 7 | 2 | 8 | 6 | 9 | 3 | 1 |
|---|---|---|---|---|---|---|---|---|
| 9 | 3 | 8 | 7 | 5 | 1 | 4 | 6 | 2 |
| 1 | 2 | 6 | 3 | 4 | 9 | 7 | 5 | 8 |
| 3 | 7 | 1 | 8 | 9 | 5 | 6 | 2 | 4 |
| 2 | 8 | 5 | 6 | 3 | 4 | 1 | 7 | 9 |
| 4 | 6 | 9 | 1 | 2 | 7 | 3 | 8 | 5 |
| 7 | 5 | 4 | 9 | 6 | 8 | 2 | 1 | 3 |
| 8 | 1 | 2 | 4 | 7 | 3 | 5 | 9 | 6 |
| 6 | 9 | 3 | 5 | 1 | 2 | 8 | 4 | 7 |

## 2

| 4 | 6 | 8 | 3 | 7 | 1 | 5 | 2 | 9 |
|---|---|---|---|---|---|---|---|---|
| 9 | 3 | 7 | 2 | 6 | 5 | 4 | 8 | 1 |
| 2 | 5 | 1 | 4 | 8 | 9 | 6 | 7 | 3 |
| 5 | 9 | 2 | 7 | 3 | 4 | 1 | 6 | 8 |
| 8 | 7 | 6 | 1 | 9 | 2 | 3 | 4 | 5 |
| 3 | 1 | 4 | 8 | 5 | 6 | 7 | 9 | 2 |
| 7 | 8 | 5 | 6 | 2 | 3 | 9 | 1 | 4 |
| 6 | 4 | 3 | 9 | 1 | 8 | 2 | 5 | 7 |
| 1 | 2 | 9 | 5 | 4 | 7 | 8 | 3 | 6 |

## 3

| 1 | 8 | 6 | 5 | 7 | 9 | 3 | 2 | 4 |
|---|---|---|---|---|---|---|---|---|
| 4 | 2 | 7 | 1 | 3 | 6 | 9 | 8 | 5 |
| 5 | 9 | 3 | 2 | 4 | 8 | 7 | 6 | 1 |
| 6 | 1 | 9 | 7 | 2 | 5 | 4 | 3 | 8 |
| 7 | 4 | 8 | 3 | 6 | 1 | 2 | 5 | 9 |
| 2 | 3 | 5 | 8 | 9 | 4 | 6 | 1 | 7 |
| 8 | 6 | 4 | 9 | 5 | 2 | 1 | 7 | 3 |
| 3 | 5 | 2 | 4 | 1 | 7 | 8 | 9 | 6 |
| 9 | 7 | 1 | 6 | 8 | 3 | 5 | 4 | 2 |

## 4

| 8 | 6 | 7 | 9 | 4 | 1 | 5 | 3 | 2 |
|---|---|---|---|---|---|---|---|---|
| 5 | 2 | 9 | 7 | 3 | 6 | 8 | 1 | 4 |
| 4 | 3 | 1 | 2 | 5 | 8 | 7 | 9 | 6 |
| 6 | 5 | 4 | 8 | 9 | 3 | 1 | 2 | 7 |
| 9 | 1 | 2 | 4 | 6 | 7 | 3 | 5 | 8 |
| 3 | 7 | 8 | 1 | 2 | 5 | 4 | 6 | 9 |
| 1 | 4 | 5 | 6 | 7 | 9 | 2 | 8 | 3 |
| 7 | 9 | 3 | 5 | 8 | 2 | 6 | 4 | 1 |
| 2 | 8 | 6 | 3 | 1 | 4 | 9 | 7 | 5 |

## 5

| 5 | 6 | 3 | 9 | 1 | 8 | 7 | 4 | 2 |
| 4 | 2 | 1 | 7 | 5 | 6 | 9 | 8 | 3 |
| 8 | 7 | 9 | 4 | 3 | 2 | 1 | 6 | 5 |
| 6 | 5 | 8 | 1 | 2 | 7 | 4 | 3 | 9 |
| 3 | 1 | 4 | 5 | 8 | 9 | 6 | 2 | 7 |
| 2 | 9 | 7 | 3 | 6 | 4 | 8 | 5 | 1 |
| 1 | 4 | 2 | 6 | 9 | 3 | 5 | 7 | 8 |
| 9 | 8 | 6 | 2 | 7 | 5 | 3 | 1 | 4 |
| 7 | 3 | 5 | 8 | 4 | 1 | 2 | 9 | 6 |

## 6

| 7 | 3 | 6 | 2 | 1 | 8 | 5 | 4 | 9 |
| 1 | 4 | 8 | 7 | 9 | 5 | 6 | 3 | 2 |
| 2 | 9 | 5 | 3 | 6 | 4 | 8 | 1 | 7 |
| 8 | 5 | 7 | 9 | 2 | 3 | 4 | 6 | 1 |
| 3 | 1 | 9 | 8 | 4 | 6 | 7 | 2 | 5 |
| 4 | 6 | 2 | 1 | 5 | 7 | 9 | 8 | 3 |
| 5 | 2 | 3 | 4 | 8 | 9 | 1 | 7 | 6 |
| 6 | 7 | 4 | 5 | 3 | 1 | 2 | 9 | 8 |
| 9 | 8 | 1 | 6 | 7 | 2 | 3 | 5 | 4 |

## 7

| 4 | 8 | 9 | 6 | 7 | 3 | 1 | 2 | 5 |
| 3 | 5 | 7 | 8 | 2 | 1 | 6 | 4 | 9 |
| 2 | 1 | 6 | 5 | 9 | 4 | 7 | 3 | 8 |
| 1 | 3 | 8 | 9 | 4 | 5 | 2 | 6 | 7 |
| 6 | 4 | 5 | 7 | 1 | 2 | 9 | 8 | 3 |
| 7 | 9 | 2 | 3 | 8 | 6 | 5 | 1 | 4 |
| 9 | 7 | 4 | 1 | 6 | 8 | 3 | 5 | 2 |
| 8 | 6 | 3 | 2 | 5 | 7 | 4 | 9 | 1 |
| 5 | 2 | 1 | 4 | 3 | 9 | 8 | 7 | 6 |

## 8

| 2 | 8 | 9 | 5 | 3 | 6 | 4 | 1 | 7 |
| 6 | 7 | 4 | 2 | 9 | 1 | 5 | 8 | 3 |
| 5 | 1 | 3 | 4 | 7 | 8 | 9 | 6 | 2 |
| 3 | 4 | 2 | 1 | 8 | 7 | 6 | 5 | 9 |
| 1 | 5 | 7 | 6 | 2 | 9 | 8 | 3 | 4 |
| 9 | 6 | 8 | 3 | 5 | 4 | 2 | 7 | 1 |
| 8 | 9 | 1 | 7 | 6 | 2 | 3 | 4 | 5 |
| 7 | 3 | 6 | 9 | 4 | 5 | 1 | 2 | 8 |
| 4 | 2 | 5 | 8 | 1 | 3 | 7 | 9 | 6 |

## 9

| 3 | 8 | 4 | 5 | 7 | 1 | 9 | 2 | 6 |
| 9 | 2 | 5 | 3 | 4 | 6 | 8 | 7 | 1 |
| 6 | 1 | 7 | 8 | 2 | 9 | 4 | 3 | 5 |
| 4 | 9 | 8 | 6 | 3 | 2 | 5 | 1 | 7 |
| 5 | 6 | 3 | 1 | 8 | 7 | 2 | 4 | 9 |
| 1 | 7 | 2 | 9 | 5 | 4 | 6 | 8 | 3 |
| 7 | 5 | 1 | 2 | 6 | 8 | 3 | 9 | 4 |
| 8 | 3 | 9 | 4 | 1 | 5 | 7 | 6 | 2 |
| 2 | 4 | 6 | 7 | 9 | 3 | 1 | 5 | 8 |

## 10

| 8 | 2 | 7 | 4 | 1 | 6 | 5 | 9 | 3 |
| 6 | 4 | 9 | 5 | 7 | 3 | 1 | 2 | 8 |
| 1 | 3 | 5 | 2 | 9 | 8 | 7 | 6 | 4 |
| 3 | 7 | 2 | 8 | 6 | 9 | 4 | 5 | 1 |
| 4 | 6 | 8 | 3 | 5 | 1 | 9 | 7 | 2 |
| 9 | 5 | 1 | 7 | 4 | 2 | 3 | 8 | 6 |
| 7 | 1 | 3 | 6 | 8 | 5 | 2 | 4 | 9 |
| 5 | 9 | 6 | 1 | 2 | 4 | 8 | 3 | 7 |
| 2 | 8 | 4 | 9 | 3 | 7 | 6 | 1 | 5 |

## 11

| 1 | 5 | 3 | 9 | 4 | 6 | 2 | 7 | 8 |
| 4 | 2 | 7 | 8 | 3 | 5 | 6 | 9 | 1 |
| 6 | 9 | 8 | 1 | 7 | 2 | 4 | 3 | 5 |
| 2 | 3 | 6 | 7 | 5 | 1 | 8 | 4 | 9 |
| 9 | 7 | 1 | 3 | 8 | 4 | 5 | 6 | 2 |
| 5 | 8 | 4 | 2 | 6 | 9 | 3 | 1 | 7 |
| 8 | 6 | 2 | 4 | 1 | 7 | 9 | 5 | 3 |
| 7 | 4 | 9 | 5 | 2 | 3 | 1 | 8 | 6 |
| 3 | 1 | 5 | 6 | 9 | 8 | 7 | 2 | 4 |

## 12

| 9 | 5 | 1 | 2 | 6 | 4 | 8 | 7 | 3 |
| 8 | 7 | 6 | 9 | 5 | 3 | 1 | 4 | 2 |
| 4 | 3 | 2 | 1 | 8 | 7 | 9 | 6 | 5 |
| 3 | 8 | 4 | 6 | 9 | 2 | 7 | 5 | 1 |
| 2 | 6 | 9 | 7 | 1 | 5 | 4 | 3 | 8 |
| 5 | 1 | 7 | 4 | 3 | 8 | 6 | 2 | 9 |
| 7 | 9 | 5 | 3 | 4 | 1 | 2 | 8 | 6 |
| 1 | 2 | 8 | 5 | 7 | 6 | 3 | 9 | 4 |
| 6 | 4 | 3 | 8 | 2 | 9 | 5 | 1 | 7 |

## 13

| 7 | 2 | 4 | 5 | 8 | 1 | 9 | 6 | 3 |
| 5 | 1 | 9 | 3 | 6 | 4 | 8 | 2 | 7 |
| 8 | 6 | 3 | 9 | 2 | 7 | 5 | 4 | 1 |
| 3 | 8 | 6 | 7 | 4 | 9 | 1 | 5 | 2 |
| 9 | 5 | 7 | 6 | 1 | 2 | 4 | 3 | 8 |
| 2 | 4 | 1 | 8 | 5 | 3 | 7 | 9 | 6 |
| 1 | 9 | 8 | 4 | 3 | 6 | 2 | 7 | 5 |
| 6 | 7 | 2 | 1 | 9 | 5 | 3 | 8 | 4 |
| 4 | 3 | 5 | 2 | 7 | 8 | 6 | 1 | 9 |

## 14

| 1 | 7 | 6 | 8 | 9 | 5 | 3 | 2 | 4 |
| 8 | 4 | 5 | 3 | 1 | 2 | 7 | 6 | 9 |
| 3 | 2 | 9 | 4 | 7 | 6 | 8 | 5 | 1 |
| 2 | 5 | 8 | 1 | 3 | 7 | 4 | 9 | 6 |
| 6 | 9 | 3 | 2 | 4 | 8 | 1 | 7 | 5 |
| 4 | 1 | 7 | 5 | 6 | 9 | 2 | 8 | 3 |
| 5 | 6 | 4 | 7 | 2 | 3 | 9 | 1 | 8 |
| 9 | 3 | 2 | 6 | 8 | 1 | 5 | 4 | 7 |
| 7 | 8 | 1 | 9 | 5 | 4 | 6 | 3 | 2 |

## 15

| 7 | 1 | 8 | 6 | 9 | 3 | 4 | 2 | 5 |
| 5 | 3 | 9 | 8 | 2 | 4 | 1 | 6 | 7 |
| 2 | 4 | 6 | 1 | 5 | 7 | 8 | 9 | 3 |
| 8 | 6 | 4 | 2 | 3 | 9 | 7 | 5 | 1 |
| 3 | 9 | 7 | 5 | 1 | 8 | 2 | 4 | 6 |
| 1 | 2 | 5 | 7 | 4 | 6 | 3 | 8 | 9 |
| 4 | 8 | 3 | 9 | 6 | 1 | 5 | 7 | 2 |
| 6 | 7 | 2 | 3 | 8 | 5 | 9 | 1 | 4 |
| 9 | 5 | 1 | 4 | 7 | 2 | 6 | 3 | 8 |

## 16

| 4 | 3 | 2 | 1 | 9 | 6 | 5 | 7 | 8 |
| 7 | 5 | 1 | 8 | 3 | 4 | 6 | 9 | 2 |
| 9 | 6 | 8 | 5 | 7 | 2 | 1 | 4 | 3 |
| 2 | 1 | 4 | 9 | 6 | 3 | 8 | 5 | 7 |
| 6 | 7 | 5 | 4 | 8 | 1 | 3 | 2 | 9 |
| 3 | 8 | 9 | 7 | 2 | 5 | 4 | 1 | 6 |
| 1 | 9 | 3 | 2 | 5 | 8 | 7 | 6 | 4 |
| 5 | 2 | 6 | 3 | 4 | 7 | 9 | 8 | 1 |
| 8 | 4 | 7 | 6 | 1 | 9 | 2 | 3 | 5 |

## 17

| 9 | 5 | 6 | 7 | 2 | 3 | 1 | 8 | 4 |
|---|---|---|---|---|---|---|---|---|
| 1 | 4 | 3 | 6 | 8 | 5 | 2 | 9 | 7 |
| 7 | 2 | 8 | 4 | 1 | 9 | 3 | 6 | 5 |
| 6 | 1 | 4 | 2 | 5 | 8 | 7 | 3 | 9 |
| 3 | 9 | 7 | 1 | 4 | 6 | 5 | 2 | 8 |
| 2 | 8 | 5 | 3 | 9 | 7 | 6 | 4 | 1 |
| 5 | 6 | 9 | 8 | 3 | 1 | 4 | 7 | 2 |
| 8 | 7 | 2 | 5 | 6 | 4 | 9 | 1 | 3 |
| 4 | 3 | 1 | 9 | 7 | 2 | 8 | 5 | 6 |

## 18

| 7 | 3 | 1 | 4 | 8 | 2 | 9 | 5 | 6 |
|---|---|---|---|---|---|---|---|---|
| 9 | 5 | 2 | 3 | 7 | 6 | 4 | 8 | 1 |
| 4 | 6 | 8 | 9 | 5 | 1 | 2 | 7 | 3 |
| 3 | 2 | 7 | 8 | 9 | 5 | 6 | 1 | 4 |
| 1 | 4 | 5 | 6 | 2 | 3 | 8 | 9 | 7 |
| 6 | 8 | 9 | 7 | 1 | 4 | 3 | 2 | 5 |
| 8 | 7 | 4 | 5 | 6 | 9 | 1 | 3 | 2 |
| 2 | 9 | 3 | 1 | 4 | 7 | 5 | 6 | 8 |
| 5 | 1 | 6 | 2 | 3 | 8 | 7 | 4 | 9 |

## 19

| 6 | 3 | 5 | 7 | 4 | 2 | 8 | 1 | 9 |
|---|---|---|---|---|---|---|---|---|
| 8 | 7 | 1 | 9 | 6 | 5 | 4 | 2 | 3 |
| 4 | 9 | 2 | 8 | 1 | 3 | 7 | 6 | 5 |
| 5 | 1 | 4 | 3 | 7 | 8 | 2 | 9 | 6 |
| 9 | 6 | 7 | 4 | 2 | 1 | 3 | 5 | 8 |
| 2 | 8 | 3 | 6 | 5 | 9 | 1 | 4 | 7 |
| 1 | 4 | 8 | 5 | 9 | 7 | 6 | 3 | 2 |
| 7 | 2 | 9 | 1 | 3 | 6 | 5 | 8 | 4 |
| 3 | 5 | 6 | 2 | 8 | 4 | 9 | 7 | 1 |

## 20

| 1 | 5 | 6 | 2 | 3 | 9 | 8 | 4 | 7 |
|---|---|---|---|---|---|---|---|---|
| 2 | 7 | 4 | 6 | 1 | 8 | 9 | 3 | 5 |
| 9 | 3 | 8 | 4 | 5 | 7 | 2 | 6 | 1 |
| 3 | 9 | 1 | 5 | 8 | 6 | 4 | 7 | 2 |
| 4 | 8 | 5 | 3 | 7 | 2 | 1 | 9 | 6 |
| 6 | 2 | 7 | 9 | 4 | 1 | 5 | 8 | 3 |
| 7 | 1 | 3 | 8 | 2 | 4 | 6 | 5 | 9 |
| 8 | 6 | 2 | 7 | 9 | 5 | 3 | 1 | 4 |
| 5 | 4 | 9 | 1 | 6 | 3 | 7 | 2 | 8 |

## 21

| 4 | 7 | 8 | 6 | 3 | 9 | 5 | 2 | 1 |
| 9 | 3 | 6 | 5 | 2 | 1 | 8 | 7 | 4 |
| 5 | 1 | 2 | 7 | 8 | 4 | 3 | 6 | 9 |
| 8 | 5 | 7 | 4 | 1 | 2 | 9 | 3 | 6 |
| 6 | 9 | 1 | 3 | 7 | 8 | 4 | 5 | 2 |
| 2 | 4 | 3 | 9 | 5 | 6 | 7 | 1 | 8 |
| 3 | 8 | 9 | 2 | 6 | 5 | 1 | 4 | 7 |
| 1 | 2 | 5 | 8 | 4 | 7 | 6 | 9 | 3 |
| 7 | 6 | 4 | 1 | 9 | 3 | 2 | 8 | 5 |

## 22

| 3 | 4 | 6 | 8 | 5 | 9 | 1 | 7 | 2 |
| 9 | 8 | 2 | 1 | 7 | 4 | 5 | 6 | 3 |
| 5 | 7 | 1 | 3 | 2 | 6 | 4 | 8 | 9 |
| 1 | 3 | 4 | 2 | 8 | 5 | 7 | 9 | 6 |
| 2 | 5 | 9 | 4 | 6 | 7 | 3 | 1 | 8 |
| 7 | 6 | 8 | 9 | 3 | 1 | 2 | 5 | 4 |
| 6 | 2 | 3 | 7 | 1 | 8 | 9 | 4 | 5 |
| 4 | 1 | 5 | 6 | 9 | 3 | 8 | 2 | 7 |
| 8 | 9 | 7 | 5 | 4 | 2 | 6 | 3 | 1 |

## 23

| 6 | 7 | 9 | 5 | 2 | 4 | 3 | 8 | 1 |
| 3 | 4 | 2 | 9 | 8 | 1 | 7 | 6 | 5 |
| 8 | 1 | 5 | 7 | 6 | 3 | 4 | 9 | 2 |
| 4 | 2 | 8 | 1 | 7 | 9 | 6 | 5 | 3 |
| 5 | 9 | 6 | 4 | 3 | 2 | 1 | 7 | 8 |
| 7 | 3 | 1 | 8 | 5 | 6 | 9 | 2 | 4 |
| 2 | 8 | 3 | 6 | 1 | 7 | 5 | 4 | 9 |
| 1 | 6 | 4 | 2 | 9 | 5 | 8 | 3 | 7 |
| 9 | 5 | 7 | 3 | 4 | 8 | 2 | 1 | 6 |

## 24

| 2 | 1 | 7 | 9 | 8 | 3 | 4 | 6 | 5 |
| 6 | 3 | 4 | 7 | 5 | 2 | 1 | 8 | 9 |
| 9 | 8 | 5 | 4 | 1 | 6 | 7 | 2 | 3 |
| 4 | 7 | 8 | 5 | 2 | 1 | 3 | 9 | 6 |
| 5 | 6 | 1 | 8 | 3 | 9 | 2 | 4 | 7 |
| 3 | 2 | 9 | 6 | 4 | 7 | 8 | 5 | 1 |
| 8 | 4 | 6 | 1 | 7 | 5 | 9 | 3 | 2 |
| 1 | 9 | 2 | 3 | 6 | 4 | 5 | 7 | 8 |
| 7 | 5 | 3 | 2 | 9 | 8 | 6 | 1 | 4 |

## 25

| 9 | 7 | 5 | 2 | 3 | 6 | 1 | 8 | 4 |
| 3 | 4 | 8 | 1 | 9 | 7 | 2 | 6 | 5 |
| 2 | 1 | 6 | 5 | 8 | 4 | 7 | 3 | 9 |
| 6 | 9 | 3 | 8 | 5 | 1 | 4 | 2 | 7 |
| 4 | 5 | 7 | 6 | 2 | 9 | 8 | 1 | 3 |
| 1 | 8 | 2 | 7 | 4 | 3 | 9 | 5 | 6 |
| 8 | 3 | 1 | 9 | 7 | 5 | 6 | 4 | 2 |
| 7 | 6 | 4 | 3 | 1 | 2 | 5 | 9 | 8 |
| 5 | 2 | 9 | 4 | 6 | 8 | 3 | 7 | 1 |

## 26

| 2 | 1 | 8 | 4 | 5 | 9 | 3 | 6 | 7 |
| 5 | 4 | 7 | 6 | 8 | 3 | 9 | 1 | 2 |
| 6 | 3 | 9 | 2 | 7 | 1 | 4 | 5 | 8 |
| 9 | 8 | 4 | 3 | 1 | 7 | 5 | 2 | 6 |
| 1 | 2 | 3 | 8 | 6 | 5 | 7 | 9 | 4 |
| 7 | 5 | 6 | 9 | 2 | 4 | 1 | 8 | 3 |
| 8 | 9 | 1 | 7 | 4 | 2 | 6 | 3 | 5 |
| 4 | 6 | 5 | 1 | 3 | 8 | 2 | 7 | 9 |
| 3 | 7 | 2 | 5 | 9 | 6 | 8 | 4 | 1 |

## 27

| 9 | 2 | 6 | 7 | 5 | 1 | 4 | 8 | 3 |
| 1 | 5 | 3 | 8 | 2 | 4 | 7 | 6 | 9 |
| 4 | 7 | 8 | 6 | 3 | 9 | 1 | 5 | 2 |
| 8 | 1 | 5 | 2 | 7 | 6 | 9 | 3 | 4 |
| 3 | 6 | 7 | 9 | 4 | 5 | 2 | 1 | 8 |
| 2 | 4 | 9 | 1 | 8 | 3 | 5 | 7 | 6 |
| 5 | 8 | 1 | 4 | 6 | 2 | 3 | 9 | 7 |
| 6 | 9 | 4 | 3 | 1 | 7 | 8 | 2 | 5 |
| 7 | 3 | 2 | 5 | 9 | 8 | 6 | 4 | 1 |

## 28

| 7 | 5 | 8 | 9 | 2 | 3 | 1 | 6 | 4 |
| 9 | 1 | 6 | 4 | 7 | 8 | 2 | 5 | 3 |
| 4 | 3 | 2 | 5 | 6 | 1 | 8 | 7 | 9 |
| 5 | 8 | 9 | 7 | 4 | 6 | 3 | 2 | 1 |
| 6 | 2 | 3 | 1 | 8 | 9 | 7 | 4 | 5 |
| 1 | 7 | 4 | 3 | 5 | 2 | 9 | 8 | 6 |
| 2 | 4 | 1 | 6 | 9 | 7 | 5 | 3 | 8 |
| 3 | 6 | 7 | 8 | 1 | 5 | 4 | 9 | 2 |
| 8 | 9 | 5 | 2 | 3 | 4 | 6 | 1 | 7 |

## 29

| 4 | 3 | 7 | 5 | 9 | 1 | 8 | 6 | 2 |
| 5 | 6 | 9 | 8 | 2 | 3 | 7 | 1 | 4 |
| 2 | 1 | 8 | 6 | 7 | 4 | 9 | 5 | 3 |
| 3 | 2 | 1 | 7 | 5 | 9 | 4 | 8 | 6 |
| 9 | 4 | 6 | 2 | 3 | 8 | 1 | 7 | 5 |
| 8 | 7 | 5 | 1 | 4 | 6 | 3 | 2 | 9 |
| 1 | 8 | 3 | 9 | 6 | 5 | 2 | 4 | 7 |
| 7 | 5 | 4 | 3 | 1 | 2 | 6 | 9 | 8 |
| 6 | 9 | 2 | 4 | 8 | 7 | 5 | 3 | 1 |

## 30

| 6 | 8 | 1 | 7 | 4 | 3 | 2 | 9 | 5 |
| 3 | 7 | 5 | 2 | 1 | 9 | 6 | 8 | 4 |
| 9 | 4 | 2 | 5 | 6 | 8 | 1 | 7 | 3 |
| 2 | 1 | 3 | 4 | 8 | 6 | 9 | 5 | 7 |
| 8 | 6 | 9 | 1 | 5 | 7 | 4 | 3 | 2 |
| 4 | 5 | 7 | 9 | 3 | 2 | 8 | 6 | 1 |
| 1 | 9 | 8 | 3 | 2 | 5 | 7 | 4 | 6 |
| 7 | 3 | 4 | 6 | 9 | 1 | 5 | 2 | 8 |
| 5 | 2 | 6 | 8 | 7 | 4 | 3 | 1 | 9 |

## 31

| 6 | 5 | 8 | 4 | 9 | 7 | 3 | 1 | 2 |
| 2 | 4 | 3 | 1 | 6 | 8 | 7 | 5 | 9 |
| 9 | 1 | 7 | 2 | 5 | 3 | 4 | 8 | 6 |
| 7 | 3 | 2 | 6 | 8 | 4 | 5 | 9 | 1 |
| 5 | 6 | 1 | 9 | 3 | 2 | 8 | 7 | 4 |
| 8 | 9 | 4 | 7 | 1 | 5 | 2 | 6 | 3 |
| 3 | 7 | 6 | 5 | 2 | 1 | 9 | 4 | 8 |
| 1 | 2 | 5 | 8 | 4 | 9 | 6 | 3 | 7 |
| 4 | 8 | 9 | 3 | 7 | 6 | 1 | 2 | 5 |

## 32

| 2 | 9 | 1 | 6 | 7 | 5 | 4 | 8 | 3 |
| 4 | 7 | 6 | 8 | 1 | 3 | 9 | 2 | 5 |
| 5 | 8 | 3 | 2 | 4 | 9 | 6 | 1 | 7 |
| 3 | 6 | 9 | 1 | 8 | 2 | 7 | 5 | 4 |
| 8 | 5 | 4 | 3 | 9 | 7 | 1 | 6 | 2 |
| 1 | 2 | 7 | 5 | 6 | 4 | 3 | 9 | 8 |
| 6 | 3 | 8 | 7 | 2 | 1 | 5 | 4 | 9 |
| 9 | 1 | 5 | 4 | 3 | 8 | 2 | 7 | 6 |
| 7 | 4 | 2 | 9 | 5 | 6 | 8 | 3 | 1 |

## 33

| 9 | 7 | 2 | 3 | 5 | 6 | 1 | 8 | 4 |
|---|---|---|---|---|---|---|---|---|
| 5 | 3 | 8 | 4 | 7 | 1 | 2 | 6 | 9 |
| 1 | 4 | 6 | 2 | 8 | 9 | 5 | 7 | 3 |
| 3 | 1 | 7 | 5 | 6 | 4 | 9 | 2 | 8 |
| 8 | 5 | 4 | 9 | 2 | 7 | 3 | 1 | 6 |
| 6 | 2 | 9 | 8 | 1 | 3 | 7 | 4 | 5 |
| 2 | 9 | 5 | 7 | 4 | 8 | 6 | 3 | 1 |
| 7 | 8 | 1 | 6 | 3 | 5 | 4 | 9 | 2 |
| 4 | 6 | 3 | 1 | 9 | 2 | 8 | 5 | 7 |

## 34

| 4 | 1 | 2 | 9 | 8 | 6 | 7 | 3 | 5 |
|---|---|---|---|---|---|---|---|---|
| 8 | 9 | 6 | 7 | 5 | 3 | 4 | 2 | 1 |
| 7 | 5 | 3 | 2 | 4 | 1 | 9 | 6 | 8 |
| 1 | 3 | 5 | 8 | 9 | 4 | 2 | 7 | 6 |
| 2 | 8 | 9 | 1 | 6 | 7 | 5 | 4 | 3 |
| 6 | 7 | 4 | 5 | 3 | 2 | 8 | 1 | 9 |
| 5 | 4 | 1 | 3 | 2 | 8 | 6 | 9 | 7 |
| 3 | 6 | 8 | 4 | 7 | 9 | 1 | 5 | 2 |
| 9 | 2 | 7 | 6 | 1 | 5 | 3 | 8 | 4 |

## 35

| 7 | 5 | 4 | 2 | 8 | 9 | 3 | 6 | 1 |
|---|---|---|---|---|---|---|---|---|
| 6 | 3 | 8 | 1 | 5 | 4 | 7 | 9 | 2 |
| 1 | 2 | 9 | 6 | 3 | 7 | 5 | 8 | 4 |
| 2 | 4 | 7 | 8 | 1 | 3 | 6 | 5 | 9 |
| 8 | 9 | 5 | 7 | 4 | 6 | 2 | 1 | 3 |
| 3 | 6 | 1 | 5 | 9 | 2 | 8 | 4 | 7 |
| 5 | 1 | 3 | 9 | 7 | 8 | 4 | 2 | 6 |
| 4 | 8 | 2 | 3 | 6 | 1 | 9 | 7 | 5 |
| 9 | 7 | 6 | 4 | 2 | 5 | 1 | 3 | 8 |

## 36

| 4 | 3 | 9 | 6 | 8 | 5 | 1 | 7 | 2 |
|---|---|---|---|---|---|---|---|---|
| 8 | 2 | 5 | 3 | 1 | 7 | 4 | 9 | 6 |
| 6 | 7 | 1 | 2 | 9 | 4 | 8 | 3 | 5 |
| 2 | 5 | 3 | 4 | 7 | 8 | 9 | 6 | 1 |
| 7 | 1 | 4 | 9 | 6 | 3 | 2 | 5 | 8 |
| 9 | 6 | 8 | 5 | 2 | 1 | 7 | 4 | 3 |
| 5 | 8 | 6 | 1 | 4 | 9 | 3 | 2 | 7 |
| 3 | 9 | 7 | 8 | 5 | 2 | 6 | 1 | 4 |
| 1 | 4 | 2 | 7 | 3 | 6 | 5 | 8 | 9 |

## 37

| 2 | 3 | 5 | 8 | 1 | 9 | 6 | 4 | 7 |
| 7 | 9 | 6 | 2 | 4 | 3 | 8 | 5 | 1 |
| 4 | 1 | 8 | 7 | 5 | 6 | 2 | 9 | 3 |
| 6 | 8 | 4 | 1 | 9 | 7 | 5 | 3 | 2 |
| 3 | 5 | 1 | 4 | 2 | 8 | 9 | 7 | 6 |
| 9 | 2 | 7 | 3 | 6 | 5 | 1 | 8 | 4 |
| 1 | 4 | 9 | 5 | 3 | 2 | 7 | 6 | 8 |
| 8 | 6 | 2 | 9 | 7 | 4 | 3 | 1 | 5 |
| 5 | 7 | 3 | 6 | 8 | 1 | 4 | 2 | 9 |

## 38

| 3 | 7 | 4 | 9 | 6 | 8 | 1 | 2 | 5 |
| 1 | 8 | 9 | 2 | 4 | 5 | 6 | 3 | 7 |
| 2 | 6 | 5 | 3 | 1 | 7 | 9 | 8 | 4 |
| 7 | 1 | 8 | 5 | 3 | 6 | 2 | 4 | 9 |
| 9 | 3 | 6 | 4 | 7 | 2 | 8 | 5 | 1 |
| 5 | 4 | 2 | 8 | 9 | 1 | 3 | 7 | 6 |
| 6 | 5 | 3 | 7 | 2 | 9 | 4 | 1 | 8 |
| 4 | 9 | 7 | 1 | 8 | 3 | 5 | 6 | 2 |
| 8 | 2 | 1 | 6 | 5 | 4 | 7 | 9 | 3 |

## 39

| 3 | 2 | 6 | 1 | 9 | 5 | 4 | 7 | 8 |
| 7 | 8 | 1 | 4 | 6 | 2 | 5 | 3 | 9 |
| 5 | 4 | 9 | 8 | 7 | 3 | 6 | 1 | 2 |
| 4 | 6 | 7 | 2 | 3 | 1 | 9 | 8 | 5 |
| 1 | 5 | 8 | 9 | 4 | 7 | 2 | 6 | 3 |
| 2 | 9 | 3 | 6 | 5 | 8 | 7 | 4 | 1 |
| 9 | 1 | 4 | 3 | 2 | 6 | 8 | 5 | 7 |
| 6 | 3 | 5 | 7 | 8 | 9 | 1 | 2 | 4 |
| 8 | 7 | 2 | 5 | 1 | 4 | 3 | 9 | 6 |

## 40

| 9 | 3 | 1 | 7 | 8 | 5 | 4 | 6 | 2 |
| 2 | 8 | 6 | 4 | 1 | 3 | 5 | 9 | 7 |
| 5 | 7 | 4 | 9 | 2 | 6 | 3 | 8 | 1 |
| 4 | 9 | 8 | 3 | 7 | 2 | 1 | 5 | 6 |
| 3 | 1 | 2 | 5 | 6 | 8 | 9 | 7 | 4 |
| 6 | 5 | 7 | 1 | 4 | 9 | 2 | 3 | 8 |
| 8 | 6 | 9 | 2 | 3 | 1 | 7 | 4 | 5 |
| 7 | 2 | 3 | 6 | 5 | 4 | 8 | 1 | 9 |
| 1 | 4 | 5 | 8 | 9 | 7 | 6 | 2 | 3 |

## 41

| 2 | 9 | 1 | 5 | 7 | 4 | 6 | 8 | 3 |
|---|---|---|---|---|---|---|---|---|
| 7 | 3 | 6 | 2 | 8 | 1 | 5 | 4 | 9 |
| 8 | 4 | 5 | 3 | 9 | 6 | 7 | 1 | 2 |
| 4 | 1 | 7 | 8 | 2 | 3 | 9 | 5 | 6 |
| 6 | 2 | 3 | 1 | 5 | 9 | 4 | 7 | 8 |
| 5 | 8 | 9 | 6 | 4 | 7 | 3 | 2 | 1 |
| 9 | 6 | 2 | 4 | 1 | 5 | 8 | 3 | 7 |
| 1 | 7 | 4 | 9 | 3 | 8 | 2 | 6 | 5 |
| 3 | 5 | 8 | 7 | 6 | 2 | 1 | 9 | 4 |

## 42

| 6 | 5 | 1 | 8 | 7 | 4 | 9 | 3 | 2 |
|---|---|---|---|---|---|---|---|---|
| 7 | 9 | 3 | 2 | 5 | 6 | 1 | 8 | 4 |
| 2 | 4 | 8 | 1 | 9 | 3 | 7 | 6 | 5 |
| 4 | 8 | 9 | 3 | 2 | 5 | 6 | 1 | 7 |
| 3 | 7 | 2 | 6 | 1 | 8 | 5 | 4 | 9 |
| 5 | 1 | 6 | 9 | 4 | 7 | 8 | 2 | 3 |
| 8 | 6 | 7 | 5 | 3 | 2 | 4 | 9 | 1 |
| 9 | 2 | 4 | 7 | 8 | 1 | 3 | 5 | 6 |
| 1 | 3 | 5 | 4 | 6 | 9 | 2 | 7 | 8 |

## 43

| 4 | 1 | 9 | 6 | 3 | 2 | 7 | 5 | 8 |
|---|---|---|---|---|---|---|---|---|
| 2 | 7 | 5 | 1 | 8 | 9 | 4 | 6 | 3 |
| 8 | 3 | 6 | 7 | 5 | 4 | 9 | 2 | 1 |
| 6 | 5 | 4 | 2 | 1 | 8 | 3 | 9 | 7 |
| 3 | 8 | 2 | 9 | 7 | 5 | 1 | 4 | 6 |
| 1 | 9 | 7 | 3 | 4 | 6 | 2 | 8 | 5 |
| 5 | 4 | 1 | 8 | 9 | 3 | 6 | 7 | 2 |
| 7 | 2 | 8 | 4 | 6 | 1 | 5 | 3 | 9 |
| 9 | 6 | 3 | 5 | 2 | 7 | 8 | 1 | 4 |

## 44

| 1 | 8 | 5 | 6 | 3 | 7 | 9 | 4 | 2 |
|---|---|---|---|---|---|---|---|---|
| 9 | 7 | 4 | 2 | 1 | 5 | 8 | 3 | 6 |
| 3 | 6 | 2 | 4 | 9 | 8 | 1 | 5 | 7 |
| 8 | 2 | 1 | 5 | 4 | 3 | 7 | 6 | 9 |
| 6 | 5 | 3 | 9 | 7 | 2 | 4 | 1 | 8 |
| 7 | 4 | 9 | 8 | 6 | 1 | 3 | 2 | 5 |
| 4 | 9 | 7 | 1 | 5 | 6 | 2 | 8 | 3 |
| 2 | 1 | 6 | 3 | 8 | 9 | 5 | 7 | 4 |
| 5 | 3 | 8 | 7 | 2 | 4 | 6 | 9 | 1 |

## 45

| 3 | 7 | 5 | 4 | 2 | 8 | 6 | 9 | 1 |
| 6 | 1 | 4 | 5 | 9 | 3 | 8 | 2 | 7 |
| 8 | 2 | 9 | 6 | 7 | 1 | 5 | 3 | 4 |
| 7 | 8 | 3 | 9 | 6 | 4 | 1 | 5 | 2 |
| 4 | 9 | 2 | 8 | 1 | 5 | 3 | 7 | 6 |
| 5 | 6 | 1 | 2 | 3 | 7 | 9 | 4 | 8 |
| 9 | 4 | 8 | 7 | 5 | 6 | 2 | 1 | 3 |
| 2 | 3 | 6 | 1 | 4 | 9 | 7 | 8 | 5 |
| 1 | 5 | 7 | 3 | 8 | 2 | 4 | 6 | 9 |

## 46

| 4 | 8 | 2 | 7 | 3 | 6 | 9 | 5 | 1 |
| 5 | 1 | 6 | 2 | 8 | 9 | 3 | 4 | 7 |
| 3 | 9 | 7 | 5 | 1 | 4 | 8 | 2 | 6 |
| 9 | 7 | 8 | 3 | 5 | 2 | 6 | 1 | 4 |
| 1 | 6 | 5 | 4 | 9 | 7 | 2 | 8 | 3 |
| 2 | 3 | 4 | 8 | 6 | 1 | 5 | 7 | 9 |
| 6 | 2 | 1 | 9 | 4 | 8 | 7 | 3 | 5 |
| 7 | 5 | 9 | 1 | 2 | 3 | 4 | 6 | 8 |
| 8 | 4 | 3 | 6 | 7 | 5 | 1 | 9 | 2 |

## 47

| 6 | 8 | 9 | 1 | 7 | 5 | 2 | 3 | 4 |
| 3 | 2 | 1 | 8 | 4 | 6 | 5 | 9 | 7 |
| 4 | 7 | 5 | 3 | 2 | 9 | 8 | 1 | 6 |
| 1 | 6 | 3 | 4 | 5 | 2 | 7 | 8 | 9 |
| 7 | 5 | 2 | 9 | 8 | 1 | 6 | 4 | 3 |
| 9 | 4 | 8 | 7 | 6 | 3 | 1 | 2 | 5 |
| 5 | 3 | 6 | 2 | 9 | 8 | 4 | 7 | 1 |
| 2 | 1 | 7 | 6 | 3 | 4 | 9 | 5 | 8 |
| 8 | 9 | 4 | 5 | 1 | 7 | 3 | 6 | 2 |

## 48

| 5 | 3 | 7 | 8 | 1 | 9 | 2 | 4 | 6 |
| 9 | 8 | 4 | 2 | 6 | 7 | 3 | 1 | 5 |
| 6 | 2 | 1 | 5 | 3 | 4 | 9 | 7 | 8 |
| 1 | 6 | 3 | 4 | 2 | 8 | 5 | 9 | 7 |
| 8 | 9 | 5 | 1 | 7 | 3 | 6 | 2 | 4 |
| 4 | 7 | 2 | 9 | 5 | 6 | 1 | 8 | 3 |
| 2 | 4 | 8 | 6 | 9 | 5 | 7 | 3 | 1 |
| 7 | 5 | 9 | 3 | 4 | 1 | 8 | 6 | 2 |
| 3 | 1 | 6 | 7 | 8 | 2 | 4 | 5 | 9 |

## 49

| 6 | 7 | 1 | 8 | 2 | 4 | 9 | 3 | 5 |
|---|---|---|---|---|---|---|---|---|
| 3 | 2 | 8 | 9 | 5 | 6 | 4 | 1 | 7 |
| 4 | 9 | 5 | 1 | 7 | 3 | 2 | 8 | 6 |
| 8 | 4 | 2 | 7 | 9 | 5 | 3 | 6 | 1 |
| 7 | 3 | 9 | 6 | 8 | 1 | 5 | 2 | 4 |
| 5 | 1 | 6 | 4 | 3 | 2 | 7 | 9 | 8 |
| 2 | 8 | 3 | 5 | 1 | 7 | 6 | 4 | 9 |
| 1 | 5 | 4 | 2 | 6 | 9 | 8 | 7 | 3 |
| 9 | 6 | 7 | 3 | 4 | 8 | 1 | 5 | 2 |

## 50

| 9 | 2 | 5 | 3 | 7 | 8 | 6 | 4 | 1 |
|---|---|---|---|---|---|---|---|---|
| 8 | 4 | 1 | 9 | 2 | 6 | 5 | 3 | 7 |
| 3 | 7 | 6 | 5 | 1 | 4 | 2 | 9 | 8 |
| 2 | 9 | 3 | 6 | 8 | 1 | 7 | 5 | 4 |
| 6 | 1 | 8 | 7 | 4 | 5 | 3 | 2 | 9 |
| 4 | 5 | 7 | 2 | 9 | 3 | 8 | 1 | 6 |
| 1 | 3 | 4 | 8 | 6 | 2 | 9 | 7 | 5 |
| 5 | 8 | 9 | 4 | 3 | 7 | 1 | 6 | 2 |
| 7 | 6 | 2 | 1 | 5 | 9 | 4 | 8 | 3 |

## 51

| 6 | 5 | 3 | 8 | 4 | 7 | 9 | 2 | 1 |
|---|---|---|---|---|---|---|---|---|
| 9 | 4 | 7 | 3 | 1 | 2 | 5 | 8 | 6 |
| 8 | 1 | 2 | 6 | 9 | 5 | 3 | 4 | 7 |
| 4 | 7 | 8 | 2 | 6 | 9 | 1 | 3 | 5 |
| 3 | 2 | 9 | 5 | 8 | 1 | 6 | 7 | 4 |
| 5 | 6 | 1 | 4 | 7 | 3 | 2 | 9 | 8 |
| 7 | 9 | 5 | 1 | 3 | 8 | 4 | 6 | 2 |
| 1 | 8 | 6 | 9 | 2 | 4 | 7 | 5 | 3 |
| 2 | 3 | 4 | 7 | 5 | 6 | 8 | 1 | 9 |

## 52

| 5 | 9 | 2 | 3 | 6 | 4 | 1 | 7 | 8 |
|---|---|---|---|---|---|---|---|---|
| 7 | 6 | 1 | 8 | 9 | 2 | 3 | 4 | 5 |
| 3 | 4 | 8 | 1 | 5 | 7 | 9 | 6 | 2 |
| 8 | 3 | 7 | 9 | 1 | 6 | 2 | 5 | 4 |
| 9 | 2 | 5 | 7 | 4 | 8 | 6 | 1 | 3 |
| 6 | 1 | 4 | 5 | 2 | 3 | 8 | 9 | 7 |
| 4 | 7 | 3 | 6 | 8 | 1 | 5 | 2 | 9 |
| 1 | 8 | 9 | 2 | 7 | 5 | 4 | 3 | 6 |
| 2 | 5 | 6 | 4 | 3 | 9 | 7 | 8 | 1 |

## 53

| 8 | 5 | 2 | 4 | 7 | 9 | 3 | 6 | 1 |
| 7 | 1 | 3 | 2 | 5 | 6 | 9 | 8 | 4 |
| 6 | 9 | 4 | 3 | 1 | 8 | 5 | 7 | 2 |
| 2 | 6 | 5 | 8 | 9 | 7 | 1 | 4 | 3 |
| 1 | 4 | 9 | 6 | 2 | 3 | 7 | 5 | 8 |
| 3 | 7 | 8 | 1 | 4 | 5 | 2 | 9 | 6 |
| 9 | 2 | 1 | 5 | 8 | 4 | 6 | 3 | 7 |
| 4 | 3 | 7 | 9 | 6 | 2 | 8 | 1 | 5 |
| 5 | 8 | 6 | 7 | 3 | 1 | 4 | 2 | 9 |

## 54

| 6 | 3 | 9 | 2 | 4 | 7 | 1 | 8 | 5 |
| 8 | 2 | 7 | 1 | 6 | 5 | 9 | 3 | 4 |
| 4 | 5 | 1 | 8 | 3 | 9 | 7 | 6 | 2 |
| 3 | 7 | 4 | 6 | 9 | 8 | 5 | 2 | 1 |
| 5 | 1 | 2 | 4 | 7 | 3 | 8 | 9 | 6 |
| 9 | 8 | 6 | 5 | 1 | 2 | 3 | 4 | 7 |
| 1 | 4 | 5 | 3 | 8 | 6 | 2 | 7 | 9 |
| 7 | 6 | 8 | 9 | 2 | 1 | 4 | 5 | 3 |
| 2 | 9 | 3 | 7 | 5 | 4 | 6 | 1 | 8 |

## 55

| 4 | 8 | 2 | 5 | 6 | 7 | 3 | 1 | 9 |
| 3 | 5 | 1 | 2 | 9 | 4 | 8 | 6 | 7 |
| 7 | 6 | 9 | 1 | 8 | 3 | 2 | 4 | 5 |
| 5 | 3 | 4 | 8 | 2 | 9 | 6 | 7 | 1 |
| 1 | 2 | 8 | 6 | 7 | 5 | 9 | 3 | 4 |
| 9 | 7 | 6 | 3 | 4 | 1 | 5 | 8 | 2 |
| 6 | 9 | 5 | 7 | 1 | 8 | 4 | 2 | 3 |
| 8 | 1 | 3 | 4 | 5 | 2 | 7 | 9 | 6 |
| 2 | 4 | 7 | 9 | 3 | 6 | 1 | 5 | 8 |

## 56

| 2 | 7 | 3 | 6 | 5 | 1 | 9 | 8 | 4 |
| 1 | 6 | 8 | 4 | 9 | 7 | 5 | 2 | 3 |
| 5 | 4 | 9 | 2 | 3 | 8 | 7 | 6 | 1 |
| 3 | 9 | 1 | 8 | 4 | 5 | 2 | 7 | 6 |
| 4 | 8 | 2 | 9 | 7 | 6 | 3 | 1 | 5 |
| 7 | 5 | 6 | 3 | 1 | 2 | 8 | 4 | 9 |
| 8 | 1 | 5 | 7 | 6 | 9 | 4 | 3 | 2 |
| 6 | 3 | 7 | 5 | 2 | 4 | 1 | 9 | 8 |
| 9 | 2 | 4 | 1 | 8 | 3 | 6 | 5 | 7 |

## 57

| 3 | 6 | 1 | 4 | 2 | 8 | 5 | 7 | 9 |
| 8 | 7 | 5 | 1 | 6 | 9 | 4 | 3 | 2 |
| 9 | 2 | 4 | 7 | 3 | 5 | 1 | 8 | 6 |
| 7 | 3 | 9 | 8 | 4 | 6 | 2 | 1 | 5 |
| 1 | 8 | 6 | 9 | 5 | 2 | 7 | 4 | 3 |
| 4 | 5 | 2 | 3 | 7 | 1 | 6 | 9 | 8 |
| 2 | 1 | 8 | 5 | 9 | 7 | 3 | 6 | 4 |
| 6 | 4 | 7 | 2 | 8 | 3 | 9 | 5 | 1 |
| 5 | 9 | 3 | 6 | 1 | 4 | 8 | 2 | 7 |

## 58

| 7 | 4 | 6 | 9 | 3 | 5 | 8 | 1 | 2 |
| 3 | 5 | 8 | 7 | 1 | 2 | 9 | 4 | 6 |
| 2 | 9 | 1 | 8 | 4 | 6 | 7 | 5 | 3 |
| 1 | 2 | 4 | 3 | 7 | 9 | 5 | 6 | 8 |
| 5 | 7 | 9 | 6 | 8 | 1 | 3 | 2 | 4 |
| 8 | 6 | 3 | 5 | 2 | 4 | 1 | 7 | 9 |
| 4 | 8 | 2 | 1 | 5 | 3 | 6 | 9 | 7 |
| 6 | 1 | 7 | 4 | 9 | 8 | 2 | 3 | 5 |
| 9 | 3 | 5 | 2 | 6 | 7 | 4 | 8 | 1 |

## 59

| 5 | 7 | 4 | 6 | 1 | 9 | 8 | 3 | 2 |
| 1 | 3 | 8 | 7 | 2 | 4 | 6 | 9 | 5 |
| 9 | 2 | 6 | 3 | 5 | 8 | 1 | 7 | 4 |
| 4 | 1 | 3 | 9 | 7 | 2 | 5 | 8 | 6 |
| 7 | 6 | 5 | 8 | 4 | 1 | 3 | 2 | 9 |
| 2 | 8 | 9 | 5 | 3 | 6 | 7 | 4 | 1 |
| 8 | 9 | 7 | 2 | 6 | 5 | 4 | 1 | 3 |
| 3 | 5 | 1 | 4 | 9 | 7 | 2 | 6 | 8 |
| 6 | 4 | 2 | 1 | 8 | 3 | 9 | 5 | 7 |

## 60

| 7 | 3 | 8 | 2 | 6 | 9 | 1 | 5 | 4 |
| 1 | 5 | 4 | 8 | 3 | 7 | 9 | 6 | 2 |
| 2 | 6 | 9 | 5 | 1 | 4 | 8 | 3 | 7 |
| 5 | 8 | 1 | 9 | 4 | 3 | 7 | 2 | 6 |
| 6 | 9 | 2 | 7 | 5 | 8 | 4 | 1 | 3 |
| 3 | 4 | 7 | 1 | 2 | 6 | 5 | 9 | 8 |
| 9 | 1 | 3 | 4 | 8 | 2 | 6 | 7 | 5 |
| 8 | 2 | 5 | 6 | 7 | 1 | 3 | 4 | 9 |
| 4 | 7 | 6 | 3 | 9 | 5 | 2 | 8 | 1 |

## 61

| 6 | 2 | 4 | 8 | 9 | 5 | 3 | 7 | 1 |
| 8 | 3 | 1 | 7 | 4 | 2 | 9 | 6 | 5 |
| 5 | 9 | 7 | 1 | 3 | 6 | 2 | 8 | 4 |
| 3 | 8 | 5 | 2 | 7 | 1 | 4 | 9 | 6 |
| 1 | 6 | 9 | 4 | 5 | 3 | 7 | 2 | 8 |
| 4 | 7 | 2 | 9 | 6 | 8 | 5 | 1 | 3 |
| 9 | 1 | 8 | 5 | 2 | 4 | 6 | 3 | 7 |
| 2 | 5 | 6 | 3 | 1 | 7 | 8 | 4 | 9 |
| 7 | 4 | 3 | 6 | 8 | 9 | 1 | 5 | 2 |

## 62

| 6 | 1 | 3 | 9 | 8 | 4 | 7 | 2 | 5 |
| 8 | 5 | 9 | 2 | 1 | 7 | 6 | 3 | 4 |
| 4 | 7 | 2 | 5 | 6 | 3 | 8 | 1 | 9 |
| 1 | 2 | 4 | 6 | 9 | 5 | 3 | 8 | 7 |
| 3 | 6 | 5 | 8 | 7 | 1 | 4 | 9 | 2 |
| 9 | 8 | 7 | 3 | 4 | 2 | 5 | 6 | 1 |
| 5 | 9 | 8 | 4 | 2 | 6 | 1 | 7 | 3 |
| 7 | 3 | 6 | 1 | 5 | 9 | 2 | 4 | 8 |
| 2 | 4 | 1 | 7 | 3 | 8 | 9 | 5 | 6 |

## 63

| 3 | 6 | 1 | 8 | 5 | 7 | 2 | 9 | 4 |
| 7 | 2 | 8 | 4 | 1 | 9 | 3 | 5 | 6 |
| 5 | 9 | 4 | 2 | 6 | 3 | 7 | 1 | 8 |
| 1 | 4 | 9 | 7 | 8 | 5 | 6 | 3 | 2 |
| 6 | 8 | 3 | 9 | 2 | 4 | 5 | 7 | 1 |
| 2 | 5 | 7 | 1 | 3 | 6 | 4 | 8 | 9 |
| 4 | 3 | 2 | 5 | 9 | 8 | 1 | 6 | 7 |
| 9 | 1 | 6 | 3 | 7 | 2 | 8 | 4 | 5 |
| 8 | 7 | 5 | 6 | 4 | 1 | 9 | 2 | 3 |

## 64

| 9 | 2 | 7 | 3 | 4 | 8 | 1 | 6 | 5 |
| 5 | 8 | 4 | 1 | 6 | 7 | 2 | 3 | 9 |
| 1 | 3 | 6 | 5 | 9 | 2 | 7 | 4 | 8 |
| 4 | 6 | 9 | 2 | 5 | 1 | 3 | 8 | 7 |
| 8 | 7 | 1 | 9 | 3 | 6 | 4 | 5 | 2 |
| 3 | 5 | 2 | 7 | 8 | 4 | 6 | 9 | 1 |
| 2 | 9 | 5 | 4 | 7 | 3 | 8 | 1 | 6 |
| 6 | 1 | 3 | 8 | 2 | 9 | 5 | 7 | 4 |
| 7 | 4 | 8 | 6 | 1 | 5 | 9 | 2 | 3 |

## 65

| 8 | 1 | 9 | 3 | 5 | 6 | 7 | 4 | 2 |
| 7 | 2 | 5 | 1 | 4 | 9 | 8 | 3 | 6 |
| 3 | 4 | 6 | 7 | 8 | 2 | 1 | 9 | 5 |
| 5 | 6 | 3 | 8 | 9 | 4 | 2 | 7 | 1 |
| 2 | 9 | 4 | 5 | 1 | 7 | 6 | 8 | 3 |
| 1 | 8 | 7 | 6 | 2 | 3 | 9 | 5 | 4 |
| 6 | 3 | 2 | 9 | 7 | 5 | 4 | 1 | 8 |
| 9 | 5 | 8 | 4 | 6 | 1 | 3 | 2 | 7 |
| 4 | 7 | 1 | 2 | 3 | 8 | 5 | 6 | 9 |

## 66

| 9 | 3 | 7 | 5 | 1 | 2 | 8 | 6 | 4 |
| 8 | 2 | 5 | 4 | 7 | 6 | 9 | 1 | 3 |
| 1 | 6 | 4 | 3 | 8 | 9 | 2 | 7 | 5 |
| 5 | 8 | 6 | 9 | 3 | 1 | 4 | 2 | 7 |
| 2 | 1 | 9 | 7 | 5 | 4 | 3 | 8 | 6 |
| 4 | 7 | 3 | 2 | 6 | 8 | 1 | 5 | 9 |
| 6 | 9 | 8 | 1 | 4 | 5 | 7 | 3 | 2 |
| 3 | 5 | 2 | 8 | 9 | 7 | 6 | 4 | 1 |
| 7 | 4 | 1 | 6 | 2 | 3 | 5 | 9 | 8 |

## 67

| 4 | 2 | 7 | 3 | 9 | 8 | 5 | 1 | 6 |
| 6 | 1 | 9 | 5 | 2 | 4 | 7 | 3 | 8 |
| 3 | 5 | 8 | 6 | 7 | 1 | 4 | 9 | 2 |
| 2 | 3 | 1 | 7 | 8 | 5 | 9 | 6 | 4 |
| 8 | 6 | 5 | 9 | 4 | 3 | 2 | 7 | 1 |
| 9 | 7 | 4 | 1 | 6 | 2 | 8 | 5 | 3 |
| 1 | 4 | 6 | 2 | 5 | 7 | 3 | 8 | 9 |
| 7 | 8 | 3 | 4 | 1 | 9 | 6 | 2 | 5 |
| 5 | 9 | 2 | 8 | 3 | 6 | 1 | 4 | 7 |

## 68

| 6 | 7 | 3 | 4 | 9 | 1 | 2 | 5 | 8 |
| 5 | 9 | 8 | 3 | 2 | 6 | 7 | 1 | 4 |
| 4 | 2 | 1 | 7 | 5 | 8 | 6 | 9 | 3 |
| 7 | 1 | 4 | 2 | 8 | 3 | 5 | 6 | 9 |
| 3 | 5 | 6 | 1 | 4 | 9 | 8 | 2 | 7 |
| 2 | 8 | 9 | 5 | 6 | 7 | 4 | 3 | 1 |
| 1 | 4 | 5 | 9 | 7 | 2 | 3 | 8 | 6 |
| 9 | 6 | 2 | 8 | 3 | 4 | 1 | 7 | 5 |
| 8 | 3 | 7 | 6 | 1 | 5 | 9 | 4 | 2 |

## 69

| 6 | 4 | 9 | 2 | 5 | 8 | 7 | 1 | 3 |
| 1 | 5 | 3 | 9 | 7 | 6 | 4 | 8 | 2 |
| 2 | 7 | 8 | 1 | 3 | 4 | 6 | 9 | 5 |
| 3 | 1 | 4 | 6 | 2 | 9 | 5 | 7 | 8 |
| 8 | 6 | 5 | 3 | 1 | 7 | 2 | 4 | 9 |
| 7 | 9 | 2 | 4 | 8 | 5 | 3 | 6 | 1 |
| 5 | 8 | 1 | 7 | 6 | 2 | 9 | 3 | 4 |
| 4 | 2 | 6 | 8 | 9 | 3 | 1 | 5 | 7 |
| 9 | 3 | 7 | 5 | 4 | 1 | 8 | 2 | 6 |

## 70

| 1 | 3 | 8 | 7 | 2 | 4 | 5 | 6 | 9 |
| 2 | 9 | 7 | 5 | 6 | 3 | 1 | 8 | 4 |
| 5 | 6 | 4 | 1 | 8 | 9 | 7 | 3 | 2 |
| 4 | 2 | 6 | 8 | 3 | 7 | 9 | 1 | 5 |
| 7 | 5 | 3 | 6 | 9 | 1 | 4 | 2 | 8 |
| 9 | 8 | 1 | 2 | 4 | 5 | 3 | 7 | 6 |
| 6 | 4 | 9 | 3 | 7 | 2 | 8 | 5 | 1 |
| 8 | 7 | 5 | 4 | 1 | 6 | 2 | 9 | 3 |
| 3 | 1 | 2 | 9 | 5 | 8 | 6 | 4 | 7 |

## 71

| 3 | 1 | 9 | 7 | 4 | 8 | 2 | 6 | 5 |
| 2 | 4 | 7 | 5 | 6 | 3 | 8 | 1 | 9 |
| 8 | 6 | 5 | 2 | 1 | 9 | 4 | 7 | 3 |
| 5 | 9 | 4 | 1 | 2 | 7 | 6 | 3 | 8 |
| 7 | 2 | 3 | 6 | 8 | 5 | 1 | 9 | 4 |
| 6 | 8 | 1 | 3 | 9 | 4 | 5 | 2 | 7 |
| 9 | 5 | 6 | 8 | 3 | 1 | 7 | 4 | 2 |
| 4 | 7 | 2 | 9 | 5 | 6 | 3 | 8 | 1 |
| 1 | 3 | 8 | 4 | 7 | 2 | 9 | 5 | 6 |

## 72

| 4 | 8 | 9 | 5 | 6 | 7 | 1 | 2 | 3 |
| 6 | 1 | 7 | 2 | 9 | 3 | 8 | 5 | 4 |
| 2 | 5 | 3 | 8 | 1 | 4 | 6 | 9 | 7 |
| 3 | 2 | 6 | 7 | 8 | 1 | 9 | 4 | 5 |
| 9 | 7 | 5 | 6 | 4 | 2 | 3 | 1 | 8 |
| 8 | 4 | 1 | 9 | 3 | 5 | 2 | 7 | 6 |
| 5 | 9 | 4 | 3 | 2 | 8 | 7 | 6 | 1 |
| 1 | 6 | 8 | 4 | 7 | 9 | 5 | 3 | 2 |
| 7 | 3 | 2 | 1 | 5 | 6 | 4 | 8 | 9 |

## 73

| 5 | 6 | 2 | 9 | 1 | 7 | 8 | 3 | 4 |
|---|---|---|---|---|---|---|---|---|
| 1 | 4 | 8 | 3 | 5 | 6 | 7 | 2 | 9 |
| 7 | 3 | 9 | 2 | 4 | 8 | 1 | 6 | 5 |
| 4 | 8 | 6 | 7 | 9 | 2 | 3 | 5 | 1 |
| 3 | 9 | 5 | 4 | 6 | 1 | 2 | 7 | 8 |
| 2 | 7 | 1 | 8 | 3 | 5 | 9 | 4 | 6 |
| 8 | 5 | 7 | 1 | 2 | 4 | 6 | 9 | 3 |
| 6 | 1 | 3 | 5 | 7 | 9 | 4 | 8 | 2 |
| 9 | 2 | 4 | 6 | 8 | 3 | 5 | 1 | 7 |

## 74

| 8 | 9 | 2 | 1 | 3 | 5 | 7 | 6 | 4 |
|---|---|---|---|---|---|---|---|---|
| 4 | 7 | 3 | 9 | 2 | 6 | 8 | 5 | 1 |
| 6 | 1 | 5 | 4 | 7 | 8 | 2 | 3 | 9 |
| 3 | 2 | 9 | 6 | 5 | 1 | 4 | 8 | 7 |
| 1 | 5 | 8 | 7 | 9 | 4 | 6 | 2 | 3 |
| 7 | 6 | 4 | 2 | 8 | 3 | 9 | 1 | 5 |
| 9 | 4 | 6 | 3 | 1 | 2 | 5 | 7 | 8 |
| 2 | 8 | 1 | 5 | 4 | 7 | 3 | 9 | 6 |
| 5 | 3 | 7 | 8 | 6 | 9 | 1 | 4 | 2 |

## 75

| 4 | 9 | 7 | 5 | 1 | 3 | 6 | 8 | 2 |
|---|---|---|---|---|---|---|---|---|
| 6 | 8 | 1 | 2 | 9 | 7 | 3 | 4 | 5 |
| 3 | 2 | 5 | 6 | 8 | 4 | 1 | 9 | 7 |
| 8 | 7 | 2 | 3 | 4 | 9 | 5 | 1 | 6 |
| 1 | 6 | 4 | 8 | 2 | 5 | 7 | 3 | 9 |
| 5 | 3 | 9 | 1 | 7 | 6 | 4 | 2 | 8 |
| 9 | 1 | 6 | 7 | 3 | 2 | 8 | 5 | 4 |
| 2 | 5 | 8 | 4 | 6 | 1 | 9 | 7 | 3 |
| 7 | 4 | 3 | 9 | 5 | 8 | 2 | 6 | 1 |

## 76

| 1 | 4 | 2 | 8 | 7 | 9 | 6 | 3 | 5 |
|---|---|---|---|---|---|---|---|---|
| 9 | 7 | 6 | 3 | 2 | 5 | 1 | 4 | 8 |
| 8 | 5 | 3 | 6 | 4 | 1 | 7 | 9 | 2 |
| 6 | 3 | 9 | 1 | 5 | 7 | 2 | 8 | 4 |
| 5 | 2 | 8 | 4 | 6 | 3 | 9 | 1 | 7 |
| 7 | 1 | 4 | 9 | 8 | 2 | 3 | 5 | 6 |
| 3 | 6 | 5 | 7 | 9 | 4 | 8 | 2 | 1 |
| 4 | 8 | 1 | 2 | 3 | 6 | 5 | 7 | 9 |
| 2 | 9 | 7 | 5 | 1 | 8 | 4 | 6 | 3 |

## 77

| 8 | 9 | 4 | 3 | 2 | 6 | 5 | 1 | 7 |
|---|---|---|---|---|---|---|---|---|
| 6 | 3 | 7 | 1 | 5 | 9 | 4 | 2 | 8 |
| 5 | 1 | 2 | 7 | 8 | 4 | 6 | 3 | 9 |
| 1 | 5 | 9 | 4 | 6 | 3 | 7 | 8 | 2 |
| 4 | 7 | 3 | 2 | 1 | 8 | 9 | 6 | 5 |
| 2 | 8 | 6 | 9 | 7 | 5 | 3 | 4 | 1 |
| 3 | 2 | 1 | 6 | 9 | 7 | 8 | 5 | 4 |
| 9 | 6 | 8 | 5 | 4 | 2 | 1 | 7 | 3 |
| 7 | 4 | 5 | 8 | 3 | 1 | 2 | 9 | 6 |

## 78

| 1 | 6 | 8 | 2 | 9 | 4 | 3 | 5 | 7 |
|---|---|---|---|---|---|---|---|---|
| 9 | 5 | 3 | 1 | 7 | 8 | 2 | 6 | 4 |
| 4 | 7 | 2 | 5 | 6 | 3 | 1 | 8 | 9 |
| 7 | 8 | 1 | 9 | 3 | 2 | 5 | 4 | 6 |
| 6 | 2 | 5 | 8 | 4 | 7 | 9 | 3 | 1 |
| 3 | 4 | 9 | 6 | 1 | 5 | 8 | 7 | 2 |
| 5 | 3 | 6 | 7 | 2 | 9 | 4 | 1 | 8 |
| 8 | 9 | 7 | 4 | 5 | 1 | 6 | 2 | 3 |
| 2 | 1 | 4 | 3 | 8 | 6 | 7 | 9 | 5 |

## 79

| 4 | 3 | 6 | 5 | 8 | 1 | 2 | 7 | 9 |
|---|---|---|---|---|---|---|---|---|
| 1 | 7 | 2 | 3 | 9 | 6 | 4 | 8 | 5 |
| 5 | 8 | 9 | 7 | 4 | 2 | 3 | 6 | 1 |
| 7 | 5 | 4 | 8 | 6 | 3 | 9 | 1 | 2 |
| 3 | 2 | 1 | 9 | 5 | 7 | 8 | 4 | 6 |
| 6 | 9 | 8 | 2 | 1 | 4 | 7 | 5 | 3 |
| 8 | 1 | 5 | 4 | 2 | 9 | 6 | 3 | 7 |
| 9 | 4 | 7 | 6 | 3 | 5 | 1 | 2 | 8 |
| 2 | 6 | 3 | 1 | 7 | 8 | 5 | 9 | 4 |

## 80

| 5 | 4 | 3 | 7 | 8 | 2 | 1 | 6 | 9 |
|---|---|---|---|---|---|---|---|---|
| 6 | 7 | 1 | 9 | 3 | 5 | 8 | 4 | 2 |
| 9 | 2 | 8 | 1 | 4 | 6 | 3 | 5 | 7 |
| 4 | 9 | 6 | 3 | 5 | 7 | 2 | 8 | 1 |
| 8 | 1 | 2 | 4 | 6 | 9 | 5 | 7 | 3 |
| 7 | 3 | 5 | 2 | 1 | 8 | 6 | 9 | 4 |
| 2 | 6 | 7 | 5 | 9 | 1 | 4 | 3 | 8 |
| 3 | 8 | 9 | 6 | 2 | 4 | 7 | 1 | 5 |
| 1 | 5 | 4 | 8 | 7 | 3 | 9 | 2 | 6 |

## 81

| 3 | 4 | 8 | 6 | 1 | 5 | 2 | 7 | 9 |
| 7 | 5 | 6 | 9 | 2 | 8 | 4 | 3 | 1 |
| 2 | 9 | 1 | 3 | 7 | 4 | 6 | 8 | 5 |
| 6 | 1 | 2 | 7 | 8 | 9 | 3 | 5 | 4 |
| 9 | 3 | 5 | 2 | 4 | 1 | 8 | 6 | 7 |
| 4 | 8 | 7 | 5 | 6 | 3 | 1 | 9 | 2 |
| 8 | 7 | 3 | 4 | 9 | 2 | 5 | 1 | 6 |
| 5 | 6 | 4 | 1 | 3 | 7 | 9 | 2 | 8 |
| 1 | 2 | 9 | 8 | 5 | 6 | 7 | 4 | 3 |

## 82

| 7 | 2 | 5 | 6 | 8 | 9 | 1 | 3 | 4 |
| 6 | 1 | 4 | 5 | 3 | 7 | 2 | 9 | 8 |
| 3 | 8 | 9 | 4 | 1 | 2 | 6 | 7 | 5 |
| 9 | 7 | 2 | 1 | 4 | 8 | 5 | 6 | 3 |
| 4 | 3 | 1 | 7 | 6 | 5 | 9 | 8 | 2 |
| 8 | 5 | 6 | 2 | 9 | 3 | 7 | 4 | 1 |
| 2 | 6 | 8 | 3 | 7 | 1 | 4 | 5 | 9 |
| 1 | 4 | 3 | 9 | 5 | 6 | 8 | 2 | 7 |
| 5 | 9 | 7 | 8 | 2 | 4 | 3 | 1 | 6 |

## 83

| 9 | 4 | 2 | 8 | 6 | 3 | 1 | 7 | 5 |
| 1 | 7 | 3 | 4 | 5 | 9 | 6 | 8 | 2 |
| 5 | 8 | 6 | 1 | 2 | 7 | 3 | 4 | 9 |
| 7 | 9 | 8 | 6 | 3 | 5 | 4 | 2 | 1 |
| 2 | 6 | 4 | 7 | 1 | 8 | 9 | 5 | 3 |
| 3 | 5 | 1 | 9 | 4 | 2 | 7 | 6 | 8 |
| 4 | 2 | 5 | 3 | 9 | 6 | 8 | 1 | 7 |
| 6 | 3 | 7 | 2 | 8 | 1 | 5 | 9 | 4 |
| 8 | 1 | 9 | 5 | 7 | 4 | 2 | 3 | 6 |

## 84

| 3 | 4 | 2 | 5 | 9 | 7 | 8 | 6 | 1 |
| 6 | 1 | 5 | 3 | 8 | 2 | 9 | 7 | 4 |
| 8 | 7 | 9 | 6 | 4 | 1 | 3 | 2 | 5 |
| 2 | 3 | 7 | 9 | 5 | 4 | 1 | 8 | 6 |
| 9 | 5 | 6 | 2 | 1 | 8 | 4 | 3 | 7 |
| 4 | 8 | 1 | 7 | 6 | 3 | 2 | 5 | 9 |
| 5 | 2 | 3 | 1 | 7 | 9 | 6 | 4 | 8 |
| 7 | 9 | 4 | 8 | 3 | 6 | 5 | 1 | 2 |
| 1 | 6 | 8 | 4 | 2 | 5 | 7 | 9 | 3 |

## 85

| | | | | | | | | |
|---|---|---|---|---|---|---|---|---|
| 1 | 3 | 5 | 2 | 6 | 9 | 8 | 4 | 7 |
| 4 | 9 | 8 | 5 | 3 | 7 | 2 | 1 | 6 |
| 7 | 6 | 2 | 1 | 4 | 8 | 9 | 5 | 3 |
| 9 | 1 | 4 | 7 | 5 | 2 | 6 | 3 | 8 |
| 2 | 5 | 3 | 6 | 8 | 1 | 4 | 7 | 9 |
| 8 | 7 | 6 | 4 | 9 | 3 | 1 | 2 | 5 |
| 6 | 2 | 7 | 9 | 1 | 5 | 3 | 8 | 4 |
| 3 | 4 | 1 | 8 | 7 | 6 | 5 | 9 | 2 |
| 5 | 8 | 9 | 3 | 2 | 4 | 7 | 6 | 1 |

## 86

| | | | | | | | | |
|---|---|---|---|---|---|---|---|---|
| 8 | 3 | 9 | 1 | 4 | 2 | 6 | 5 | 7 |
| 5 | 7 | 2 | 9 | 6 | 3 | 1 | 4 | 8 |
| 6 | 1 | 4 | 8 | 7 | 5 | 9 | 2 | 3 |
| 7 | 2 | 6 | 3 | 8 | 4 | 5 | 1 | 9 |
| 1 | 9 | 3 | 2 | 5 | 6 | 7 | 8 | 4 |
| 4 | 5 | 8 | 7 | 1 | 9 | 3 | 6 | 2 |
| 3 | 4 | 1 | 6 | 9 | 8 | 2 | 7 | 5 |
| 2 | 8 | 7 | 5 | 3 | 1 | 4 | 9 | 6 |
| 9 | 6 | 5 | 4 | 2 | 7 | 8 | 3 | 1 |

## 87

| | | | | | | | | |
|---|---|---|---|---|---|---|---|---|
| 6 | 2 | 9 | 1 | 3 | 4 | 7 | 5 | 8 |
| 8 | 1 | 7 | 9 | 5 | 6 | 3 | 4 | 2 |
| 3 | 4 | 5 | 7 | 8 | 2 | 1 | 9 | 6 |
| 1 | 9 | 3 | 6 | 4 | 7 | 8 | 2 | 5 |
| 4 | 6 | 2 | 8 | 1 | 5 | 9 | 7 | 3 |
| 7 | 5 | 8 | 2 | 9 | 3 | 6 | 1 | 4 |
| 9 | 7 | 4 | 3 | 2 | 8 | 5 | 6 | 1 |
| 2 | 8 | 1 | 5 | 6 | 9 | 4 | 3 | 7 |
| 5 | 3 | 6 | 4 | 7 | 1 | 2 | 8 | 9 |

## 88

| | | | | | | | | |
|---|---|---|---|---|---|---|---|---|
| 6 | 9 | 1 | 3 | 7 | 2 | 4 | 8 | 5 |
| 8 | 7 | 5 | 6 | 4 | 9 | 3 | 1 | 2 |
| 4 | 3 | 2 | 5 | 8 | 1 | 9 | 7 | 6 |
| 2 | 1 | 8 | 4 | 3 | 7 | 5 | 6 | 9 |
| 9 | 6 | 4 | 2 | 5 | 8 | 7 | 3 | 1 |
| 7 | 5 | 3 | 9 | 1 | 6 | 2 | 4 | 8 |
| 1 | 2 | 6 | 7 | 9 | 4 | 8 | 5 | 3 |
| 5 | 8 | 7 | 1 | 2 | 3 | 6 | 9 | 4 |
| 3 | 4 | 9 | 8 | 6 | 5 | 1 | 2 | 7 |

## 89

| 1 | 5 | 4 | 6 | 9 | 3 | 2 | 7 | 8 |
| 8 | 7 | 3 | 4 | 2 | 1 | 5 | 9 | 6 |
| 9 | 6 | 2 | 8 | 7 | 5 | 3 | 1 | 4 |
| 7 | 1 | 5 | 3 | 8 | 2 | 6 | 4 | 9 |
| 3 | 2 | 8 | 9 | 4 | 6 | 7 | 5 | 1 |
| 4 | 9 | 6 | 5 | 1 | 7 | 8 | 3 | 2 |
| 5 | 3 | 9 | 1 | 6 | 8 | 4 | 2 | 7 |
| 2 | 8 | 1 | 7 | 3 | 4 | 9 | 6 | 5 |
| 6 | 4 | 7 | 2 | 5 | 9 | 1 | 8 | 3 |

## 90

| 6 | 7 | 4 | 9 | 8 | 3 | 5 | 2 | 1 |
| 3 | 8 | 5 | 6 | 1 | 2 | 7 | 4 | 9 |
| 1 | 2 | 9 | 5 | 7 | 4 | 8 | 6 | 3 |
| 8 | 3 | 6 | 2 | 5 | 7 | 1 | 9 | 4 |
| 2 | 4 | 7 | 8 | 9 | 1 | 3 | 5 | 6 |
| 5 | 9 | 1 | 4 | 3 | 6 | 2 | 7 | 8 |
| 7 | 6 | 3 | 1 | 4 | 5 | 9 | 8 | 2 |
| 4 | 5 | 8 | 3 | 2 | 9 | 6 | 1 | 7 |
| 9 | 1 | 2 | 7 | 6 | 8 | 4 | 3 | 5 |

## 91

| 9 | 4 | 6 | 7 | 2 | 1 | 3 | 8 | 5 |
| 7 | 3 | 5 | 8 | 4 | 9 | 1 | 2 | 6 |
| 2 | 8 | 1 | 3 | 5 | 6 | 4 | 9 | 7 |
| 3 | 1 | 7 | 6 | 9 | 8 | 2 | 5 | 4 |
| 5 | 6 | 9 | 2 | 1 | 4 | 7 | 3 | 8 |
| 4 | 2 | 8 | 5 | 7 | 3 | 9 | 6 | 1 |
| 6 | 7 | 2 | 4 | 3 | 5 | 8 | 1 | 9 |
| 8 | 9 | 4 | 1 | 6 | 2 | 5 | 7 | 3 |
| 1 | 5 | 3 | 9 | 8 | 7 | 6 | 4 | 2 |

## 92

| 2 | 7 | 3 | 4 | 1 | 9 | 8 | 5 | 6 |
| 8 | 6 | 5 | 7 | 2 | 3 | 9 | 4 | 1 |
| 1 | 9 | 4 | 8 | 6 | 5 | 7 | 2 | 3 |
| 6 | 8 | 1 | 3 | 5 | 4 | 2 | 9 | 7 |
| 4 | 2 | 7 | 6 | 9 | 1 | 5 | 3 | 8 |
| 5 | 3 | 9 | 2 | 8 | 7 | 6 | 1 | 4 |
| 3 | 5 | 2 | 1 | 7 | 8 | 4 | 6 | 9 |
| 7 | 4 | 6 | 9 | 3 | 2 | 1 | 8 | 5 |
| 9 | 1 | 8 | 5 | 4 | 6 | 3 | 7 | 2 |

## 93

| 2 | 1 | 4 | 5 | 7 | 8 | 6 | 9 | 3 |
| 6 | 7 | 3 | 2 | 4 | 9 | 8 | 5 | 1 |
| 8 | 5 | 9 | 1 | 6 | 3 | 7 | 4 | 2 |
| 9 | 6 | 5 | 8 | 1 | 4 | 2 | 3 | 7 |
| 7 | 4 | 8 | 3 | 9 | 2 | 1 | 6 | 5 |
| 3 | 2 | 1 | 7 | 5 | 6 | 4 | 8 | 9 |
| 1 | 9 | 7 | 4 | 8 | 5 | 3 | 2 | 6 |
| 5 | 8 | 2 | 6 | 3 | 1 | 9 | 7 | 4 |
| 4 | 3 | 6 | 9 | 2 | 7 | 5 | 1 | 8 |

## 94

| 1 | 3 | 4 | 8 | 2 | 6 | 9 | 5 | 7 |
| 7 | 6 | 8 | 5 | 9 | 4 | 1 | 3 | 2 |
| 9 | 2 | 5 | 7 | 3 | 1 | 8 | 4 | 6 |
| 2 | 9 | 6 | 4 | 8 | 7 | 5 | 1 | 3 |
| 8 | 5 | 1 | 3 | 6 | 2 | 4 | 7 | 9 |
| 4 | 7 | 3 | 9 | 1 | 5 | 2 | 6 | 8 |
| 5 | 8 | 9 | 6 | 4 | 3 | 7 | 2 | 1 |
| 3 | 1 | 7 | 2 | 5 | 8 | 6 | 9 | 4 |
| 6 | 4 | 2 | 1 | 7 | 9 | 3 | 8 | 5 |

## 95

| 3 | 7 | 2 | 9 | 4 | 5 | 6 | 1 | 8 |
| 6 | 1 | 4 | 8 | 3 | 2 | 9 | 5 | 7 |
| 9 | 5 | 8 | 6 | 7 | 1 | 3 | 2 | 4 |
| 2 | 4 | 7 | 3 | 1 | 8 | 5 | 9 | 6 |
| 1 | 8 | 9 | 5 | 2 | 6 | 7 | 4 | 3 |
| 5 | 3 | 6 | 4 | 9 | 7 | 1 | 8 | 2 |
| 4 | 6 | 1 | 2 | 5 | 3 | 8 | 7 | 9 |
| 8 | 2 | 5 | 7 | 6 | 9 | 4 | 3 | 1 |
| 7 | 9 | 3 | 1 | 8 | 4 | 2 | 6 | 5 |

## 96

| 9 | 4 | 2 | 3 | 1 | 7 | 8 | 5 | 6 |
| 8 | 5 | 7 | 9 | 2 | 6 | 4 | 1 | 3 |
| 3 | 6 | 1 | 5 | 8 | 4 | 2 | 9 | 7 |
| 4 | 3 | 5 | 8 | 7 | 2 | 1 | 6 | 9 |
| 2 | 7 | 6 | 1 | 9 | 5 | 3 | 4 | 8 |
| 1 | 8 | 9 | 6 | 4 | 3 | 7 | 2 | 5 |
| 7 | 9 | 4 | 2 | 6 | 8 | 5 | 3 | 1 |
| 6 | 2 | 3 | 7 | 5 | 1 | 9 | 8 | 4 |
| 5 | 1 | 8 | 4 | 3 | 9 | 6 | 7 | 2 |

## 97

| 2 | 9 | 7 | 8 | 3 | 4 | 5 | 1 | 6 |
|---|---|---|---|---|---|---|---|---|
| 5 | 3 | 1 | 6 | 2 | 7 | 4 | 8 | 9 |
| 6 | 8 | 4 | 1 | 5 | 9 | 2 | 7 | 3 |
| 3 | 1 | 8 | 5 | 9 | 6 | 7 | 2 | 4 |
| 9 | 7 | 2 | 4 | 1 | 8 | 3 | 6 | 5 |
| 4 | 5 | 6 | 2 | 7 | 3 | 1 | 9 | 8 |
| 1 | 4 | 9 | 7 | 6 | 5 | 8 | 3 | 2 |
| 8 | 2 | 3 | 9 | 4 | 1 | 6 | 5 | 7 |
| 7 | 6 | 5 | 3 | 8 | 2 | 9 | 4 | 1 |

## 98

| 2 | 8 | 1 | 4 | 9 | 7 | 5 | 6 | 3 |
|---|---|---|---|---|---|---|---|---|
| 3 | 4 | 5 | 6 | 1 | 8 | 7 | 2 | 9 |
| 6 | 9 | 7 | 5 | 2 | 3 | 1 | 8 | 4 |
| 8 | 6 | 9 | 2 | 7 | 4 | 3 | 1 | 5 |
| 7 | 2 | 3 | 1 | 6 | 5 | 4 | 9 | 8 |
| 5 | 1 | 4 | 8 | 3 | 9 | 6 | 7 | 2 |
| 1 | 5 | 6 | 9 | 4 | 2 | 8 | 3 | 7 |
| 4 | 7 | 2 | 3 | 8 | 1 | 9 | 5 | 6 |
| 9 | 3 | 8 | 7 | 5 | 6 | 2 | 4 | 1 |

## 99

| 5 | 2 | 4 | 3 | 6 | 1 | 8 | 9 | 7 |
|---|---|---|---|---|---|---|---|---|
| 3 | 8 | 7 | 4 | 9 | 2 | 1 | 5 | 6 |
| 9 | 6 | 1 | 7 | 5 | 8 | 4 | 2 | 3 |
| 2 | 4 | 6 | 1 | 7 | 9 | 3 | 8 | 5 |
| 1 | 3 | 5 | 8 | 2 | 6 | 7 | 4 | 9 |
| 8 | 7 | 9 | 5 | 3 | 4 | 2 | 6 | 1 |
| 6 | 1 | 3 | 2 | 8 | 5 | 9 | 7 | 4 |
| 4 | 5 | 2 | 9 | 1 | 7 | 6 | 3 | 8 |
| 7 | 9 | 8 | 6 | 4 | 3 | 5 | 1 | 2 |

## 100

| 2 | 4 | 1 | 7 | 6 | 5 | 8 | 3 | 9 |
|---|---|---|---|---|---|---|---|---|
| 8 | 5 | 7 | 9 | 3 | 2 | 1 | 4 | 6 |
| 3 | 9 | 6 | 8 | 1 | 4 | 5 | 2 | 7 |
| 5 | 1 | 3 | 2 | 9 | 7 | 6 | 8 | 4 |
| 4 | 7 | 8 | 1 | 5 | 6 | 2 | 9 | 3 |
| 9 | 6 | 2 | 4 | 8 | 3 | 7 | 5 | 1 |
| 1 | 3 | 9 | 5 | 7 | 8 | 4 | 6 | 2 |
| 7 | 8 | 4 | 6 | 2 | 9 | 3 | 1 | 5 |
| 6 | 2 | 5 | 3 | 4 | 1 | 9 | 7 | 8 |

## 101

| 2 | 3 | 1 | 8 | 9 | 6 | 7 | 4 | 5 |
| 5 | 6 | 8 | 4 | 7 | 2 | 3 | 9 | 1 |
| 9 | 7 | 4 | 3 | 5 | 1 | 6 | 2 | 8 |
| 8 | 9 | 2 | 7 | 6 | 3 | 5 | 1 | 4 |
| 1 | 5 | 3 | 9 | 4 | 8 | 2 | 6 | 7 |
| 6 | 4 | 7 | 2 | 1 | 5 | 9 | 8 | 3 |
| 7 | 8 | 9 | 6 | 3 | 4 | 1 | 5 | 2 |
| 3 | 2 | 5 | 1 | 8 | 9 | 4 | 7 | 6 |
| 4 | 1 | 6 | 5 | 2 | 7 | 8 | 3 | 9 |

## 102

| 6 | 9 | 4 | 8 | 7 | 2 | 1 | 3 | 5 |
| 3 | 5 | 2 | 6 | 9 | 1 | 7 | 4 | 8 |
| 7 | 8 | 1 | 4 | 3 | 5 | 9 | 2 | 6 |
| 5 | 4 | 7 | 9 | 1 | 8 | 2 | 6 | 3 |
| 9 | 1 | 3 | 5 | 2 | 6 | 8 | 7 | 4 |
| 2 | 6 | 8 | 7 | 4 | 3 | 5 | 1 | 9 |
| 1 | 3 | 6 | 2 | 5 | 9 | 4 | 8 | 7 |
| 4 | 2 | 5 | 3 | 8 | 7 | 6 | 9 | 1 |
| 8 | 7 | 9 | 1 | 6 | 4 | 3 | 5 | 2 |

## 103

| 3 | 1 | 7 | 9 | 5 | 8 | 2 | 4 | 6 |
| 4 | 5 | 9 | 3 | 6 | 2 | 1 | 8 | 7 |
| 6 | 8 | 2 | 7 | 1 | 4 | 5 | 3 | 9 |
| 1 | 2 | 3 | 5 | 4 | 6 | 9 | 7 | 8 |
| 9 | 4 | 6 | 2 | 8 | 7 | 3 | 1 | 5 |
| 8 | 7 | 5 | 1 | 3 | 9 | 4 | 6 | 2 |
| 2 | 3 | 8 | 6 | 9 | 1 | 7 | 5 | 4 |
| 5 | 9 | 4 | 8 | 7 | 3 | 6 | 2 | 1 |
| 7 | 6 | 1 | 4 | 2 | 5 | 8 | 9 | 3 |

## 104

| 2 | 8 | 9 | 7 | 3 | 5 | 6 | 4 | 1 |
| 7 | 4 | 3 | 6 | 1 | 8 | 9 | 5 | 2 |
| 6 | 1 | 5 | 4 | 9 | 2 | 3 | 8 | 7 |
| 9 | 5 | 4 | 1 | 8 | 7 | 2 | 6 | 3 |
| 3 | 6 | 7 | 5 | 2 | 9 | 8 | 1 | 4 |
| 8 | 2 | 1 | 3 | 4 | 6 | 7 | 9 | 5 |
| 4 | 3 | 6 | 9 | 7 | 1 | 5 | 2 | 8 |
| 1 | 9 | 2 | 8 | 5 | 3 | 4 | 7 | 6 |
| 5 | 7 | 8 | 2 | 6 | 4 | 1 | 3 | 9 |

## 105

| 9 | 3 | 4 | 2 | 8 | 6 | 1 | 7 | 5 |
| 7 | 1 | 2 | 9 | 5 | 4 | 6 | 3 | 8 |
| 6 | 8 | 5 | 1 | 7 | 3 | 2 | 4 | 9 |
| 5 | 6 | 1 | 8 | 3 | 9 | 4 | 2 | 7 |
| 4 | 7 | 8 | 5 | 6 | 2 | 3 | 9 | 1 |
| 2 | 9 | 3 | 7 | 4 | 1 | 8 | 5 | 6 |
| 3 | 2 | 7 | 6 | 1 | 5 | 9 | 8 | 4 |
| 1 | 5 | 9 | 4 | 2 | 8 | 7 | 6 | 3 |
| 8 | 4 | 6 | 3 | 9 | 7 | 5 | 1 | 2 |

## 106

| 8 | 7 | 9 | 4 | 6 | 5 | 2 | 3 | 1 |
| 1 | 6 | 4 | 2 | 3 | 7 | 8 | 9 | 5 |
| 3 | 5 | 2 | 9 | 1 | 8 | 6 | 4 | 7 |
| 2 | 8 | 6 | 5 | 4 | 9 | 7 | 1 | 3 |
| 9 | 3 | 7 | 1 | 8 | 6 | 5 | 2 | 4 |
| 5 | 4 | 1 | 3 | 7 | 2 | 9 | 6 | 8 |
| 6 | 1 | 5 | 7 | 2 | 3 | 4 | 8 | 9 |
| 4 | 9 | 8 | 6 | 5 | 1 | 3 | 7 | 2 |
| 7 | 2 | 3 | 8 | 9 | 4 | 1 | 5 | 6 |

## 107

| 2 | 6 | 3 | 7 | 8 | 5 | 9 | 1 | 4 |
| 5 | 7 | 9 | 1 | 4 | 6 | 2 | 8 | 3 |
| 4 | 8 | 1 | 3 | 2 | 9 | 7 | 6 | 5 |
| 6 | 5 | 7 | 8 | 1 | 4 | 3 | 9 | 2 |
| 9 | 1 | 4 | 6 | 3 | 2 | 8 | 5 | 7 |
| 8 | 3 | 2 | 9 | 5 | 7 | 6 | 4 | 1 |
| 3 | 2 | 5 | 4 | 6 | 8 | 1 | 7 | 9 |
| 7 | 4 | 6 | 2 | 9 | 1 | 5 | 3 | 8 |
| 1 | 9 | 8 | 5 | 7 | 3 | 4 | 2 | 6 |

## 108

| 4 | 1 | 7 | 9 | 6 | 8 | 5 | 2 | 3 |
| 5 | 2 | 6 | 3 | 4 | 7 | 8 | 1 | 9 |
| 3 | 8 | 9 | 1 | 5 | 2 | 7 | 4 | 6 |
| 1 | 6 | 3 | 7 | 2 | 4 | 9 | 5 | 8 |
| 9 | 5 | 4 | 6 | 8 | 1 | 3 | 7 | 2 |
| 8 | 7 | 2 | 5 | 9 | 3 | 4 | 6 | 1 |
| 7 | 9 | 1 | 4 | 3 | 6 | 2 | 8 | 5 |
| 6 | 3 | 8 | 2 | 7 | 5 | 1 | 9 | 4 |
| 2 | 4 | 5 | 8 | 1 | 9 | 6 | 3 | 7 |

## 109

| 4 | 7 | 9 | 6 | 5 | 3 | 8 | 1 | 2 |
| 3 | 6 | 8 | 4 | 2 | 1 | 9 | 5 | 7 |
| 2 | 1 | 5 | 8 | 7 | 9 | 6 | 4 | 3 |
| 1 | 8 | 6 | 3 | 4 | 5 | 2 | 7 | 9 |
| 5 | 3 | 4 | 2 | 9 | 7 | 1 | 6 | 8 |
| 7 | 9 | 2 | 1 | 8 | 6 | 4 | 3 | 5 |
| 8 | 5 | 1 | 7 | 6 | 2 | 3 | 9 | 4 |
| 9 | 4 | 3 | 5 | 1 | 8 | 7 | 2 | 6 |
| 6 | 2 | 7 | 9 | 3 | 4 | 5 | 8 | 1 |

## 110

| 5 | 3 | 2 | 9 | 6 | 1 | 8 | 4 | 7 |
| 8 | 4 | 9 | 5 | 7 | 3 | 6 | 1 | 2 |
| 6 | 7 | 1 | 4 | 2 | 8 | 3 | 9 | 5 |
| 3 | 5 | 7 | 6 | 9 | 4 | 2 | 8 | 1 |
| 2 | 1 | 4 | 7 | 8 | 5 | 9 | 6 | 3 |
| 9 | 8 | 6 | 3 | 1 | 2 | 5 | 7 | 4 |
| 7 | 2 | 5 | 8 | 4 | 9 | 1 | 3 | 6 |
| 1 | 6 | 8 | 2 | 3 | 7 | 4 | 5 | 9 |
| 4 | 9 | 3 | 1 | 5 | 6 | 7 | 2 | 8 |

## 111

| 9 | 8 | 2 | 5 | 3 | 6 | 1 | 7 | 4 |
| 3 | 5 | 1 | 7 | 4 | 2 | 9 | 6 | 8 |
| 7 | 6 | 4 | 8 | 9 | 1 | 2 | 3 | 5 |
| 1 | 9 | 5 | 6 | 7 | 3 | 8 | 4 | 2 |
| 6 | 4 | 8 | 2 | 1 | 5 | 7 | 9 | 3 |
| 2 | 7 | 3 | 4 | 8 | 9 | 5 | 1 | 6 |
| 4 | 2 | 9 | 1 | 6 | 8 | 3 | 5 | 7 |
| 5 | 1 | 6 | 3 | 2 | 7 | 4 | 8 | 9 |
| 8 | 3 | 7 | 9 | 5 | 4 | 6 | 2 | 1 |

## 112

| 8 | 7 | 6 | 9 | 1 | 4 | 5 | 3 | 2 |
| 1 | 5 | 2 | 3 | 7 | 6 | 8 | 4 | 9 |
| 4 | 3 | 9 | 2 | 5 | 8 | 7 | 6 | 1 |
| 2 | 4 | 1 | 5 | 9 | 3 | 6 | 7 | 8 |
| 7 | 9 | 3 | 6 | 8 | 1 | 4 | 2 | 5 |
| 5 | 6 | 8 | 7 | 4 | 2 | 1 | 9 | 3 |
| 9 | 2 | 7 | 8 | 6 | 5 | 3 | 1 | 4 |
| 6 | 1 | 5 | 4 | 3 | 9 | 2 | 8 | 7 |
| 3 | 8 | 4 | 1 | 2 | 7 | 9 | 5 | 6 |

## 113

| 9 | 6 | 1 | 5 | 3 | 2 | 8 | 7 | 4 |
|---|---|---|---|---|---|---|---|---|
| 2 | 7 | 3 | 8 | 1 | 4 | 9 | 5 | 6 |
| 5 | 8 | 4 | 7 | 9 | 6 | 1 | 2 | 3 |
| 8 | 3 | 2 | 4 | 6 | 5 | 7 | 1 | 9 |
| 6 | 1 | 9 | 2 | 7 | 3 | 4 | 8 | 5 |
| 4 | 5 | 7 | 1 | 8 | 9 | 3 | 6 | 2 |
| 1 | 2 | 5 | 9 | 4 | 8 | 6 | 3 | 7 |
| 3 | 4 | 8 | 6 | 2 | 7 | 5 | 9 | 1 |
| 7 | 9 | 6 | 3 | 5 | 1 | 2 | 4 | 8 |

## 114

| 5 | 3 | 6 | 2 | 7 | 9 | 1 | 4 | 8 |
|---|---|---|---|---|---|---|---|---|
| 2 | 7 | 4 | 6 | 8 | 1 | 5 | 3 | 9 |
| 8 | 1 | 9 | 5 | 3 | 4 | 7 | 2 | 6 |
| 1 | 6 | 3 | 4 | 2 | 8 | 9 | 7 | 5 |
| 9 | 4 | 8 | 1 | 5 | 7 | 3 | 6 | 2 |
| 7 | 5 | 2 | 9 | 6 | 3 | 4 | 8 | 1 |
| 4 | 8 | 1 | 3 | 9 | 6 | 2 | 5 | 7 |
| 3 | 2 | 7 | 8 | 1 | 5 | 6 | 9 | 4 |
| 6 | 9 | 5 | 7 | 4 | 2 | 8 | 1 | 3 |

## 115

| 2 | 8 | 1 | 7 | 6 | 4 | 9 | 5 | 3 |
|---|---|---|---|---|---|---|---|---|
| 4 | 3 | 7 | 8 | 9 | 5 | 2 | 1 | 6 |
| 6 | 9 | 5 | 1 | 3 | 2 | 7 | 4 | 8 |
| 7 | 4 | 6 | 2 | 5 | 3 | 1 | 8 | 9 |
| 9 | 5 | 8 | 6 | 7 | 1 | 4 | 3 | 2 |
| 1 | 2 | 3 | 9 | 4 | 8 | 5 | 6 | 7 |
| 8 | 7 | 9 | 4 | 1 | 6 | 3 | 2 | 5 |
| 3 | 1 | 2 | 5 | 8 | 7 | 6 | 9 | 4 |
| 5 | 6 | 4 | 3 | 2 | 9 | 8 | 7 | 1 |

## 116

| 5 | 4 | 3 | 1 | 6 | 8 | 7 | 2 | 9 |
|---|---|---|---|---|---|---|---|---|
| 1 | 8 | 9 | 2 | 3 | 7 | 4 | 6 | 5 |
| 7 | 6 | 2 | 5 | 9 | 4 | 1 | 8 | 3 |
| 4 | 9 | 6 | 7 | 1 | 5 | 2 | 3 | 8 |
| 3 | 2 | 7 | 4 | 8 | 6 | 5 | 9 | 1 |
| 8 | 1 | 5 | 9 | 2 | 3 | 6 | 7 | 4 |
| 9 | 5 | 4 | 8 | 7 | 2 | 3 | 1 | 6 |
| 6 | 7 | 1 | 3 | 4 | 9 | 8 | 5 | 2 |
| 2 | 3 | 8 | 6 | 5 | 1 | 9 | 4 | 7 |

## 117

| 2 | 9 | 8 | 3 | 1 | 7 | 4 | 5 | 6 |
| 3 | 6 | 5 | 9 | 4 | 2 | 7 | 1 | 8 |
| 7 | 1 | 4 | 8 | 5 | 6 | 2 | 3 | 9 |
| 4 | 3 | 6 | 1 | 7 | 5 | 9 | 8 | 2 |
| 9 | 5 | 7 | 6 | 2 | 8 | 1 | 4 | 3 |
| 1 | 8 | 2 | 4 | 3 | 9 | 6 | 7 | 5 |
| 6 | 4 | 1 | 2 | 8 | 3 | 5 | 9 | 7 |
| 5 | 2 | 3 | 7 | 9 | 1 | 8 | 6 | 4 |
| 8 | 7 | 9 | 5 | 6 | 4 | 3 | 2 | 1 |

## 118

| 9 | 1 | 3 | 4 | 5 | 7 | 8 | 6 | 2 |
| 6 | 2 | 7 | 8 | 3 | 9 | 1 | 4 | 5 |
| 4 | 8 | 5 | 1 | 2 | 6 | 7 | 9 | 3 |
| 5 | 7 | 6 | 2 | 4 | 1 | 9 | 3 | 8 |
| 2 | 4 | 8 | 9 | 7 | 3 | 6 | 5 | 1 |
| 3 | 9 | 1 | 6 | 8 | 5 | 4 | 2 | 7 |
| 1 | 5 | 4 | 7 | 9 | 2 | 3 | 8 | 6 |
| 7 | 3 | 9 | 5 | 6 | 8 | 2 | 1 | 4 |
| 8 | 6 | 2 | 3 | 1 | 4 | 5 | 7 | 9 |

## 119

| 5 | 3 | 4 | 9 | 1 | 2 | 8 | 7 | 6 |
| 2 | 6 | 1 | 7 | 4 | 8 | 3 | 5 | 9 |
| 7 | 8 | 9 | 3 | 5 | 6 | 1 | 2 | 4 |
| 3 | 4 | 8 | 6 | 2 | 7 | 5 | 9 | 1 |
| 6 | 5 | 2 | 1 | 3 | 9 | 7 | 4 | 8 |
| 1 | 9 | 7 | 4 | 8 | 5 | 6 | 3 | 2 |
| 8 | 7 | 3 | 2 | 6 | 4 | 9 | 1 | 5 |
| 4 | 1 | 6 | 5 | 9 | 3 | 2 | 8 | 7 |
| 9 | 2 | 5 | 8 | 7 | 1 | 4 | 6 | 3 |

## 120

| 6 | 1 | 9 | 4 | 3 | 7 | 2 | 5 | 8 |
| 3 | 8 | 2 | 1 | 5 | 9 | 4 | 7 | 6 |
| 7 | 5 | 4 | 8 | 2 | 6 | 9 | 1 | 3 |
| 8 | 3 | 5 | 2 | 6 | 4 | 7 | 9 | 1 |
| 1 | 2 | 7 | 3 | 9 | 5 | 8 | 6 | 4 |
| 9 | 4 | 6 | 7 | 8 | 1 | 5 | 3 | 2 |
| 2 | 7 | 8 | 5 | 1 | 3 | 6 | 4 | 9 |
| 4 | 9 | 3 | 6 | 7 | 2 | 1 | 8 | 5 |
| 5 | 6 | 1 | 9 | 4 | 8 | 3 | 2 | 7 |

## 121

| 2 | 5 | 3 | 8 | 7 | 9 | 4 | 6 | 1 |
| 6 | 1 | 8 | 3 | 2 | 4 | 9 | 5 | 7 |
| 7 | 4 | 9 | 1 | 5 | 6 | 3 | 2 | 8 |
| 5 | 6 | 7 | 4 | 1 | 3 | 8 | 9 | 2 |
| 9 | 8 | 2 | 7 | 6 | 5 | 1 | 4 | 3 |
| 4 | 3 | 1 | 9 | 8 | 2 | 6 | 7 | 5 |
| 3 | 2 | 4 | 5 | 9 | 1 | 7 | 8 | 6 |
| 1 | 7 | 6 | 2 | 4 | 8 | 5 | 3 | 9 |
| 8 | 9 | 5 | 6 | 3 | 7 | 2 | 1 | 4 |

## 122

| 2 | 6 | 9 | 8 | 1 | 4 | 3 | 7 | 5 |
| 3 | 1 | 8 | 9 | 7 | 5 | 6 | 2 | 4 |
| 7 | 5 | 4 | 3 | 2 | 6 | 1 | 8 | 9 |
| 8 | 9 | 6 | 5 | 4 | 3 | 7 | 1 | 2 |
| 1 | 7 | 3 | 6 | 9 | 2 | 5 | 4 | 8 |
| 5 | 4 | 2 | 1 | 8 | 7 | 9 | 6 | 3 |
| 6 | 2 | 1 | 4 | 3 | 9 | 8 | 5 | 7 |
| 4 | 3 | 5 | 7 | 6 | 8 | 2 | 9 | 1 |
| 9 | 8 | 7 | 2 | 5 | 1 | 4 | 3 | 6 |

## 123

| 8 | 4 | 9 | 2 | 7 | 5 | 1 | 6 | 3 |
| 7 | 3 | 5 | 9 | 6 | 1 | 4 | 2 | 8 |
| 1 | 2 | 6 | 8 | 3 | 4 | 9 | 7 | 5 |
| 3 | 8 | 4 | 1 | 9 | 7 | 6 | 5 | 2 |
| 2 | 9 | 1 | 5 | 8 | 6 | 3 | 4 | 7 |
| 5 | 6 | 7 | 4 | 2 | 3 | 8 | 1 | 9 |
| 6 | 1 | 8 | 7 | 5 | 9 | 2 | 3 | 4 |
| 9 | 7 | 3 | 6 | 4 | 2 | 5 | 8 | 1 |
| 4 | 5 | 2 | 3 | 1 | 8 | 7 | 9 | 6 |

## 124

| 2 | 3 | 5 | 8 | 9 | 6 | 7 | 1 | 4 |
| 7 | 8 | 6 | 1 | 4 | 3 | 2 | 9 | 5 |
| 9 | 4 | 1 | 5 | 7 | 2 | 6 | 3 | 8 |
| 4 | 7 | 3 | 2 | 5 | 9 | 8 | 6 | 1 |
| 6 | 1 | 2 | 4 | 3 | 8 | 5 | 7 | 9 |
| 8 | 5 | 9 | 7 | 6 | 1 | 3 | 4 | 2 |
| 5 | 9 | 7 | 6 | 8 | 4 | 1 | 2 | 3 |
| 3 | 2 | 8 | 9 | 1 | 7 | 4 | 5 | 6 |
| 1 | 6 | 4 | 3 | 2 | 5 | 9 | 8 | 7 |

## 125

| 7 | 4 | 5 | 6 | 1 | 2 | 3 | 9 | 8 |
| 2 | 1 | 3 | 7 | 9 | 8 | 6 | 5 | 4 |
| 6 | 8 | 9 | 4 | 5 | 3 | 1 | 7 | 2 |
| 5 | 3 | 2 | 1 | 7 | 9 | 4 | 8 | 6 |
| 4 | 7 | 1 | 3 | 8 | 6 | 5 | 2 | 9 |
| 8 | 9 | 6 | 5 | 2 | 4 | 7 | 3 | 1 |
| 3 | 2 | 7 | 8 | 6 | 1 | 9 | 4 | 5 |
| 9 | 6 | 4 | 2 | 3 | 5 | 8 | 1 | 7 |
| 1 | 5 | 8 | 9 | 4 | 7 | 2 | 6 | 3 |

## 126

| 5 | 7 | 2 | 3 | 8 | 6 | 9 | 4 | 1 |
| 6 | 8 | 1 | 7 | 4 | 9 | 5 | 2 | 3 |
| 3 | 9 | 4 | 1 | 2 | 5 | 8 | 6 | 7 |
| 4 | 5 | 7 | 6 | 9 | 8 | 3 | 1 | 2 |
| 2 | 1 | 9 | 4 | 5 | 3 | 6 | 7 | 8 |
| 8 | 3 | 6 | 2 | 1 | 7 | 4 | 5 | 9 |
| 9 | 6 | 8 | 5 | 7 | 2 | 1 | 3 | 4 |
| 7 | 4 | 3 | 8 | 6 | 1 | 2 | 9 | 5 |
| 1 | 2 | 5 | 9 | 3 | 4 | 7 | 8 | 6 |

## 127

| 6 | 8 | 1 | 5 | 9 | 2 | 7 | 3 | 4 |
| 9 | 3 | 4 | 1 | 7 | 6 | 5 | 2 | 8 |
| 5 | 7 | 2 | 3 | 8 | 4 | 6 | 9 | 1 |
| 8 | 1 | 9 | 2 | 6 | 3 | 4 | 5 | 7 |
| 2 | 6 | 5 | 4 | 1 | 7 | 3 | 8 | 9 |
| 3 | 4 | 7 | 9 | 5 | 8 | 1 | 6 | 2 |
| 7 | 9 | 8 | 6 | 4 | 5 | 2 | 1 | 3 |
| 1 | 5 | 3 | 7 | 2 | 9 | 8 | 4 | 6 |
| 4 | 2 | 6 | 8 | 3 | 1 | 9 | 7 | 5 |

## 128

| 5 | 3 | 9 | 4 | 2 | 6 | 8 | 1 | 7 |
| 6 | 4 | 2 | 1 | 8 | 7 | 9 | 3 | 5 |
| 8 | 1 | 7 | 3 | 5 | 9 | 2 | 6 | 4 |
| 3 | 9 | 4 | 6 | 7 | 8 | 1 | 5 | 2 |
| 2 | 7 | 6 | 5 | 1 | 3 | 4 | 8 | 9 |
| 1 | 5 | 8 | 2 | 9 | 4 | 6 | 7 | 3 |
| 9 | 8 | 5 | 7 | 6 | 2 | 3 | 4 | 1 |
| 7 | 6 | 3 | 9 | 4 | 1 | 5 | 2 | 8 |
| 4 | 2 | 1 | 8 | 3 | 5 | 7 | 9 | 6 |

## 129

| 1 | 3 | 8 | 5 | 9 | 2 | 6 | 4 | 7 |
|---|---|---|---|---|---|---|---|---|
| 4 | 7 | 5 | 1 | 3 | 6 | 9 | 8 | 2 |
| 2 | 9 | 6 | 4 | 8 | 7 | 1 | 3 | 5 |
| 8 | 6 | 4 | 7 | 1 | 3 | 5 | 2 | 9 |
| 9 | 5 | 2 | 6 | 4 | 8 | 3 | 7 | 1 |
| 3 | 1 | 7 | 2 | 5 | 9 | 8 | 6 | 4 |
| 5 | 2 | 9 | 3 | 6 | 4 | 7 | 1 | 8 |
| 6 | 4 | 1 | 8 | 7 | 5 | 2 | 9 | 3 |
| 7 | 8 | 3 | 9 | 2 | 1 | 4 | 5 | 6 |

## 130

| 8 | 3 | 4 | 7 | 5 | 6 | 9 | 1 | 2 |
|---|---|---|---|---|---|---|---|---|
| 7 | 5 | 2 | 1 | 8 | 9 | 6 | 4 | 3 |
| 1 | 6 | 9 | 4 | 3 | 2 | 7 | 5 | 8 |
| 2 | 4 | 3 | 6 | 7 | 1 | 8 | 9 | 5 |
| 5 | 8 | 1 | 9 | 2 | 3 | 4 | 7 | 6 |
| 6 | 9 | 7 | 8 | 4 | 5 | 2 | 3 | 1 |
| 9 | 1 | 8 | 3 | 6 | 4 | 5 | 2 | 7 |
| 3 | 7 | 5 | 2 | 9 | 8 | 1 | 6 | 4 |
| 4 | 2 | 6 | 5 | 1 | 7 | 3 | 8 | 9 |

## 131

| 2 | 9 | 3 | 5 | 4 | 1 | 7 | 6 | 8 |
|---|---|---|---|---|---|---|---|---|
| 1 | 5 | 8 | 6 | 3 | 7 | 9 | 2 | 4 |
| 7 | 6 | 4 | 9 | 8 | 2 | 1 | 3 | 5 |
| 3 | 2 | 1 | 7 | 5 | 8 | 4 | 9 | 6 |
| 6 | 7 | 5 | 3 | 9 | 4 | 2 | 8 | 1 |
| 4 | 8 | 9 | 1 | 2 | 6 | 5 | 7 | 3 |
| 8 | 1 | 6 | 2 | 7 | 5 | 3 | 4 | 9 |
| 9 | 4 | 7 | 8 | 1 | 3 | 6 | 5 | 2 |
| 5 | 3 | 2 | 4 | 6 | 9 | 8 | 1 | 7 |

## 132

| 3 | 2 | 6 | 7 | 8 | 1 | 4 | 5 | 9 |
|---|---|---|---|---|---|---|---|---|
| 4 | 8 | 1 | 6 | 5 | 9 | 7 | 3 | 2 |
| 9 | 5 | 7 | 3 | 2 | 4 | 8 | 1 | 6 |
| 6 | 9 | 3 | 2 | 4 | 7 | 5 | 8 | 1 |
| 2 | 7 | 5 | 8 | 1 | 3 | 9 | 6 | 4 |
| 8 | 1 | 4 | 9 | 6 | 5 | 2 | 7 | 3 |
| 5 | 6 | 2 | 4 | 3 | 8 | 1 | 9 | 7 |
| 1 | 3 | 9 | 5 | 7 | 2 | 6 | 4 | 8 |
| 7 | 4 | 8 | 1 | 9 | 6 | 3 | 2 | 5 |

## 133

| 5 | 8 | 1 | 4 | 2 | 6 | 3 | 7 | 9 |
|---|---|---|---|---|---|---|---|---|
| 9 | 6 | 2 | 7 | 5 | 3 | 4 | 8 | 1 |
| 4 | 3 | 7 | 8 | 9 | 1 | 2 | 6 | 5 |
| 2 | 7 | 8 | 6 | 1 | 9 | 5 | 4 | 3 |
| 1 | 5 | 4 | 3 | 8 | 7 | 6 | 9 | 2 |
| 6 | 9 | 3 | 5 | 4 | 2 | 7 | 1 | 8 |
| 7 | 1 | 5 | 2 | 6 | 8 | 9 | 3 | 4 |
| 3 | 4 | 9 | 1 | 7 | 5 | 8 | 2 | 6 |
| 8 | 2 | 6 | 9 | 3 | 4 | 1 | 5 | 7 |

## 134

| 7 | 6 | 8 | 2 | 1 | 4 | 3 | 5 | 9 |
|---|---|---|---|---|---|---|---|---|
| 9 | 5 | 1 | 8 | 7 | 3 | 2 | 4 | 6 |
| 3 | 4 | 2 | 9 | 5 | 6 | 8 | 1 | 7 |
| 2 | 7 | 4 | 1 | 6 | 8 | 5 | 9 | 3 |
| 6 | 8 | 9 | 7 | 3 | 5 | 4 | 2 | 1 |
| 1 | 3 | 5 | 4 | 9 | 2 | 6 | 7 | 8 |
| 4 | 2 | 7 | 6 | 8 | 9 | 1 | 3 | 5 |
| 8 | 9 | 3 | 5 | 2 | 1 | 7 | 6 | 4 |
| 5 | 1 | 6 | 3 | 4 | 7 | 9 | 8 | 2 |

## 135

| 6 | 7 | 5 | 1 | 8 | 3 | 2 | 4 | 9 |
|---|---|---|---|---|---|---|---|---|
| 9 | 3 | 2 | 7 | 6 | 4 | 5 | 1 | 8 |
| 1 | 8 | 4 | 9 | 5 | 2 | 7 | 3 | 6 |
| 8 | 1 | 6 | 4 | 7 | 9 | 3 | 5 | 2 |
| 3 | 5 | 7 | 2 | 1 | 8 | 6 | 9 | 4 |
| 4 | 2 | 9 | 5 | 3 | 6 | 1 | 8 | 7 |
| 7 | 9 | 3 | 8 | 2 | 1 | 4 | 6 | 5 |
| 2 | 4 | 1 | 6 | 9 | 5 | 8 | 7 | 3 |
| 5 | 6 | 8 | 3 | 4 | 7 | 9 | 2 | 1 |

## 136

| 2 | 1 | 5 | 4 | 3 | 7 | 9 | 6 | 8 |
|---|---|---|---|---|---|---|---|---|
| 9 | 4 | 3 | 6 | 8 | 2 | 5 | 7 | 1 |
| 7 | 8 | 6 | 1 | 9 | 5 | 2 | 4 | 3 |
| 8 | 6 | 7 | 5 | 1 | 4 | 3 | 2 | 9 |
| 5 | 9 | 1 | 7 | 2 | 3 | 6 | 8 | 4 |
| 4 | 3 | 2 | 8 | 6 | 9 | 1 | 5 | 7 |
| 6 | 7 | 8 | 9 | 5 | 1 | 4 | 3 | 2 |
| 1 | 2 | 4 | 3 | 7 | 6 | 8 | 9 | 5 |
| 3 | 5 | 9 | 2 | 4 | 8 | 7 | 1 | 6 |

## 137

| 7 | 2 | 5 | 4 | 8 | 3 | 1 | 6 | 9 |
|---|---|---|---|---|---|---|---|---|
| 3 | 9 | 4 | 1 | 6 | 5 | 7 | 8 | 2 |
| 1 | 6 | 8 | 9 | 2 | 7 | 4 | 3 | 5 |
| 4 | 3 | 1 | 5 | 7 | 8 | 9 | 2 | 6 |
| 8 | 5 | 9 | 6 | 4 | 2 | 3 | 7 | 1 |
| 6 | 7 | 2 | 3 | 9 | 1 | 8 | 5 | 4 |
| 2 | 1 | 7 | 8 | 5 | 9 | 6 | 4 | 3 |
| 5 | 4 | 3 | 7 | 1 | 6 | 2 | 9 | 8 |
| 9 | 8 | 6 | 2 | 3 | 4 | 5 | 1 | 7 |

## 138

| 6 | 1 | 2 | 9 | 3 | 4 | 5 | 8 | 7 |
|---|---|---|---|---|---|---|---|---|
| 9 | 8 | 4 | 7 | 2 | 5 | 1 | 6 | 3 |
| 3 | 7 | 5 | 1 | 8 | 6 | 9 | 2 | 4 |
| 7 | 9 | 8 | 2 | 4 | 3 | 6 | 1 | 5 |
| 2 | 4 | 6 | 8 | 5 | 1 | 7 | 3 | 9 |
| 1 | 5 | 3 | 6 | 7 | 9 | 2 | 4 | 8 |
| 8 | 6 | 7 | 4 | 9 | 2 | 3 | 5 | 1 |
| 5 | 2 | 9 | 3 | 1 | 8 | 4 | 7 | 6 |
| 4 | 3 | 1 | 5 | 6 | 7 | 8 | 9 | 2 |

## 139

| 5 | 8 | 9 | 6 | 1 | 4 | 3 | 2 | 7 |
|---|---|---|---|---|---|---|---|---|
| 2 | 4 | 6 | 7 | 8 | 3 | 5 | 1 | 9 |
| 1 | 7 | 3 | 9 | 5 | 2 | 8 | 4 | 6 |
| 7 | 5 | 4 | 1 | 2 | 6 | 9 | 8 | 3 |
| 3 | 6 | 8 | 5 | 4 | 9 | 2 | 7 | 1 |
| 9 | 1 | 2 | 8 | 3 | 7 | 4 | 6 | 5 |
| 8 | 3 | 7 | 4 | 6 | 5 | 1 | 9 | 2 |
| 6 | 2 | 1 | 3 | 9 | 8 | 7 | 5 | 4 |
| 4 | 9 | 5 | 2 | 7 | 1 | 6 | 3 | 8 |

## 140

| 6 | 5 | 3 | 4 | 1 | 2 | 8 | 9 | 7 |
|---|---|---|---|---|---|---|---|---|
| 8 | 4 | 7 | 5 | 6 | 9 | 2 | 1 | 3 |
| 2 | 1 | 9 | 7 | 8 | 3 | 4 | 6 | 5 |
| 1 | 3 | 5 | 9 | 4 | 8 | 7 | 2 | 6 |
| 4 | 8 | 6 | 3 | 2 | 7 | 9 | 5 | 1 |
| 9 | 7 | 2 | 1 | 5 | 6 | 3 | 8 | 4 |
| 3 | 6 | 8 | 2 | 7 | 5 | 1 | 4 | 9 |
| 5 | 9 | 4 | 8 | 3 | 1 | 6 | 7 | 2 |
| 7 | 2 | 1 | 6 | 9 | 4 | 5 | 3 | 8 |

## 141

| 3 | 6 | 4 | 7 | 1 | 9 | 5 | 2 | 8 |
| 9 | 1 | 8 | 2 | 3 | 5 | 4 | 6 | 7 |
| 7 | 2 | 5 | 6 | 4 | 8 | 1 | 3 | 9 |
| 8 | 7 | 2 | 3 | 9 | 1 | 6 | 5 | 4 |
| 5 | 3 | 1 | 8 | 6 | 4 | 9 | 7 | 2 |
| 6 | 4 | 9 | 5 | 7 | 2 | 3 | 8 | 1 |
| 2 | 9 | 6 | 1 | 8 | 3 | 7 | 4 | 5 |
| 1 | 8 | 7 | 4 | 5 | 6 | 2 | 9 | 3 |
| 4 | 5 | 3 | 9 | 2 | 7 | 8 | 1 | 6 |

## 142

| 8 | 5 | 7 | 1 | 3 | 2 | 6 | 4 | 9 |
| 3 | 9 | 6 | 5 | 4 | 8 | 1 | 7 | 2 |
| 4 | 1 | 2 | 7 | 9 | 6 | 5 | 3 | 8 |
| 6 | 8 | 4 | 3 | 7 | 1 | 2 | 9 | 5 |
| 2 | 3 | 5 | 6 | 8 | 9 | 4 | 1 | 7 |
| 9 | 7 | 1 | 2 | 5 | 4 | 8 | 6 | 3 |
| 1 | 4 | 3 | 8 | 2 | 7 | 9 | 5 | 6 |
| 5 | 2 | 9 | 4 | 6 | 3 | 7 | 8 | 1 |
| 7 | 6 | 8 | 9 | 1 | 5 | 3 | 2 | 4 |

## 143

| 8 | 2 | 5 | 4 | 1 | 6 | 3 | 9 | 7 |
| 9 | 6 | 4 | 5 | 3 | 7 | 1 | 8 | 2 |
| 3 | 1 | 7 | 8 | 9 | 2 | 5 | 6 | 4 |
| 4 | 9 | 6 | 2 | 5 | 1 | 7 | 3 | 8 |
| 7 | 8 | 2 | 9 | 6 | 3 | 4 | 1 | 5 |
| 5 | 3 | 1 | 7 | 8 | 4 | 6 | 2 | 9 |
| 1 | 4 | 8 | 6 | 2 | 5 | 9 | 7 | 3 |
| 6 | 5 | 9 | 3 | 7 | 8 | 2 | 4 | 1 |
| 2 | 7 | 3 | 1 | 4 | 9 | 8 | 5 | 6 |

## 144

| 5 | 8 | 4 | 1 | 7 | 6 | 3 | 2 | 9 |
| 2 | 3 | 6 | 9 | 4 | 8 | 5 | 1 | 7 |
| 9 | 1 | 7 | 5 | 2 | 3 | 4 | 8 | 6 |
| 3 | 2 | 8 | 7 | 5 | 1 | 9 | 6 | 4 |
| 1 | 7 | 9 | 3 | 6 | 4 | 2 | 5 | 8 |
| 6 | 4 | 5 | 2 | 8 | 9 | 1 | 7 | 3 |
| 4 | 5 | 1 | 8 | 9 | 7 | 6 | 3 | 2 |
| 8 | 9 | 3 | 6 | 1 | 2 | 7 | 4 | 5 |
| 7 | 6 | 2 | 4 | 3 | 5 | 8 | 9 | 1 |

## 145

| 5 | 2 | 7 | 4 | 1 | 3 | 9 | 8 | 6 |
|---|---|---|---|---|---|---|---|---|
| 3 | 8 | 9 | 5 | 6 | 7 | 4 | 1 | 2 |
| 4 | 1 | 6 | 9 | 2 | 8 | 7 | 5 | 3 |
| 6 | 7 | 1 | 2 | 5 | 4 | 8 | 3 | 9 |
| 9 | 3 | 8 | 6 | 7 | 1 | 5 | 2 | 4 |
| 2 | 5 | 4 | 3 | 8 | 9 | 1 | 6 | 7 |
| 7 | 9 | 5 | 1 | 3 | 6 | 2 | 4 | 8 |
| 8 | 6 | 2 | 7 | 4 | 5 | 3 | 9 | 1 |
| 1 | 4 | 3 | 8 | 9 | 2 | 6 | 7 | 5 |

## 146

| 6 | 7 | 2 | 5 | 3 | 9 | 4 | 1 | 8 |
|---|---|---|---|---|---|---|---|---|
| 5 | 9 | 4 | 2 | 1 | 8 | 6 | 3 | 7 |
| 8 | 1 | 3 | 7 | 6 | 4 | 5 | 9 | 2 |
| 2 | 3 | 9 | 8 | 4 | 5 | 7 | 6 | 1 |
| 1 | 5 | 8 | 9 | 7 | 6 | 2 | 4 | 3 |
| 7 | 4 | 6 | 3 | 2 | 1 | 8 | 5 | 9 |
| 3 | 8 | 1 | 4 | 5 | 2 | 9 | 7 | 6 |
| 4 | 2 | 7 | 6 | 9 | 3 | 1 | 8 | 5 |
| 9 | 6 | 5 | 1 | 8 | 7 | 3 | 2 | 4 |

## 147

| 5 | 7 | 2 | 4 | 3 | 6 | 9 | 1 | 8 |
|---|---|---|---|---|---|---|---|---|
| 9 | 1 | 8 | 5 | 2 | 7 | 3 | 4 | 6 |
| 4 | 3 | 6 | 1 | 8 | 9 | 2 | 7 | 5 |
| 8 | 4 | 5 | 3 | 7 | 1 | 6 | 2 | 9 |
| 2 | 6 | 1 | 9 | 4 | 5 | 7 | 8 | 3 |
| 3 | 9 | 7 | 8 | 6 | 2 | 1 | 5 | 4 |
| 6 | 5 | 9 | 7 | 1 | 4 | 8 | 3 | 2 |
| 7 | 8 | 4 | 2 | 9 | 3 | 5 | 6 | 1 |
| 1 | 2 | 3 | 6 | 5 | 8 | 4 | 9 | 7 |

## 148

| 3 | 9 | 6 | 2 | 1 | 5 | 7 | 4 | 8 |
|---|---|---|---|---|---|---|---|---|
| 4 | 5 | 7 | 9 | 3 | 8 | 1 | 2 | 6 |
| 8 | 2 | 1 | 4 | 7 | 6 | 9 | 3 | 5 |
| 6 | 8 | 9 | 5 | 4 | 2 | 3 | 7 | 1 |
| 5 | 7 | 3 | 8 | 9 | 1 | 2 | 6 | 4 |
| 2 | 1 | 4 | 3 | 6 | 7 | 5 | 8 | 9 |
| 1 | 6 | 8 | 7 | 5 | 3 | 4 | 9 | 2 |
| 9 | 3 | 2 | 1 | 8 | 4 | 6 | 5 | 7 |
| 7 | 4 | 5 | 6 | 2 | 9 | 8 | 1 | 3 |

## 149

| 2 | 8 | 4 | 6 | 7 | 3 | 5 | 1 | 9 |
| 5 | 9 | 1 | 4 | 2 | 8 | 3 | 7 | 6 |
| 7 | 3 | 6 | 9 | 1 | 5 | 4 | 8 | 2 |
| 3 | 1 | 7 | 2 | 9 | 4 | 6 | 5 | 8 |
| 6 | 5 | 8 | 7 | 3 | 1 | 2 | 9 | 4 |
| 9 | 4 | 2 | 5 | 8 | 6 | 1 | 3 | 7 |
| 8 | 7 | 5 | 3 | 4 | 2 | 9 | 6 | 1 |
| 4 | 6 | 9 | 1 | 5 | 7 | 8 | 2 | 3 |
| 1 | 2 | 3 | 8 | 6 | 9 | 7 | 4 | 5 |

## 150

| 5 | 9 | 2 | 7 | 1 | 3 | 4 | 8 | 6 |
| 3 | 6 | 4 | 8 | 2 | 5 | 1 | 7 | 9 |
| 8 | 7 | 1 | 4 | 9 | 6 | 5 | 3 | 2 |
| 1 | 4 | 9 | 2 | 3 | 7 | 6 | 5 | 8 |
| 2 | 8 | 7 | 5 | 6 | 1 | 9 | 4 | 3 |
| 6 | 3 | 5 | 9 | 8 | 4 | 7 | 2 | 1 |
| 7 | 1 | 8 | 3 | 5 | 9 | 2 | 6 | 4 |
| 9 | 5 | 3 | 6 | 4 | 2 | 8 | 1 | 7 |
| 4 | 2 | 6 | 1 | 7 | 8 | 3 | 9 | 5 |

## 151

| 9 | 2 | 7 | 3 | 8 | 4 | 1 | 5 | 6 |
| 5 | 8 | 3 | 6 | 7 | 1 | 9 | 4 | 2 |
| 4 | 6 | 1 | 5 | 2 | 9 | 3 | 7 | 8 |
| 7 | 3 | 6 | 8 | 1 | 5 | 4 | 2 | 9 |
| 8 | 4 | 5 | 2 | 9 | 3 | 6 | 1 | 7 |
| 1 | 9 | 2 | 7 | 4 | 6 | 5 | 8 | 3 |
| 6 | 7 | 4 | 1 | 3 | 8 | 2 | 9 | 5 |
| 2 | 5 | 9 | 4 | 6 | 7 | 8 | 3 | 1 |
| 3 | 1 | 8 | 9 | 5 | 2 | 7 | 6 | 4 |

## 152

| 4 | 1 | 5 | 2 | 3 | 7 | 8 | 6 | 9 |
| 2 | 9 | 3 | 8 | 6 | 4 | 5 | 1 | 7 |
| 7 | 8 | 6 | 5 | 1 | 9 | 2 | 3 | 4 |
| 3 | 2 | 7 | 4 | 9 | 5 | 1 | 8 | 6 |
| 5 | 4 | 1 | 6 | 8 | 3 | 9 | 7 | 2 |
| 9 | 6 | 8 | 1 | 7 | 2 | 3 | 4 | 5 |
| 8 | 3 | 2 | 7 | 5 | 6 | 4 | 9 | 1 |
| 6 | 5 | 9 | 3 | 4 | 1 | 7 | 2 | 8 |
| 1 | 7 | 4 | 9 | 2 | 8 | 6 | 5 | 3 |

## 153

| 4 | 6 | 5 | 7 | 9 | 8 | 3 | 1 | 2 |
| 1 | 8 | 3 | 5 | 6 | 2 | 7 | 4 | 9 |
| 2 | 7 | 9 | 3 | 1 | 4 | 8 | 6 | 5 |
| 8 | 5 | 4 | 2 | 3 | 9 | 1 | 7 | 6 |
| 7 | 3 | 1 | 4 | 5 | 6 | 9 | 2 | 8 |
| 6 | 9 | 2 | 8 | 7 | 1 | 5 | 3 | 4 |
| 3 | 4 | 8 | 1 | 2 | 5 | 6 | 9 | 7 |
| 9 | 2 | 7 | 6 | 8 | 3 | 4 | 5 | 1 |
| 5 | 1 | 6 | 9 | 4 | 7 | 2 | 8 | 3 |

## 154

| 9 | 1 | 7 | 4 | 6 | 5 | 8 | 3 | 2 |
| 8 | 3 | 4 | 2 | 9 | 7 | 1 | 6 | 5 |
| 2 | 6 | 5 | 8 | 3 | 1 | 7 | 9 | 4 |
| 4 | 7 | 8 | 3 | 2 | 9 | 6 | 5 | 1 |
| 6 | 9 | 3 | 1 | 5 | 4 | 2 | 7 | 8 |
| 1 | 5 | 2 | 6 | 7 | 8 | 3 | 4 | 9 |
| 5 | 4 | 6 | 7 | 8 | 2 | 9 | 1 | 3 |
| 3 | 2 | 9 | 5 | 1 | 6 | 4 | 8 | 7 |
| 7 | 8 | 1 | 9 | 4 | 3 | 5 | 2 | 6 |

## 155

| 2 | 5 | 8 | 6 | 1 | 7 | 9 | 4 | 3 |
| 7 | 3 | 4 | 9 | 2 | 8 | 5 | 6 | 1 |
| 6 | 1 | 9 | 5 | 3 | 4 | 8 | 2 | 7 |
| 1 | 4 | 6 | 7 | 8 | 5 | 3 | 9 | 2 |
| 9 | 8 | 7 | 3 | 6 | 2 | 1 | 5 | 4 |
| 3 | 2 | 5 | 1 | 4 | 9 | 6 | 7 | 8 |
| 8 | 7 | 1 | 4 | 5 | 6 | 2 | 3 | 9 |
| 5 | 9 | 2 | 8 | 7 | 3 | 4 | 1 | 6 |
| 4 | 6 | 3 | 2 | 9 | 1 | 7 | 8 | 5 |

## 156

| 7 | 3 | 8 | 1 | 5 | 4 | 2 | 9 | 6 |
| 6 | 9 | 4 | 8 | 7 | 2 | 1 | 3 | 5 |
| 2 | 1 | 5 | 3 | 9 | 6 | 8 | 7 | 4 |
| 8 | 6 | 7 | 5 | 2 | 3 | 9 | 4 | 1 |
| 9 | 5 | 3 | 6 | 4 | 1 | 7 | 8 | 2 |
| 4 | 2 | 1 | 7 | 8 | 9 | 6 | 5 | 3 |
| 5 | 7 | 6 | 2 | 3 | 8 | 4 | 1 | 9 |
| 3 | 4 | 2 | 9 | 1 | 7 | 5 | 6 | 8 |
| 1 | 8 | 9 | 4 | 6 | 5 | 3 | 2 | 7 |

## 157

| 8 | 7 | 6 | 9 | 4 | 5 | 3 | 2 | 1 |
| 9 | 3 | 1 | 6 | 8 | 2 | 4 | 7 | 5 |
| 2 | 4 | 5 | 1 | 7 | 3 | 9 | 8 | 6 |
| 6 | 5 | 7 | 8 | 3 | 4 | 1 | 9 | 2 |
| 3 | 9 | 8 | 5 | 2 | 1 | 7 | 6 | 4 |
| 1 | 2 | 4 | 7 | 9 | 6 | 8 | 5 | 3 |
| 4 | 8 | 3 | 2 | 5 | 7 | 6 | 1 | 9 |
| 5 | 6 | 9 | 3 | 1 | 8 | 2 | 4 | 7 |
| 7 | 1 | 2 | 4 | 6 | 9 | 5 | 3 | 8 |

## 158

| 1 | 9 | 8 | 5 | 7 | 3 | 6 | 4 | 2 |
| 4 | 6 | 3 | 9 | 8 | 2 | 7 | 5 | 1 |
| 5 | 2 | 7 | 6 | 1 | 4 | 3 | 9 | 8 |
| 9 | 5 | 6 | 1 | 2 | 8 | 4 | 7 | 3 |
| 8 | 7 | 2 | 4 | 3 | 9 | 1 | 6 | 5 |
| 3 | 4 | 1 | 7 | 5 | 6 | 2 | 8 | 9 |
| 6 | 1 | 9 | 2 | 4 | 5 | 8 | 3 | 7 |
| 2 | 3 | 4 | 8 | 9 | 7 | 5 | 1 | 6 |
| 7 | 8 | 5 | 3 | 6 | 1 | 9 | 2 | 4 |

## 159

| 5 | 9 | 4 | 6 | 2 | 3 | 8 | 1 | 7 |
| 8 | 1 | 3 | 4 | 7 | 5 | 9 | 6 | 2 |
| 2 | 7 | 6 | 1 | 9 | 8 | 5 | 4 | 3 |
| 3 | 4 | 2 | 9 | 1 | 7 | 6 | 5 | 8 |
| 9 | 8 | 1 | 3 | 5 | 6 | 7 | 2 | 4 |
| 6 | 5 | 7 | 8 | 4 | 2 | 1 | 3 | 9 |
| 7 | 6 | 5 | 2 | 3 | 9 | 4 | 8 | 1 |
| 1 | 3 | 9 | 5 | 8 | 4 | 2 | 7 | 6 |
| 4 | 2 | 8 | 7 | 6 | 1 | 3 | 9 | 5 |

## 160

| 8 | 4 | 6 | 1 | 9 | 7 | 5 | 3 | 2 |
| 9 | 3 | 7 | 2 | 4 | 5 | 6 | 8 | 1 |
| 2 | 5 | 1 | 3 | 6 | 8 | 7 | 4 | 9 |
| 6 | 7 | 5 | 4 | 1 | 3 | 9 | 2 | 8 |
| 1 | 9 | 3 | 5 | 8 | 2 | 4 | 6 | 7 |
| 4 | 8 | 2 | 6 | 7 | 9 | 1 | 5 | 3 |
| 3 | 6 | 8 | 9 | 5 | 1 | 2 | 7 | 4 |
| 5 | 2 | 9 | 7 | 3 | 4 | 8 | 1 | 6 |
| 7 | 1 | 4 | 8 | 2 | 6 | 3 | 9 | 5 |

## 161

| 5 | 4 | 6 | 3 | 8 | 1 | 2 | 7 | 9 |
|---|---|---|---|---|---|---|---|---|
| 7 | 8 | 9 | 4 | 5 | 2 | 3 | 6 | 1 |
| 2 | 1 | 3 | 6 | 9 | 7 | 8 | 5 | 4 |
| 8 | 5 | 7 | 9 | 1 | 3 | 6 | 4 | 2 |
| 4 | 6 | 2 | 8 | 7 | 5 | 9 | 1 | 3 |
| 3 | 9 | 1 | 2 | 4 | 6 | 7 | 8 | 5 |
| 1 | 2 | 8 | 7 | 3 | 4 | 5 | 9 | 6 |
| 6 | 7 | 5 | 1 | 2 | 9 | 4 | 3 | 8 |
| 9 | 3 | 4 | 5 | 6 | 8 | 1 | 2 | 7 |

## 162

| 6 | 5 | 1 | 8 | 9 | 3 | 4 | 2 | 7 |
|---|---|---|---|---|---|---|---|---|
| 7 | 4 | 9 | 1 | 2 | 6 | 8 | 5 | 3 |
| 8 | 2 | 3 | 5 | 7 | 4 | 9 | 6 | 1 |
| 9 | 6 | 2 | 3 | 5 | 1 | 7 | 8 | 4 |
| 1 | 7 | 8 | 4 | 6 | 9 | 2 | 3 | 5 |
| 5 | 3 | 4 | 2 | 8 | 7 | 6 | 1 | 9 |
| 3 | 1 | 6 | 9 | 4 | 8 | 5 | 7 | 2 |
| 2 | 9 | 7 | 6 | 3 | 5 | 1 | 4 | 8 |
| 4 | 8 | 5 | 7 | 1 | 2 | 3 | 9 | 6 |

## 163

| 8 | 2 | 6 | 5 | 7 | 3 | 9 | 4 | 1 |
|---|---|---|---|---|---|---|---|---|
| 4 | 1 | 9 | 6 | 2 | 8 | 5 | 7 | 3 |
| 7 | 3 | 5 | 1 | 9 | 4 | 2 | 6 | 8 |
| 3 | 9 | 4 | 2 | 8 | 1 | 6 | 5 | 7 |
| 5 | 6 | 1 | 3 | 4 | 7 | 8 | 2 | 9 |
| 2 | 7 | 8 | 9 | 6 | 5 | 3 | 1 | 4 |
| 9 | 5 | 7 | 4 | 3 | 6 | 1 | 8 | 2 |
| 1 | 4 | 2 | 8 | 5 | 9 | 7 | 3 | 6 |
| 6 | 8 | 3 | 7 | 1 | 2 | 4 | 9 | 5 |

## 164

| 7 | 5 | 8 | 1 | 4 | 6 | 2 | 9 | 3 |
|---|---|---|---|---|---|---|---|---|
| 9 | 1 | 3 | 8 | 7 | 2 | 4 | 6 | 5 |
| 2 | 4 | 6 | 5 | 9 | 3 | 8 | 1 | 7 |
| 3 | 9 | 5 | 6 | 8 | 1 | 7 | 2 | 4 |
| 1 | 2 | 7 | 9 | 3 | 4 | 6 | 5 | 8 |
| 8 | 6 | 4 | 7 | 2 | 5 | 1 | 3 | 9 |
| 4 | 8 | 2 | 3 | 1 | 9 | 5 | 7 | 6 |
| 6 | 7 | 9 | 2 | 5 | 8 | 3 | 4 | 1 |
| 5 | 3 | 1 | 4 | 6 | 7 | 9 | 8 | 2 |

## 165

| 8 | 1 | 5 | 6 | 3 | 7 | 9 | 4 | 2 |
|---|---|---|---|---|---|---|---|---|
| 7 | 2 | 6 | 4 | 5 | 9 | 3 | 1 | 8 |
| 9 | 3 | 4 | 8 | 1 | 2 | 7 | 6 | 5 |
| 6 | 4 | 8 | 7 | 9 | 5 | 2 | 3 | 1 |
| 5 | 7 | 2 | 3 | 8 | 1 | 6 | 9 | 4 |
| 3 | 9 | 1 | 2 | 4 | 6 | 5 | 8 | 7 |
| 4 | 5 | 7 | 9 | 6 | 8 | 1 | 2 | 3 |
| 2 | 6 | 3 | 1 | 7 | 4 | 8 | 5 | 9 |
| 1 | 8 | 9 | 5 | 2 | 3 | 4 | 7 | 6 |

## 166

| 1 | 6 | 5 | 9 | 8 | 7 | 2 | 4 | 3 |
|---|---|---|---|---|---|---|---|---|
| 2 | 9 | 8 | 3 | 4 | 5 | 6 | 1 | 7 |
| 3 | 7 | 4 | 2 | 6 | 1 | 5 | 8 | 9 |
| 8 | 4 | 6 | 7 | 9 | 3 | 1 | 2 | 5 |
| 9 | 1 | 3 | 5 | 2 | 4 | 8 | 7 | 6 |
| 5 | 2 | 7 | 8 | 1 | 6 | 3 | 9 | 4 |
| 7 | 5 | 9 | 1 | 3 | 2 | 4 | 6 | 8 |
| 6 | 3 | 1 | 4 | 7 | 8 | 9 | 5 | 2 |
| 4 | 8 | 2 | 6 | 5 | 9 | 7 | 3 | 1 |

## 167

| 8 | 9 | 4 | 2 | 3 | 5 | 7 | 6 | 1 |
|---|---|---|---|---|---|---|---|---|
| 7 | 3 | 1 | 6 | 9 | 8 | 4 | 2 | 5 |
| 2 | 5 | 6 | 7 | 1 | 4 | 9 | 8 | 3 |
| 1 | 2 | 3 | 5 | 8 | 9 | 6 | 4 | 7 |
| 9 | 7 | 5 | 4 | 2 | 6 | 3 | 1 | 8 |
| 4 | 6 | 8 | 3 | 7 | 1 | 2 | 5 | 9 |
| 5 | 8 | 2 | 9 | 6 | 3 | 1 | 7 | 4 |
| 6 | 4 | 9 | 1 | 5 | 7 | 8 | 3 | 2 |
| 3 | 1 | 7 | 8 | 4 | 2 | 5 | 9 | 6 |

## 168

| 2 | 6 | 1 | 7 | 3 | 5 | 8 | 9 | 4 |
|---|---|---|---|---|---|---|---|---|
| 5 | 3 | 8 | 4 | 9 | 2 | 7 | 1 | 6 |
| 4 | 7 | 9 | 8 | 6 | 1 | 5 | 3 | 2 |
| 6 | 8 | 5 | 1 | 4 | 7 | 3 | 2 | 9 |
| 3 | 2 | 4 | 6 | 5 | 9 | 1 | 8 | 7 |
| 1 | 9 | 7 | 3 | 2 | 8 | 4 | 6 | 5 |
| 7 | 5 | 3 | 9 | 1 | 6 | 2 | 4 | 8 |
| 8 | 4 | 6 | 2 | 7 | 3 | 9 | 5 | 1 |
| 9 | 1 | 2 | 5 | 8 | 4 | 6 | 7 | 3 |

## 169

| 6 | 1 | 3 | 8 | 4 | 9 | 7 | 2 | 5 |
|---|---|---|---|---|---|---|---|---|
| 5 | 2 | 4 | 7 | 3 | 1 | 8 | 9 | 6 |
| 7 | 9 | 8 | 5 | 2 | 6 | 3 | 4 | 1 |
| 8 | 3 | 6 | 2 | 5 | 7 | 4 | 1 | 9 |
| 1 | 5 | 7 | 3 | 9 | 4 | 2 | 6 | 8 |
| 9 | 4 | 2 | 1 | 6 | 8 | 5 | 7 | 3 |
| 3 | 6 | 9 | 4 | 7 | 5 | 1 | 8 | 2 |
| 2 | 7 | 1 | 9 | 8 | 3 | 6 | 5 | 4 |
| 4 | 8 | 5 | 6 | 1 | 2 | 9 | 3 | 7 |

## 170

| 5 | 8 | 9 | 1 | 7 | 4 | 3 | 2 | 6 |
|---|---|---|---|---|---|---|---|---|
| 3 | 7 | 6 | 8 | 5 | 2 | 1 | 9 | 4 |
| 4 | 1 | 2 | 9 | 6 | 3 | 7 | 8 | 5 |
| 1 | 6 | 4 | 7 | 8 | 5 | 9 | 3 | 2 |
| 9 | 2 | 8 | 3 | 1 | 6 | 4 | 5 | 7 |
| 7 | 5 | 3 | 4 | 2 | 9 | 8 | 6 | 1 |
| 6 | 9 | 1 | 2 | 3 | 7 | 5 | 4 | 8 |
| 8 | 3 | 5 | 6 | 4 | 1 | 2 | 7 | 9 |
| 2 | 4 | 7 | 5 | 9 | 8 | 6 | 1 | 3 |

## 171

| 8 | 3 | 2 | 6 | 4 | 9 | 7 | 5 | 1 |
|---|---|---|---|---|---|---|---|---|
| 4 | 6 | 7 | 2 | 1 | 5 | 8 | 9 | 3 |
| 9 | 5 | 1 | 3 | 8 | 7 | 2 | 4 | 6 |
| 3 | 7 | 4 | 5 | 9 | 6 | 1 | 8 | 2 |
| 5 | 2 | 9 | 8 | 7 | 1 | 3 | 6 | 4 |
| 1 | 8 | 6 | 4 | 2 | 3 | 9 | 7 | 5 |
| 7 | 4 | 3 | 9 | 6 | 2 | 5 | 1 | 8 |
| 2 | 9 | 8 | 1 | 5 | 4 | 6 | 3 | 7 |
| 6 | 1 | 5 | 7 | 3 | 8 | 4 | 2 | 9 |

## 172

| 7 | 4 | 8 | 2 | 6 | 5 | 1 | 3 | 9 |
|---|---|---|---|---|---|---|---|---|
| 5 | 9 | 1 | 3 | 4 | 8 | 6 | 2 | 7 |
| 3 | 2 | 6 | 9 | 1 | 7 | 5 | 4 | 8 |
| 2 | 1 | 4 | 5 | 7 | 3 | 8 | 9 | 6 |
| 6 | 5 | 9 | 8 | 2 | 1 | 4 | 7 | 3 |
| 8 | 7 | 3 | 4 | 9 | 6 | 2 | 5 | 1 |
| 9 | 8 | 7 | 6 | 5 | 2 | 3 | 1 | 4 |
| 4 | 3 | 5 | 1 | 8 | 9 | 7 | 6 | 2 |
| 1 | 6 | 2 | 7 | 3 | 4 | 9 | 8 | 5 |

## 173

| 9 | 7 | 2 | 4 | 8 | 5 | 6 | 3 | 1 |
| 5 | 8 | 6 | 1 | 3 | 2 | 7 | 9 | 4 |
| 1 | 4 | 3 | 7 | 6 | 9 | 2 | 5 | 8 |
| 3 | 9 | 5 | 2 | 1 | 6 | 8 | 4 | 7 |
| 7 | 1 | 8 | 9 | 4 | 3 | 5 | 6 | 2 |
| 6 | 2 | 4 | 8 | 5 | 7 | 3 | 1 | 9 |
| 8 | 3 | 9 | 6 | 2 | 4 | 1 | 7 | 5 |
| 4 | 5 | 1 | 3 | 7 | 8 | 9 | 2 | 6 |
| 2 | 6 | 7 | 5 | 9 | 1 | 4 | 8 | 3 |

## 174

| 2 | 4 | 3 | 7 | 9 | 8 | 1 | 6 | 5 |
| 1 | 8 | 6 | 4 | 3 | 5 | 7 | 9 | 2 |
| 5 | 7 | 9 | 6 | 2 | 1 | 4 | 3 | 8 |
| 7 | 3 | 4 | 1 | 5 | 6 | 8 | 2 | 9 |
| 9 | 5 | 2 | 3 | 8 | 4 | 6 | 7 | 1 |
| 6 | 1 | 8 | 9 | 7 | 2 | 5 | 4 | 3 |
| 8 | 6 | 7 | 2 | 1 | 3 | 9 | 5 | 4 |
| 4 | 2 | 5 | 8 | 6 | 9 | 3 | 1 | 7 |
| 3 | 9 | 1 | 5 | 4 | 7 | 2 | 8 | 6 |

## 175

| 6 | 1 | 5 | 2 | 7 | 3 | 4 | 9 | 8 |
| 7 | 3 | 8 | 6 | 9 | 4 | 1 | 2 | 5 |
| 4 | 2 | 9 | 1 | 5 | 8 | 7 | 6 | 3 |
| 2 | 6 | 7 | 5 | 8 | 1 | 9 | 3 | 4 |
| 1 | 9 | 4 | 3 | 6 | 2 | 8 | 5 | 7 |
| 8 | 5 | 3 | 9 | 4 | 7 | 6 | 1 | 2 |
| 5 | 7 | 6 | 8 | 3 | 9 | 2 | 4 | 1 |
| 9 | 8 | 2 | 4 | 1 | 5 | 3 | 7 | 6 |
| 3 | 4 | 1 | 7 | 2 | 6 | 5 | 8 | 9 |

## 176

| 3 | 1 | 5 | 6 | 2 | 8 | 9 | 7 | 4 |
| 4 | 6 | 9 | 7 | 1 | 3 | 2 | 5 | 8 |
| 7 | 2 | 8 | 5 | 9 | 4 | 6 | 1 | 3 |
| 5 | 7 | 4 | 2 | 6 | 9 | 3 | 8 | 1 |
| 2 | 9 | 3 | 1 | 8 | 7 | 5 | 4 | 6 |
| 6 | 8 | 1 | 3 | 4 | 5 | 7 | 9 | 2 |
| 1 | 4 | 7 | 9 | 3 | 6 | 8 | 2 | 5 |
| 9 | 3 | 2 | 8 | 5 | 1 | 4 | 6 | 7 |
| 8 | 5 | 6 | 4 | 7 | 2 | 1 | 3 | 9 |

## 177

| 9 | 3 | 7 | 8 | 5 | 4 | 6 | 1 | 2 |
|---|---|---|---|---|---|---|---|---|
| 8 | 4 | 1 | 7 | 2 | 6 | 5 | 9 | 3 |
| 2 | 5 | 6 | 1 | 3 | 9 | 7 | 4 | 8 |
| 6 | 2 | 5 | 3 | 1 | 7 | 4 | 8 | 9 |
| 7 | 8 | 9 | 5 | 4 | 2 | 1 | 3 | 6 |
| 4 | 1 | 3 | 6 | 9 | 8 | 2 | 7 | 5 |
| 5 | 9 | 2 | 4 | 7 | 3 | 8 | 6 | 1 |
| 1 | 7 | 8 | 9 | 6 | 5 | 3 | 2 | 4 |
| 3 | 6 | 4 | 2 | 8 | 1 | 9 | 5 | 7 |

## 178

| 3 | 8 | 2 | 6 | 9 | 4 | 5 | 1 | 7 |
|---|---|---|---|---|---|---|---|---|
| 9 | 5 | 6 | 1 | 2 | 7 | 4 | 3 | 8 |
| 1 | 7 | 4 | 3 | 8 | 5 | 6 | 9 | 2 |
| 7 | 6 | 8 | 4 | 1 | 9 | 3 | 2 | 5 |
| 4 | 2 | 9 | 5 | 7 | 3 | 8 | 6 | 1 |
| 5 | 1 | 3 | 2 | 6 | 8 | 7 | 4 | 9 |
| 2 | 9 | 5 | 7 | 3 | 6 | 1 | 8 | 4 |
| 6 | 4 | 1 | 8 | 5 | 2 | 9 | 7 | 3 |
| 8 | 3 | 7 | 9 | 4 | 1 | 2 | 5 | 6 |

## 179

| 8 | 3 | 1 | 6 | 4 | 2 | 7 | 9 | 5 |
|---|---|---|---|---|---|---|---|---|
| 9 | 2 | 5 | 7 | 3 | 1 | 8 | 6 | 4 |
| 6 | 4 | 7 | 5 | 8 | 9 | 2 | 1 | 3 |
| 7 | 5 | 9 | 1 | 2 | 4 | 6 | 3 | 8 |
| 3 | 1 | 4 | 8 | 6 | 7 | 5 | 2 | 9 |
| 2 | 6 | 8 | 3 | 9 | 5 | 1 | 4 | 7 |
| 1 | 8 | 6 | 9 | 7 | 3 | 4 | 5 | 2 |
| 4 | 7 | 3 | 2 | 5 | 6 | 9 | 8 | 1 |
| 5 | 9 | 2 | 4 | 1 | 8 | 3 | 7 | 6 |

## 180

| 4 | 7 | 2 | 8 | 6 | 9 | 1 | 5 | 3 |
|---|---|---|---|---|---|---|---|---|
| 9 | 5 | 3 | 2 | 1 | 7 | 6 | 8 | 4 |
| 6 | 8 | 1 | 4 | 5 | 3 | 9 | 2 | 7 |
| 1 | 3 | 7 | 9 | 2 | 8 | 5 | 4 | 6 |
| 2 | 9 | 4 | 5 | 3 | 6 | 7 | 1 | 8 |
| 5 | 6 | 8 | 7 | 4 | 1 | 3 | 9 | 2 |
| 8 | 2 | 9 | 3 | 7 | 5 | 4 | 6 | 1 |
| 7 | 1 | 5 | 6 | 8 | 4 | 2 | 3 | 9 |
| 3 | 4 | 6 | 1 | 9 | 2 | 8 | 7 | 5 |

## 181

| 4 | 3 | 6 | 7 | 8 | 1 | 2 | 9 | 5 |
|---|---|---|---|---|---|---|---|---|
| 9 | 5 | 8 | 2 | 3 | 6 | 4 | 7 | 1 |
| 1 | 7 | 2 | 5 | 4 | 9 | 8 | 6 | 3 |
| 5 | 8 | 9 | 1 | 2 | 3 | 6 | 4 | 7 |
| 7 | 2 | 1 | 4 | 6 | 8 | 3 | 5 | 9 |
| 6 | 4 | 3 | 9 | 5 | 7 | 1 | 2 | 8 |
| 8 | 1 | 5 | 6 | 9 | 2 | 7 | 3 | 4 |
| 3 | 6 | 4 | 8 | 7 | 5 | 9 | 1 | 2 |
| 2 | 9 | 7 | 3 | 1 | 4 | 5 | 8 | 6 |

## 182

| 7 | 5 | 1 | 2 | 8 | 9 | 4 | 6 | 3 |
|---|---|---|---|---|---|---|---|---|
| 3 | 2 | 8 | 6 | 4 | 5 | 7 | 1 | 9 |
| 6 | 9 | 4 | 7 | 3 | 1 | 2 | 5 | 8 |
| 9 | 8 | 7 | 5 | 6 | 2 | 1 | 3 | 4 |
| 4 | 1 | 3 | 8 | 9 | 7 | 6 | 2 | 5 |
| 2 | 6 | 5 | 3 | 1 | 4 | 9 | 8 | 7 |
| 5 | 3 | 9 | 4 | 2 | 6 | 8 | 7 | 1 |
| 8 | 4 | 6 | 1 | 7 | 3 | 5 | 9 | 2 |
| 1 | 7 | 2 | 9 | 5 | 8 | 3 | 4 | 6 |

## 183

| 2 | 1 | 5 | 8 | 9 | 3 | 6 | 7 | 4 |
|---|---|---|---|---|---|---|---|---|
| 9 | 3 | 4 | 1 | 6 | 7 | 2 | 8 | 5 |
| 8 | 7 | 6 | 4 | 5 | 2 | 1 | 3 | 9 |
| 4 | 6 | 7 | 3 | 8 | 5 | 9 | 1 | 2 |
| 3 | 2 | 9 | 6 | 4 | 1 | 7 | 5 | 8 |
| 5 | 8 | 1 | 7 | 2 | 9 | 3 | 4 | 6 |
| 6 | 4 | 3 | 2 | 7 | 8 | 5 | 9 | 1 |
| 1 | 5 | 2 | 9 | 3 | 4 | 8 | 6 | 7 |
| 7 | 9 | 8 | 5 | 1 | 6 | 4 | 2 | 3 |

## 184

| 3 | 1 | 5 | 7 | 9 | 6 | 8 | 4 | 2 |
|---|---|---|---|---|---|---|---|---|
| 9 | 2 | 7 | 3 | 8 | 4 | 6 | 5 | 1 |
| 4 | 8 | 6 | 1 | 2 | 5 | 3 | 9 | 7 |
| 7 | 9 | 1 | 2 | 6 | 3 | 4 | 8 | 5 |
| 2 | 4 | 3 | 8 | 5 | 7 | 1 | 6 | 9 |
| 6 | 5 | 8 | 4 | 1 | 9 | 2 | 7 | 3 |
| 1 | 3 | 9 | 6 | 7 | 8 | 5 | 2 | 4 |
| 5 | 6 | 4 | 9 | 3 | 2 | 7 | 1 | 8 |
| 8 | 7 | 2 | 5 | 4 | 1 | 9 | 3 | 6 |

## 185

| 7 | 6 | 2 | 5 | 4 | 9 | 1 | 3 | 8 |
|---|---|---|---|---|---|---|---|---|
| 1 | 3 | 9 | 8 | 7 | 2 | 5 | 6 | 4 |
| 4 | 5 | 8 | 6 | 3 | 1 | 7 | 9 | 2 |
| 3 | 8 | 1 | 4 | 5 | 6 | 9 | 2 | 7 |
| 5 | 2 | 7 | 9 | 1 | 3 | 8 | 4 | 6 |
| 9 | 4 | 6 | 7 | 2 | 8 | 3 | 1 | 5 |
| 2 | 7 | 5 | 1 | 9 | 4 | 6 | 8 | 3 |
| 8 | 9 | 4 | 3 | 6 | 5 | 2 | 7 | 1 |
| 6 | 1 | 3 | 2 | 8 | 7 | 4 | 5 | 9 |

## 186

| 6 | 9 | 1 | 5 | 2 | 8 | 4 | 7 | 3 |
|---|---|---|---|---|---|---|---|---|
| 2 | 4 | 7 | 6 | 1 | 3 | 5 | 8 | 9 |
| 8 | 3 | 5 | 9 | 4 | 7 | 2 | 6 | 1 |
| 5 | 1 | 8 | 7 | 9 | 6 | 3 | 4 | 2 |
| 4 | 7 | 2 | 3 | 5 | 1 | 8 | 9 | 6 |
| 9 | 6 | 3 | 4 | 8 | 2 | 7 | 1 | 5 |
| 1 | 8 | 6 | 2 | 7 | 5 | 9 | 3 | 4 |
| 3 | 5 | 9 | 8 | 6 | 4 | 1 | 2 | 7 |
| 7 | 2 | 4 | 1 | 3 | 9 | 6 | 5 | 8 |

## 187

| 4 | 2 | 5 | 3 | 7 | 8 | 6 | 9 | 1 |
|---|---|---|---|---|---|---|---|---|
| 1 | 8 | 6 | 2 | 9 | 5 | 7 | 3 | 4 |
| 7 | 9 | 3 | 4 | 1 | 6 | 8 | 2 | 5 |
| 5 | 3 | 8 | 1 | 6 | 7 | 2 | 4 | 9 |
| 6 | 7 | 2 | 9 | 3 | 4 | 1 | 5 | 8 |
| 9 | 4 | 1 | 8 | 5 | 2 | 3 | 6 | 7 |
| 8 | 1 | 9 | 5 | 2 | 3 | 4 | 7 | 6 |
| 2 | 5 | 7 | 6 | 4 | 1 | 9 | 8 | 3 |
| 3 | 6 | 4 | 7 | 8 | 9 | 5 | 1 | 2 |

## 188

| 2 | 4 | 9 | 8 | 3 | 6 | 1 | 5 | 7 |
|---|---|---|---|---|---|---|---|---|
| 8 | 5 | 1 | 7 | 2 | 9 | 6 | 3 | 4 |
| 3 | 7 | 6 | 4 | 5 | 1 | 8 | 2 | 9 |
| 5 | 9 | 3 | 6 | 7 | 8 | 4 | 1 | 2 |
| 7 | 6 | 4 | 2 | 1 | 3 | 9 | 8 | 5 |
| 1 | 2 | 8 | 9 | 4 | 5 | 7 | 6 | 3 |
| 4 | 3 | 5 | 1 | 6 | 7 | 2 | 9 | 8 |
| 9 | 1 | 2 | 5 | 8 | 4 | 3 | 7 | 6 |
| 6 | 8 | 7 | 3 | 9 | 2 | 5 | 4 | 1 |

## 189

| 3 | 7 | 4 | 6 | 9 | 5 | 1 | 2 | 8 |
|---|---|---|---|---|---|---|---|---|
| 8 | 2 | 9 | 1 | 4 | 7 | 3 | 5 | 6 |
| 5 | 1 | 6 | 2 | 3 | 8 | 9 | 7 | 4 |
| 6 | 8 | 7 | 5 | 1 | 4 | 2 | 9 | 3 |
| 1 | 3 | 5 | 9 | 2 | 6 | 4 | 8 | 7 |
| 9 | 4 | 2 | 7 | 8 | 3 | 6 | 1 | 5 |
| 2 | 6 | 8 | 3 | 7 | 1 | 5 | 4 | 9 |
| 4 | 5 | 1 | 8 | 6 | 9 | 7 | 3 | 2 |
| 7 | 9 | 3 | 4 | 5 | 2 | 8 | 6 | 1 |

## 190

| 5 | 2 | 9 | 4 | 6 | 1 | 7 | 3 | 8 |
|---|---|---|---|---|---|---|---|---|
| 1 | 6 | 3 | 8 | 7 | 2 | 5 | 4 | 9 |
| 7 | 8 | 4 | 5 | 3 | 9 | 2 | 1 | 6 |
| 9 | 1 | 8 | 2 | 5 | 7 | 4 | 6 | 3 |
| 6 | 7 | 5 | 3 | 8 | 4 | 9 | 2 | 1 |
| 3 | 4 | 2 | 9 | 1 | 6 | 8 | 7 | 5 |
| 8 | 9 | 7 | 6 | 4 | 3 | 1 | 5 | 2 |
| 4 | 5 | 6 | 1 | 2 | 8 | 3 | 9 | 7 |
| 2 | 3 | 1 | 7 | 9 | 5 | 6 | 8 | 4 |

## 191

| 6 | 9 | 3 | 7 | 8 | 5 | 1 | 2 | 4 |
|---|---|---|---|---|---|---|---|---|
| 7 | 1 | 5 | 4 | 2 | 3 | 8 | 9 | 6 |
| 2 | 8 | 4 | 9 | 1 | 6 | 5 | 3 | 7 |
| 5 | 2 | 6 | 8 | 3 | 1 | 4 | 7 | 9 |
| 3 | 7 | 8 | 6 | 4 | 9 | 2 | 5 | 1 |
| 9 | 4 | 1 | 5 | 7 | 2 | 3 | 6 | 8 |
| 4 | 5 | 7 | 2 | 6 | 8 | 9 | 1 | 3 |
| 8 | 3 | 9 | 1 | 5 | 7 | 6 | 4 | 2 |
| 1 | 6 | 2 | 3 | 9 | 4 | 7 | 8 | 5 |

## 192

| 6 | 8 | 2 | 4 | 5 | 9 | 3 | 1 | 7 |
|---|---|---|---|---|---|---|---|---|
| 9 | 4 | 1 | 3 | 7 | 6 | 5 | 2 | 8 |
| 3 | 7 | 5 | 8 | 2 | 1 | 9 | 4 | 6 |
| 1 | 2 | 9 | 6 | 3 | 4 | 7 | 8 | 5 |
| 5 | 3 | 8 | 2 | 9 | 7 | 4 | 6 | 1 |
| 4 | 6 | 7 | 1 | 8 | 5 | 2 | 9 | 3 |
| 2 | 9 | 6 | 5 | 1 | 3 | 8 | 7 | 4 |
| 8 | 5 | 4 | 7 | 6 | 2 | 1 | 3 | 9 |
| 7 | 1 | 3 | 9 | 4 | 8 | 6 | 5 | 2 |

## 193

| 5 | 7 | 3 | 1 | 8 | 9 | 4 | 6 | 2 |
|---|---|---|---|---|---|---|---|---|
| 1 | 6 | 9 | 4 | 5 | 2 | 8 | 3 | 7 |
| 4 | 8 | 2 | 6 | 3 | 7 | 1 | 9 | 5 |
| 9 | 2 | 5 | 3 | 6 | 8 | 7 | 1 | 4 |
| 3 | 4 | 8 | 7 | 9 | 1 | 2 | 5 | 6 |
| 6 | 1 | 7 | 5 | 2 | 4 | 3 | 8 | 9 |
| 7 | 3 | 6 | 8 | 4 | 5 | 9 | 2 | 1 |
| 8 | 9 | 1 | 2 | 7 | 6 | 5 | 4 | 3 |
| 2 | 5 | 4 | 9 | 1 | 3 | 6 | 7 | 8 |

## 194

| 7 | 2 | 9 | 1 | 3 | 5 | 4 | 6 | 8 |
|---|---|---|---|---|---|---|---|---|
| 6 | 8 | 3 | 9 | 4 | 2 | 7 | 1 | 5 |
| 5 | 4 | 1 | 8 | 7 | 6 | 2 | 9 | 3 |
| 9 | 1 | 7 | 3 | 5 | 4 | 6 | 8 | 2 |
| 8 | 5 | 6 | 2 | 9 | 1 | 3 | 4 | 7 |
| 4 | 3 | 2 | 6 | 8 | 7 | 9 | 5 | 1 |
| 1 | 7 | 5 | 4 | 2 | 9 | 8 | 3 | 6 |
| 3 | 6 | 4 | 7 | 1 | 8 | 5 | 2 | 9 |
| 2 | 9 | 8 | 5 | 6 | 3 | 1 | 7 | 4 |

## 195

| 1 | 4 | 8 | 9 | 7 | 6 | 2 | 3 | 5 |
|---|---|---|---|---|---|---|---|---|
| 7 | 2 | 5 | 4 | 3 | 8 | 1 | 6 | 9 |
| 3 | 9 | 6 | 5 | 2 | 1 | 4 | 7 | 8 |
| 6 | 5 | 1 | 2 | 8 | 3 | 7 | 9 | 4 |
| 9 | 8 | 2 | 7 | 4 | 5 | 3 | 1 | 6 |
| 4 | 3 | 7 | 1 | 6 | 9 | 5 | 8 | 2 |
| 2 | 6 | 3 | 8 | 1 | 4 | 9 | 5 | 7 |
| 8 | 7 | 9 | 3 | 5 | 2 | 6 | 4 | 1 |
| 5 | 1 | 4 | 6 | 9 | 7 | 8 | 2 | 3 |

## 196

| 2 | 5 | 3 | 4 | 9 | 7 | 6 | 8 | 1 |
|---|---|---|---|---|---|---|---|---|
| 4 | 6 | 8 | 1 | 5 | 3 | 9 | 2 | 7 |
| 1 | 7 | 9 | 6 | 8 | 2 | 3 | 5 | 4 |
| 6 | 3 | 5 | 9 | 2 | 4 | 7 | 1 | 8 |
| 9 | 2 | 7 | 8 | 1 | 5 | 4 | 6 | 3 |
| 8 | 1 | 4 | 7 | 3 | 6 | 5 | 9 | 2 |
| 5 | 4 | 2 | 3 | 6 | 1 | 8 | 7 | 9 |
| 7 | 8 | 6 | 2 | 4 | 9 | 1 | 3 | 5 |
| 3 | 9 | 1 | 5 | 7 | 8 | 2 | 4 | 6 |

## 197

| 2 | 6 | 1 | 7 | 8 | 3 | 5 | 9 | 4 |
| 4 | 7 | 8 | 9 | 2 | 5 | 3 | 6 | 1 |
| 5 | 3 | 9 | 4 | 6 | 1 | 7 | 2 | 8 |
| 9 | 2 | 4 | 6 | 3 | 7 | 1 | 8 | 5 |
| 6 | 1 | 3 | 5 | 4 | 8 | 9 | 7 | 2 |
| 8 | 5 | 7 | 2 | 1 | 9 | 6 | 4 | 3 |
| 1 | 8 | 6 | 3 | 9 | 2 | 4 | 5 | 7 |
| 7 | 9 | 2 | 1 | 5 | 4 | 8 | 3 | 6 |
| 3 | 4 | 5 | 8 | 7 | 6 | 2 | 1 | 9 |

## 198

| 6 | 3 | 7 | 4 | 5 | 9 | 2 | 1 | 8 |
| 2 | 1 | 4 | 8 | 6 | 7 | 9 | 5 | 3 |
| 5 | 9 | 8 | 3 | 1 | 2 | 4 | 6 | 7 |
| 3 | 2 | 9 | 5 | 7 | 8 | 6 | 4 | 1 |
| 4 | 7 | 6 | 1 | 2 | 3 | 8 | 9 | 5 |
| 8 | 5 | 1 | 9 | 4 | 6 | 7 | 3 | 2 |
| 7 | 4 | 2 | 6 | 3 | 5 | 1 | 8 | 9 |
| 1 | 8 | 3 | 7 | 9 | 4 | 5 | 2 | 6 |
| 9 | 6 | 5 | 2 | 8 | 1 | 3 | 7 | 4 |

## 199

| 5 | 8 | 6 | 1 | 7 | 2 | 9 | 3 | 4 |
| 3 | 4 | 2 | 6 | 5 | 9 | 8 | 7 | 1 |
| 7 | 9 | 1 | 3 | 4 | 8 | 6 | 2 | 5 |
| 6 | 7 | 9 | 2 | 1 | 5 | 3 | 4 | 8 |
| 4 | 5 | 3 | 8 | 9 | 7 | 2 | 1 | 6 |
| 2 | 1 | 8 | 4 | 6 | 3 | 7 | 5 | 9 |
| 9 | 2 | 7 | 5 | 8 | 4 | 1 | 6 | 3 |
| 8 | 6 | 4 | 7 | 3 | 1 | 5 | 9 | 2 |
| 1 | 3 | 5 | 9 | 2 | 6 | 4 | 8 | 7 |

## 200

| 3 | 5 | 6 | 4 | 7 | 8 | 2 | 1 | 9 |
| 1 | 7 | 8 | 5 | 9 | 2 | 4 | 3 | 6 |
| 2 | 4 | 9 | 6 | 1 | 3 | 7 | 8 | 5 |
| 8 | 6 | 7 | 1 | 5 | 4 | 9 | 2 | 3 |
| 4 | 1 | 2 | 9 | 3 | 6 | 5 | 7 | 8 |
| 5 | 9 | 3 | 8 | 2 | 7 | 1 | 6 | 4 |
| 9 | 3 | 4 | 7 | 8 | 1 | 6 | 5 | 2 |
| 6 | 2 | 1 | 3 | 4 | 5 | 8 | 9 | 7 |
| 7 | 8 | 5 | 2 | 6 | 9 | 3 | 4 | 1 |

## 201

| 1 | 2 | 9 | 5 | 7 | 3 | 4 | 6 | 8 |
|---|---|---|---|---|---|---|---|---|
| 3 | 6 | 5 | 8 | 9 | 4 | 2 | 7 | 1 |
| 4 | 7 | 8 | 2 | 6 | 1 | 3 | 9 | 5 |
| 2 | 9 | 1 | 3 | 8 | 6 | 5 | 4 | 7 |
| 6 | 5 | 7 | 9 | 4 | 2 | 8 | 1 | 3 |
| 8 | 4 | 3 | 7 | 1 | 5 | 9 | 2 | 6 |
| 7 | 8 | 6 | 4 | 3 | 9 | 1 | 5 | 2 |
| 9 | 1 | 2 | 6 | 5 | 8 | 7 | 3 | 4 |
| 5 | 3 | 4 | 1 | 2 | 7 | 6 | 8 | 9 |

## 202

| 9 | 5 | 3 | 2 | 6 | 7 | 4 | 1 | 8 |
|---|---|---|---|---|---|---|---|---|
| 6 | 8 | 7 | 9 | 1 | 4 | 5 | 3 | 2 |
| 4 | 1 | 2 | 5 | 8 | 3 | 9 | 6 | 7 |
| 5 | 2 | 8 | 1 | 4 | 6 | 3 | 7 | 9 |
| 3 | 4 | 1 | 7 | 9 | 5 | 2 | 8 | 6 |
| 7 | 9 | 6 | 8 | 3 | 2 | 1 | 4 | 5 |
| 1 | 7 | 5 | 3 | 2 | 8 | 6 | 9 | 4 |
| 2 | 3 | 4 | 6 | 7 | 9 | 8 | 5 | 1 |
| 8 | 6 | 9 | 4 | 5 | 1 | 7 | 2 | 3 |

## 203

| 1 | 7 | 3 | 4 | 9 | 6 | 5 | 2 | 8 |
|---|---|---|---|---|---|---|---|---|
| 5 | 4 | 9 | 2 | 8 | 3 | 7 | 6 | 1 |
| 8 | 6 | 2 | 7 | 1 | 5 | 4 | 9 | 3 |
| 7 | 2 | 1 | 3 | 5 | 9 | 8 | 4 | 6 |
| 9 | 8 | 6 | 1 | 4 | 2 | 3 | 5 | 7 |
| 4 | 3 | 5 | 8 | 6 | 7 | 2 | 1 | 9 |
| 2 | 1 | 7 | 6 | 3 | 4 | 9 | 8 | 5 |
| 3 | 5 | 8 | 9 | 2 | 1 | 6 | 7 | 4 |
| 6 | 9 | 4 | 5 | 7 | 8 | 1 | 3 | 2 |

## 204

| 2 | 7 | 8 | 3 | 5 | 6 | 1 | 9 | 4 |
|---|---|---|---|---|---|---|---|---|
| 3 | 6 | 1 | 4 | 2 | 9 | 7 | 8 | 5 |
| 5 | 9 | 4 | 8 | 7 | 1 | 2 | 6 | 3 |
| 6 | 5 | 7 | 1 | 4 | 2 | 9 | 3 | 8 |
| 8 | 4 | 2 | 6 | 9 | 3 | 5 | 1 | 7 |
| 9 | 1 | 3 | 5 | 8 | 7 | 4 | 2 | 6 |
| 4 | 2 | 5 | 9 | 3 | 8 | 6 | 7 | 1 |
| 7 | 3 | 6 | 2 | 1 | 4 | 8 | 5 | 9 |
| 1 | 8 | 9 | 7 | 6 | 5 | 3 | 4 | 2 |

## 205

| 6 | 5 | 9 | 1 | 3 | 7 | 2 | 4 | 8 |
| 1 | 7 | 2 | 6 | 4 | 8 | 3 | 5 | 9 |
| 4 | 3 | 8 | 9 | 2 | 5 | 6 | 1 | 7 |
| 5 | 8 | 4 | 3 | 7 | 2 | 1 | 9 | 6 |
| 7 | 9 | 1 | 8 | 6 | 4 | 5 | 3 | 2 |
| 3 | 2 | 6 | 5 | 9 | 1 | 7 | 8 | 4 |
| 2 | 1 | 5 | 4 | 8 | 6 | 9 | 7 | 3 |
| 9 | 4 | 7 | 2 | 1 | 3 | 8 | 6 | 5 |
| 8 | 6 | 3 | 7 | 5 | 9 | 4 | 2 | 1 |

## 206

| 6 | 9 | 2 | 4 | 1 | 5 | 8 | 7 | 3 |
| 1 | 8 | 3 | 7 | 2 | 9 | 6 | 5 | 4 |
| 4 | 7 | 5 | 6 | 8 | 3 | 9 | 2 | 1 |
| 8 | 2 | 4 | 3 | 9 | 7 | 1 | 6 | 5 |
| 3 | 6 | 7 | 1 | 5 | 2 | 4 | 9 | 8 |
| 9 | 5 | 1 | 8 | 6 | 4 | 7 | 3 | 2 |
| 5 | 4 | 6 | 9 | 3 | 1 | 2 | 8 | 7 |
| 2 | 1 | 8 | 5 | 7 | 6 | 3 | 4 | 9 |
| 7 | 3 | 9 | 2 | 4 | 8 | 5 | 1 | 6 |

## 207

| 2 | 3 | 7 | 9 | 6 | 4 | 5 | 8 | 1 |
| 8 | 1 | 6 | 5 | 7 | 2 | 4 | 3 | 9 |
| 9 | 5 | 4 | 3 | 1 | 8 | 2 | 6 | 7 |
| 7 | 9 | 8 | 2 | 3 | 5 | 1 | 4 | 6 |
| 1 | 4 | 3 | 6 | 8 | 7 | 9 | 2 | 5 |
| 5 | 6 | 2 | 4 | 9 | 1 | 3 | 7 | 8 |
| 4 | 2 | 1 | 7 | 5 | 6 | 8 | 9 | 3 |
| 6 | 8 | 9 | 1 | 2 | 3 | 7 | 5 | 4 |
| 3 | 7 | 5 | 8 | 4 | 9 | 6 | 1 | 2 |

## 208

| 2 | 6 | 5 | 7 | 9 | 8 | 1 | 3 | 4 |
| 7 | 8 | 1 | 3 | 2 | 4 | 5 | 9 | 6 |
| 4 | 3 | 9 | 6 | 5 | 1 | 2 | 7 | 8 |
| 6 | 1 | 3 | 2 | 4 | 7 | 9 | 8 | 5 |
| 5 | 2 | 7 | 9 | 8 | 6 | 3 | 4 | 1 |
| 9 | 4 | 8 | 5 | 1 | 3 | 7 | 6 | 2 |
| 1 | 7 | 6 | 8 | 3 | 5 | 4 | 2 | 9 |
| 8 | 5 | 2 | 4 | 7 | 9 | 6 | 1 | 3 |
| 3 | 9 | 4 | 1 | 6 | 2 | 8 | 5 | 7 |

## 209

| 6 | 1 | 8 | 5 | 7 | 9 | 3 | 4 | 2 |
|---|---|---|---|---|---|---|---|---|
| 4 | 7 | 2 | 3 | 1 | 8 | 9 | 5 | 6 |
| 5 | 9 | 3 | 2 | 6 | 4 | 7 | 8 | 1 |
| 2 | 8 | 9 | 6 | 3 | 5 | 4 | 1 | 7 |
| 7 | 6 | 4 | 1 | 8 | 2 | 5 | 9 | 3 |
| 3 | 5 | 1 | 4 | 9 | 7 | 2 | 6 | 8 |
| 8 | 4 | 5 | 7 | 2 | 6 | 1 | 3 | 9 |
| 9 | 3 | 7 | 8 | 4 | 1 | 6 | 2 | 5 |
| 1 | 2 | 6 | 9 | 5 | 3 | 8 | 7 | 4 |

## 210

| 5 | 1 | 4 | 8 | 7 | 2 | 3 | 9 | 6 |
|---|---|---|---|---|---|---|---|---|
| 7 | 6 | 3 | 9 | 1 | 4 | 2 | 5 | 8 |
| 9 | 8 | 2 | 3 | 5 | 6 | 4 | 7 | 1 |
| 2 | 3 | 1 | 6 | 9 | 8 | 7 | 4 | 5 |
| 8 | 4 | 5 | 1 | 3 | 7 | 6 | 2 | 9 |
| 6 | 9 | 7 | 4 | 2 | 5 | 8 | 1 | 3 |
| 1 | 7 | 9 | 2 | 8 | 3 | 5 | 6 | 4 |
| 3 | 5 | 6 | 7 | 4 | 9 | 1 | 8 | 2 |
| 4 | 2 | 8 | 5 | 6 | 1 | 9 | 3 | 7 |

## 211

| 5 | 6 | 3 | 9 | 7 | 1 | 8 | 4 | 2 |
|---|---|---|---|---|---|---|---|---|
| 9 | 7 | 4 | 2 | 6 | 8 | 3 | 1 | 5 |
| 2 | 8 | 1 | 5 | 3 | 4 | 9 | 7 | 6 |
| 6 | 9 | 5 | 1 | 8 | 2 | 7 | 3 | 4 |
| 7 | 4 | 2 | 3 | 5 | 9 | 1 | 6 | 8 |
| 1 | 3 | 8 | 7 | 4 | 6 | 5 | 2 | 9 |
| 4 | 1 | 6 | 8 | 9 | 3 | 2 | 5 | 7 |
| 8 | 2 | 7 | 6 | 1 | 5 | 4 | 9 | 3 |
| 3 | 5 | 9 | 4 | 2 | 7 | 6 | 8 | 1 |

## 212

| 4 | 9 | 7 | 3 | 6 | 1 | 8 | 5 | 2 |
|---|---|---|---|---|---|---|---|---|
| 8 | 5 | 1 | 7 | 2 | 9 | 3 | 6 | 4 |
| 2 | 3 | 6 | 5 | 4 | 8 | 1 | 9 | 7 |
| 3 | 2 | 9 | 1 | 5 | 7 | 4 | 8 | 6 |
| 1 | 4 | 5 | 6 | 8 | 2 | 9 | 7 | 3 |
| 7 | 6 | 8 | 4 | 9 | 3 | 2 | 1 | 5 |
| 9 | 7 | 4 | 2 | 1 | 6 | 5 | 3 | 8 |
| 6 | 8 | 2 | 9 | 3 | 5 | 7 | 4 | 1 |
| 5 | 1 | 3 | 8 | 7 | 4 | 6 | 2 | 9 |

## 213

| 4 | 2 | 8 | 3 | 6 | 1 | 9 | 5 | 7 |
|---|---|---|---|---|---|---|---|---|
| 3 | 9 | 6 | 7 | 2 | 5 | 8 | 1 | 4 |
| 7 | 5 | 1 | 4 | 8 | 9 | 6 | 3 | 2 |
| 2 | 6 | 7 | 8 | 3 | 4 | 5 | 9 | 1 |
| 8 | 4 | 5 | 1 | 9 | 7 | 2 | 6 | 3 |
| 9 | 1 | 3 | 2 | 5 | 6 | 4 | 7 | 8 |
| 5 | 7 | 4 | 6 | 1 | 2 | 3 | 8 | 9 |
| 6 | 3 | 2 | 9 | 7 | 8 | 1 | 4 | 5 |
| 1 | 8 | 9 | 5 | 4 | 3 | 7 | 2 | 6 |

## 214

| 1 | 5 | 8 | 6 | 4 | 2 | 9 | 3 | 7 |
|---|---|---|---|---|---|---|---|---|
| 9 | 2 | 7 | 1 | 5 | 3 | 6 | 8 | 4 |
| 6 | 3 | 4 | 9 | 7 | 8 | 2 | 5 | 1 |
| 3 | 4 | 1 | 5 | 8 | 9 | 7 | 2 | 6 |
| 7 | 9 | 5 | 3 | 2 | 6 | 4 | 1 | 8 |
| 8 | 6 | 2 | 7 | 1 | 4 | 3 | 9 | 5 |
| 2 | 1 | 6 | 8 | 9 | 7 | 5 | 4 | 3 |
| 4 | 8 | 3 | 2 | 6 | 5 | 1 | 7 | 9 |
| 5 | 7 | 9 | 4 | 3 | 1 | 8 | 6 | 2 |

## 215

| 1 | 2 | 4 | 7 | 3 | 5 | 6 | 9 | 8 |
|---|---|---|---|---|---|---|---|---|
| 9 | 3 | 6 | 8 | 2 | 4 | 5 | 7 | 1 |
| 8 | 5 | 7 | 6 | 9 | 1 | 2 | 4 | 3 |
| 5 | 6 | 2 | 3 | 1 | 7 | 9 | 8 | 4 |
| 4 | 7 | 1 | 9 | 8 | 2 | 3 | 5 | 6 |
| 3 | 8 | 9 | 5 | 4 | 6 | 1 | 2 | 7 |
| 6 | 4 | 8 | 1 | 5 | 9 | 7 | 3 | 2 |
| 7 | 9 | 3 | 2 | 6 | 8 | 4 | 1 | 5 |
| 2 | 1 | 5 | 4 | 7 | 3 | 8 | 6 | 9 |

## 216

| 1 | 7 | 3 | 8 | 6 | 5 | 9 | 2 | 4 |
|---|---|---|---|---|---|---|---|---|
| 9 | 5 | 4 | 2 | 3 | 7 | 8 | 1 | 6 |
| 6 | 2 | 8 | 4 | 9 | 1 | 3 | 5 | 7 |
| 4 | 1 | 2 | 5 | 7 | 3 | 6 | 8 | 9 |
| 5 | 8 | 9 | 6 | 4 | 2 | 1 | 7 | 3 |
| 3 | 6 | 7 | 1 | 8 | 9 | 5 | 4 | 2 |
| 8 | 3 | 5 | 9 | 2 | 4 | 7 | 6 | 1 |
| 2 | 9 | 6 | 7 | 1 | 8 | 4 | 3 | 5 |
| 7 | 4 | 1 | 3 | 5 | 6 | 2 | 9 | 8 |

## 217

| 8 | 1 | 4 | 2 | 9 | 3 | 5 | 7 | 6 |
|---|---|---|---|---|---|---|---|---|
| 9 | 6 | 2 | 7 | 5 | 8 | 4 | 1 | 3 |
| 7 | 5 | 3 | 1 | 6 | 4 | 2 | 9 | 8 |
| 6 | 7 | 5 | 4 | 1 | 2 | 3 | 8 | 9 |
| 3 | 4 | 9 | 8 | 7 | 6 | 1 | 5 | 2 |
| 1 | 2 | 8 | 9 | 3 | 5 | 7 | 6 | 4 |
| 4 | 9 | 1 | 3 | 8 | 7 | 6 | 2 | 5 |
| 2 | 8 | 6 | 5 | 4 | 1 | 9 | 3 | 7 |
| 5 | 3 | 7 | 6 | 2 | 9 | 8 | 4 | 1 |

## 218

| 5 | 4 | 1 | 6 | 8 | 9 | 3 | 2 | 7 |
|---|---|---|---|---|---|---|---|---|
| 2 | 8 | 6 | 3 | 7 | 4 | 5 | 1 | 9 |
| 7 | 3 | 9 | 5 | 2 | 1 | 4 | 6 | 8 |
| 1 | 6 | 5 | 9 | 4 | 3 | 7 | 8 | 2 |
| 8 | 9 | 4 | 2 | 1 | 7 | 6 | 5 | 3 |
| 3 | 7 | 2 | 8 | 6 | 5 | 1 | 9 | 4 |
| 9 | 1 | 3 | 4 | 5 | 2 | 8 | 7 | 6 |
| 4 | 5 | 8 | 7 | 9 | 6 | 2 | 3 | 1 |
| 6 | 2 | 7 | 1 | 3 | 8 | 9 | 4 | 5 |

## 219

| 6 | 2 | 9 | 3 | 5 | 1 | 8 | 7 | 4 |
|---|---|---|---|---|---|---|---|---|
| 1 | 3 | 7 | 4 | 2 | 8 | 6 | 5 | 9 |
| 5 | 4 | 8 | 7 | 9 | 6 | 2 | 3 | 1 |
| 8 | 1 | 4 | 9 | 7 | 3 | 5 | 6 | 2 |
| 9 | 5 | 3 | 6 | 4 | 2 | 7 | 1 | 8 |
| 7 | 6 | 2 | 8 | 1 | 5 | 9 | 4 | 3 |
| 2 | 7 | 6 | 1 | 8 | 4 | 3 | 9 | 5 |
| 4 | 9 | 5 | 2 | 3 | 7 | 1 | 8 | 6 |
| 3 | 8 | 1 | 5 | 6 | 9 | 4 | 2 | 7 |

## 220

| 3 | 7 | 9 | 2 | 1 | 8 | 6 | 4 | 5 |
|---|---|---|---|---|---|---|---|---|
| 8 | 6 | 1 | 4 | 5 | 7 | 9 | 2 | 3 |
| 2 | 5 | 4 | 3 | 6 | 9 | 8 | 7 | 1 |
| 4 | 2 | 6 | 1 | 8 | 3 | 5 | 9 | 7 |
| 9 | 8 | 7 | 5 | 2 | 6 | 3 | 1 | 4 |
| 1 | 3 | 5 | 9 | 7 | 4 | 2 | 6 | 8 |
| 6 | 1 | 8 | 7 | 9 | 5 | 4 | 3 | 2 |
| 5 | 4 | 2 | 6 | 3 | 1 | 7 | 8 | 9 |
| 7 | 9 | 3 | 8 | 4 | 2 | 1 | 5 | 6 |

## 221

| 8 | 5 | 1 | 3 | 7 | 6 | 9 | 4 | 2 |
|---|---|---|---|---|---|---|---|---|
| 6 | 2 | 7 | 4 | 9 | 5 | 1 | 3 | 8 |
| 3 | 9 | 4 | 8 | 1 | 2 | 7 | 5 | 6 |
| 5 | 1 | 2 | 9 | 3 | 8 | 6 | 7 | 4 |
| 9 | 6 | 8 | 7 | 2 | 4 | 3 | 1 | 5 |
| 7 | 4 | 3 | 5 | 6 | 1 | 8 | 2 | 9 |
| 2 | 8 | 9 | 1 | 4 | 3 | 5 | 6 | 7 |
| 1 | 7 | 6 | 2 | 5 | 9 | 4 | 8 | 3 |
| 4 | 3 | 5 | 6 | 8 | 7 | 2 | 9 | 1 |

## 222

| 7 | 5 | 3 | 1 | 8 | 6 | 9 | 4 | 2 |
|---|---|---|---|---|---|---|---|---|
| 8 | 4 | 6 | 5 | 9 | 2 | 7 | 1 | 3 |
| 2 | 1 | 9 | 4 | 3 | 7 | 6 | 8 | 5 |
| 4 | 6 | 5 | 8 | 7 | 9 | 3 | 2 | 1 |
| 3 | 7 | 2 | 6 | 5 | 1 | 8 | 9 | 4 |
| 1 | 9 | 8 | 3 | 2 | 4 | 5 | 6 | 7 |
| 6 | 8 | 4 | 7 | 1 | 3 | 2 | 5 | 9 |
| 5 | 2 | 7 | 9 | 4 | 8 | 1 | 3 | 6 |
| 9 | 3 | 1 | 2 | 6 | 5 | 4 | 7 | 8 |

## 223

| 1 | 7 | 8 | 9 | 5 | 3 | 6 | 2 | 4 |
|---|---|---|---|---|---|---|---|---|
| 3 | 9 | 6 | 4 | 7 | 2 | 5 | 1 | 8 |
| 2 | 5 | 4 | 8 | 1 | 6 | 9 | 7 | 3 |
| 6 | 1 | 9 | 5 | 8 | 7 | 3 | 4 | 2 |
| 5 | 8 | 2 | 3 | 4 | 1 | 7 | 9 | 6 |
| 7 | 4 | 3 | 6 | 2 | 9 | 8 | 5 | 1 |
| 4 | 3 | 5 | 2 | 9 | 8 | 1 | 6 | 7 |
| 8 | 2 | 1 | 7 | 6 | 5 | 4 | 3 | 9 |
| 9 | 6 | 7 | 1 | 3 | 4 | 2 | 8 | 5 |

## 224

| 8 | 6 | 7 | 1 | 2 | 3 | 5 | 9 | 4 |
|---|---|---|---|---|---|---|---|---|
| 3 | 4 | 5 | 9 | 8 | 7 | 6 | 2 | 1 |
| 9 | 1 | 2 | 4 | 6 | 5 | 7 | 8 | 3 |
| 4 | 7 | 6 | 8 | 5 | 9 | 1 | 3 | 2 |
| 5 | 3 | 8 | 2 | 7 | 1 | 9 | 4 | 6 |
| 2 | 9 | 1 | 3 | 4 | 6 | 8 | 5 | 7 |
| 1 | 5 | 9 | 7 | 3 | 4 | 2 | 6 | 8 |
| 6 | 2 | 3 | 5 | 1 | 8 | 4 | 7 | 9 |
| 7 | 8 | 4 | 6 | 9 | 2 | 3 | 1 | 5 |

## 225

| 4 | 7 | 5 | 3 | 9 | 1 | 8 | 2 | 6 |
| 3 | 6 | 1 | 2 | 4 | 8 | 5 | 7 | 9 |
| 8 | 9 | 2 | 7 | 6 | 5 | 3 | 4 | 1 |
| 9 | 4 | 8 | 1 | 2 | 7 | 6 | 5 | 3 |
| 7 | 1 | 6 | 5 | 3 | 9 | 4 | 8 | 2 |
| 5 | 2 | 3 | 6 | 8 | 4 | 1 | 9 | 7 |
| 1 | 5 | 9 | 8 | 7 | 6 | 2 | 3 | 4 |
| 2 | 8 | 4 | 9 | 1 | 3 | 7 | 6 | 5 |
| 6 | 3 | 7 | 4 | 5 | 2 | 9 | 1 | 8 |

## 226

| 8 | 9 | 1 | 6 | 5 | 4 | 7 | 2 | 3 |
| 4 | 6 | 2 | 7 | 3 | 9 | 1 | 5 | 8 |
| 7 | 3 | 5 | 1 | 8 | 2 | 4 | 9 | 6 |
| 3 | 1 | 6 | 9 | 2 | 5 | 8 | 7 | 4 |
| 2 | 7 | 4 | 3 | 1 | 8 | 9 | 6 | 5 |
| 9 | 5 | 8 | 4 | 7 | 6 | 2 | 3 | 1 |
| 5 | 4 | 3 | 8 | 9 | 7 | 6 | 1 | 2 |
| 6 | 2 | 7 | 5 | 4 | 1 | 3 | 8 | 9 |
| 1 | 8 | 9 | 2 | 6 | 3 | 5 | 4 | 7 |

## 227

| 8 | 3 | 4 | 1 | 5 | 6 | 2 | 7 | 9 |
| 1 | 2 | 5 | 9 | 3 | 7 | 4 | 6 | 8 |
| 7 | 9 | 6 | 8 | 4 | 2 | 3 | 1 | 5 |
| 3 | 5 | 2 | 6 | 9 | 1 | 8 | 4 | 7 |
| 4 | 1 | 8 | 2 | 7 | 5 | 9 | 3 | 6 |
| 9 | 6 | 7 | 3 | 8 | 4 | 1 | 5 | 2 |
| 2 | 7 | 1 | 4 | 6 | 8 | 5 | 9 | 3 |
| 5 | 8 | 3 | 7 | 1 | 9 | 6 | 2 | 4 |
| 6 | 4 | 9 | 5 | 2 | 3 | 7 | 8 | 1 |

## 228

| 9 | 2 | 6 | 4 | 1 | 7 | 5 | 3 | 8 |
| 7 | 5 | 4 | 9 | 8 | 3 | 1 | 2 | 6 |
| 3 | 8 | 1 | 6 | 2 | 5 | 9 | 4 | 7 |
| 4 | 7 | 3 | 1 | 9 | 2 | 6 | 8 | 5 |
| 2 | 9 | 5 | 8 | 3 | 6 | 4 | 7 | 1 |
| 6 | 1 | 8 | 7 | 5 | 4 | 3 | 9 | 2 |
| 8 | 6 | 9 | 3 | 7 | 1 | 2 | 5 | 4 |
| 1 | 3 | 2 | 5 | 4 | 8 | 7 | 6 | 9 |
| 5 | 4 | 7 | 2 | 6 | 9 | 8 | 1 | 3 |

## 229

| 2 | 4 | 1 | 5 | 9 | 7 | 6 | 8 | 3 |
| 3 | 8 | 5 | 4 | 6 | 2 | 9 | 7 | 1 |
| 7 | 9 | 6 | 1 | 8 | 3 | 2 | 4 | 5 |
| 8 | 2 | 7 | 3 | 4 | 5 | 1 | 9 | 6 |
| 9 | 6 | 4 | 2 | 1 | 8 | 3 | 5 | 7 |
| 1 | 5 | 3 | 9 | 7 | 6 | 8 | 2 | 4 |
| 5 | 7 | 2 | 8 | 3 | 1 | 4 | 6 | 9 |
| 4 | 1 | 8 | 6 | 5 | 9 | 7 | 3 | 2 |
| 6 | 3 | 9 | 7 | 2 | 4 | 5 | 1 | 8 |

## 230

| 8 | 5 | 6 | 1 | 9 | 2 | 4 | 7 | 3 |
| 4 | 1 | 7 | 3 | 6 | 8 | 5 | 2 | 9 |
| 3 | 9 | 2 | 5 | 7 | 4 | 8 | 6 | 1 |
| 2 | 6 | 9 | 7 | 4 | 5 | 3 | 1 | 8 |
| 5 | 7 | 8 | 6 | 3 | 1 | 9 | 4 | 2 |
| 1 | 4 | 3 | 2 | 8 | 9 | 6 | 5 | 7 |
| 7 | 3 | 5 | 8 | 2 | 6 | 1 | 9 | 4 |
| 6 | 8 | 4 | 9 | 1 | 7 | 2 | 3 | 5 |
| 9 | 2 | 1 | 4 | 5 | 3 | 7 | 8 | 6 |

## 231

| 7 | 6 | 3 | 1 | 5 | 8 | 2 | 9 | 4 |
| 4 | 9 | 5 | 3 | 2 | 6 | 7 | 1 | 8 |
| 8 | 2 | 1 | 7 | 4 | 9 | 5 | 6 | 3 |
| 2 | 7 | 4 | 5 | 1 | 3 | 6 | 8 | 9 |
| 1 | 8 | 9 | 6 | 7 | 4 | 3 | 5 | 2 |
| 3 | 5 | 6 | 8 | 9 | 2 | 1 | 4 | 7 |
| 6 | 3 | 2 | 4 | 8 | 1 | 9 | 7 | 5 |
| 5 | 1 | 8 | 9 | 3 | 7 | 4 | 2 | 6 |
| 9 | 4 | 7 | 2 | 6 | 5 | 8 | 3 | 1 |

## 232

| 5 | 6 | 8 | 1 | 2 | 4 | 7 | 3 | 9 |
| 4 | 1 | 9 | 8 | 7 | 3 | 2 | 6 | 5 |
| 7 | 3 | 2 | 6 | 9 | 5 | 8 | 1 | 4 |
| 6 | 5 | 1 | 9 | 8 | 2 | 4 | 7 | 3 |
| 9 | 2 | 3 | 4 | 1 | 7 | 6 | 5 | 8 |
| 8 | 4 | 7 | 5 | 3 | 6 | 1 | 9 | 2 |
| 2 | 7 | 6 | 3 | 4 | 9 | 5 | 8 | 1 |
| 3 | 8 | 5 | 2 | 6 | 1 | 9 | 4 | 7 |
| 1 | 9 | 4 | 7 | 5 | 8 | 3 | 2 | 6 |

## 233

| 5 | 7 | 8 | 3 | 4 | 1 | 2 | 9 | 6 |
|---|---|---|---|---|---|---|---|---|
| 1 | 9 | 3 | 6 | 8 | 2 | 7 | 4 | 5 |
| 6 | 2 | 4 | 7 | 5 | 9 | 8 | 3 | 1 |
| 8 | 5 | 7 | 1 | 9 | 4 | 3 | 6 | 2 |
| 4 | 6 | 1 | 5 | 2 | 3 | 9 | 7 | 8 |
| 9 | 3 | 2 | 8 | 7 | 6 | 1 | 5 | 4 |
| 7 | 1 | 9 | 2 | 6 | 5 | 4 | 8 | 3 |
| 2 | 4 | 6 | 9 | 3 | 8 | 5 | 1 | 7 |
| 3 | 8 | 5 | 4 | 1 | 7 | 6 | 2 | 9 |

## 234

| 8 | 1 | 5 | 9 | 6 | 2 | 3 | 7 | 4 |
|---|---|---|---|---|---|---|---|---|
| 2 | 7 | 4 | 3 | 5 | 8 | 9 | 6 | 1 |
| 3 | 9 | 6 | 1 | 4 | 7 | 2 | 8 | 5 |
| 7 | 5 | 1 | 4 | 3 | 9 | 6 | 2 | 8 |
| 4 | 2 | 9 | 6 | 8 | 1 | 7 | 5 | 3 |
| 6 | 8 | 3 | 2 | 7 | 5 | 1 | 4 | 9 |
| 9 | 4 | 2 | 8 | 1 | 6 | 5 | 3 | 7 |
| 5 | 6 | 8 | 7 | 9 | 3 | 4 | 1 | 2 |
| 1 | 3 | 7 | 5 | 2 | 4 | 8 | 9 | 6 |

## 235

| 7 | 8 | 3 | 5 | 9 | 1 | 4 | 2 | 6 |
|---|---|---|---|---|---|---|---|---|
| 1 | 6 | 2 | 8 | 3 | 4 | 5 | 9 | 7 |
| 5 | 9 | 4 | 2 | 6 | 7 | 1 | 8 | 3 |
| 9 | 4 | 7 | 1 | 5 | 2 | 6 | 3 | 8 |
| 6 | 3 | 1 | 9 | 4 | 8 | 2 | 7 | 5 |
| 8 | 2 | 5 | 3 | 7 | 6 | 9 | 4 | 1 |
| 4 | 5 | 9 | 6 | 8 | 3 | 7 | 1 | 2 |
| 3 | 1 | 6 | 7 | 2 | 9 | 8 | 5 | 4 |
| 2 | 7 | 8 | 4 | 1 | 5 | 3 | 6 | 9 |

## 236

| 9 | 5 | 7 | 8 | 4 | 1 | 3 | 2 | 6 |
|---|---|---|---|---|---|---|---|---|
| 3 | 6 | 1 | 9 | 5 | 2 | 7 | 4 | 8 |
| 2 | 8 | 4 | 6 | 3 | 7 | 1 | 5 | 9 |
| 8 | 9 | 5 | 4 | 1 | 3 | 6 | 7 | 2 |
| 4 | 7 | 2 | 5 | 6 | 8 | 9 | 1 | 3 |
| 6 | 1 | 3 | 7 | 2 | 9 | 5 | 8 | 4 |
| 5 | 2 | 6 | 1 | 9 | 4 | 8 | 3 | 7 |
| 7 | 4 | 9 | 3 | 8 | 5 | 2 | 6 | 1 |
| 1 | 3 | 8 | 2 | 7 | 6 | 4 | 9 | 5 |

## 237

| 1 | 3 | 6 | 2 | 7 | 8 | 4 | 5 | 9 |
|---|---|---|---|---|---|---|---|---|
| 8 | 2 | 5 | 4 | 1 | 9 | 6 | 7 | 3 |
| 9 | 4 | 7 | 5 | 6 | 3 | 2 | 8 | 1 |
| 2 | 9 | 1 | 6 | 8 | 4 | 5 | 3 | 7 |
| 7 | 6 | 8 | 3 | 5 | 1 | 9 | 2 | 4 |
| 3 | 5 | 4 | 9 | 2 | 7 | 1 | 6 | 8 |
| 4 | 8 | 2 | 1 | 3 | 6 | 7 | 9 | 5 |
| 5 | 1 | 3 | 7 | 9 | 2 | 8 | 4 | 6 |
| 6 | 7 | 9 | 8 | 4 | 5 | 3 | 1 | 2 |

## 238

| 2 | 4 | 9 | 7 | 1 | 5 | 3 | 8 | 6 |
|---|---|---|---|---|---|---|---|---|
| 6 | 8 | 7 | 2 | 9 | 3 | 5 | 4 | 1 |
| 1 | 5 | 3 | 4 | 8 | 6 | 9 | 2 | 7 |
| 4 | 2 | 1 | 6 | 5 | 9 | 7 | 3 | 8 |
| 5 | 7 | 6 | 8 | 3 | 2 | 4 | 1 | 9 |
| 9 | 3 | 8 | 1 | 7 | 4 | 6 | 5 | 2 |
| 8 | 6 | 4 | 3 | 2 | 7 | 1 | 9 | 5 |
| 7 | 1 | 5 | 9 | 4 | 8 | 2 | 6 | 3 |
| 3 | 9 | 2 | 5 | 6 | 1 | 8 | 7 | 4 |

## 239

| 1 | 3 | 7 | 6 | 5 | 2 | 9 | 4 | 8 |
|---|---|---|---|---|---|---|---|---|
| 2 | 4 | 9 | 1 | 3 | 8 | 5 | 7 | 6 |
| 6 | 8 | 5 | 4 | 7 | 9 | 2 | 3 | 1 |
| 3 | 5 | 6 | 2 | 9 | 1 | 7 | 8 | 4 |
| 8 | 9 | 4 | 7 | 6 | 5 | 3 | 1 | 2 |
| 7 | 1 | 2 | 8 | 4 | 3 | 6 | 5 | 9 |
| 9 | 6 | 1 | 5 | 8 | 7 | 4 | 2 | 3 |
| 5 | 2 | 3 | 9 | 1 | 4 | 8 | 6 | 7 |
| 4 | 7 | 8 | 3 | 2 | 6 | 1 | 9 | 5 |

## 240

| 3 | 2 | 9 | 5 | 6 | 8 | 7 | 1 | 4 |
|---|---|---|---|---|---|---|---|---|
| 8 | 6 | 7 | 3 | 1 | 4 | 9 | 5 | 2 |
| 5 | 4 | 1 | 2 | 9 | 7 | 8 | 6 | 3 |
| 2 | 7 | 5 | 4 | 8 | 1 | 6 | 3 | 9 |
| 6 | 1 | 4 | 7 | 3 | 9 | 2 | 8 | 5 |
| 9 | 3 | 8 | 6 | 2 | 5 | 1 | 4 | 7 |
| 4 | 9 | 3 | 8 | 7 | 6 | 5 | 2 | 1 |
| 1 | 5 | 6 | 9 | 4 | 2 | 3 | 7 | 8 |
| 7 | 8 | 2 | 1 | 5 | 3 | 4 | 9 | 6 |

## 241

| 4 | 9 | 7 | 5 | 3 | 6 | 8 | 1 | 2 |
|---|---|---|---|---|---|---|---|---|
| 6 | 2 | 5 | 8 | 9 | 1 | 3 | 4 | 7 |
| 8 | 1 | 3 | 2 | 7 | 4 | 9 | 6 | 5 |
| 5 | 7 | 8 | 6 | 4 | 3 | 1 | 2 | 9 |
| 1 | 4 | 6 | 9 | 2 | 8 | 7 | 5 | 3 |
| 2 | 3 | 9 | 1 | 5 | 7 | 6 | 8 | 4 |
| 9 | 6 | 2 | 7 | 1 | 5 | 4 | 3 | 8 |
| 7 | 8 | 4 | 3 | 6 | 2 | 5 | 9 | 1 |
| 3 | 5 | 1 | 4 | 8 | 9 | 2 | 7 | 6 |

## 242

| 3 | 6 | 4 | 1 | 8 | 9 | 2 | 5 | 7 |
|---|---|---|---|---|---|---|---|---|
| 2 | 8 | 9 | 5 | 6 | 7 | 1 | 3 | 4 |
| 7 | 1 | 5 | 2 | 3 | 4 | 9 | 8 | 6 |
| 6 | 5 | 7 | 9 | 1 | 3 | 4 | 2 | 8 |
| 9 | 2 | 1 | 6 | 4 | 8 | 5 | 7 | 3 |
| 4 | 3 | 8 | 7 | 5 | 2 | 6 | 9 | 1 |
| 5 | 4 | 2 | 8 | 7 | 1 | 3 | 6 | 9 |
| 8 | 9 | 3 | 4 | 2 | 6 | 7 | 1 | 5 |
| 1 | 7 | 6 | 3 | 9 | 5 | 8 | 4 | 2 |

## 243

| 2 | 6 | 5 | 9 | 1 | 8 | 7 | 3 | 4 |
|---|---|---|---|---|---|---|---|---|
| 8 | 7 | 4 | 6 | 3 | 2 | 1 | 9 | 5 |
| 9 | 1 | 3 | 5 | 4 | 7 | 6 | 8 | 2 |
| 4 | 8 | 1 | 2 | 7 | 3 | 5 | 6 | 9 |
| 7 | 5 | 9 | 4 | 8 | 6 | 3 | 2 | 1 |
| 3 | 2 | 6 | 1 | 5 | 9 | 4 | 7 | 8 |
| 5 | 3 | 7 | 8 | 9 | 4 | 2 | 1 | 6 |
| 6 | 4 | 8 | 3 | 2 | 1 | 9 | 5 | 7 |
| 1 | 9 | 2 | 7 | 6 | 5 | 8 | 4 | 3 |

## 244

| 9 | 8 | 4 | 6 | 2 | 3 | 5 | 1 | 7 |
|---|---|---|---|---|---|---|---|---|
| 7 | 5 | 3 | 1 | 9 | 4 | 8 | 6 | 2 |
| 6 | 1 | 2 | 7 | 5 | 8 | 9 | 4 | 3 |
| 4 | 9 | 7 | 8 | 3 | 1 | 2 | 5 | 6 |
| 8 | 3 | 6 | 2 | 4 | 5 | 7 | 9 | 1 |
| 5 | 2 | 1 | 9 | 7 | 6 | 3 | 8 | 4 |
| 3 | 6 | 9 | 4 | 8 | 2 | 1 | 7 | 5 |
| 2 | 4 | 8 | 5 | 1 | 7 | 6 | 3 | 9 |
| 1 | 7 | 5 | 3 | 6 | 9 | 4 | 2 | 8 |

## 245

| 3 | 8 | 6 | 2 | 1 | 4 | 5 | 9 | 7 |
|---|---|---|---|---|---|---|---|---|
| 2 | 7 | 1 | 9 | 5 | 8 | 6 | 4 | 3 |
| 4 | 5 | 9 | 7 | 3 | 6 | 2 | 8 | 1 |
| 8 | 6 | 2 | 1 | 9 | 5 | 3 | 7 | 4 |
| 1 | 9 | 3 | 4 | 6 | 7 | 8 | 2 | 5 |
| 7 | 4 | 5 | 8 | 2 | 3 | 1 | 6 | 9 |
| 5 | 2 | 7 | 6 | 4 | 1 | 9 | 3 | 8 |
| 9 | 3 | 8 | 5 | 7 | 2 | 4 | 1 | 6 |
| 6 | 1 | 4 | 3 | 8 | 9 | 7 | 5 | 2 |

## 246

| 2 | 6 | 8 | 9 | 3 | 1 | 5 | 7 | 4 |
|---|---|---|---|---|---|---|---|---|
| 4 | 9 | 1 | 8 | 7 | 5 | 2 | 6 | 3 |
| 3 | 7 | 5 | 2 | 6 | 4 | 8 | 9 | 1 |
| 8 | 5 | 3 | 7 | 1 | 9 | 4 | 2 | 6 |
| 7 | 1 | 6 | 3 | 4 | 2 | 9 | 8 | 5 |
| 9 | 4 | 2 | 5 | 8 | 6 | 3 | 1 | 7 |
| 5 | 8 | 7 | 6 | 9 | 3 | 1 | 4 | 2 |
| 6 | 2 | 4 | 1 | 5 | 8 | 7 | 3 | 9 |
| 1 | 3 | 9 | 4 | 2 | 7 | 6 | 5 | 8 |

## 247

| 4 | 1 | 7 | 2 | 3 | 8 | 6 | 9 | 5 |
|---|---|---|---|---|---|---|---|---|
| 8 | 5 | 3 | 7 | 9 | 6 | 1 | 2 | 4 |
| 2 | 9 | 6 | 4 | 1 | 5 | 7 | 8 | 3 |
| 7 | 8 | 9 | 6 | 4 | 2 | 3 | 5 | 1 |
| 6 | 3 | 4 | 8 | 5 | 1 | 9 | 7 | 2 |
| 5 | 2 | 1 | 3 | 7 | 9 | 8 | 4 | 6 |
| 1 | 6 | 2 | 9 | 8 | 4 | 5 | 3 | 7 |
| 9 | 7 | 5 | 1 | 2 | 3 | 4 | 6 | 8 |
| 3 | 4 | 8 | 5 | 6 | 7 | 2 | 1 | 9 |

## 248

| 3 | 1 | 5 | 9 | 4 | 2 | 8 | 7 | 6 |
|---|---|---|---|---|---|---|---|---|
| 6 | 4 | 2 | 7 | 8 | 3 | 9 | 1 | 5 |
| 8 | 7 | 9 | 1 | 6 | 5 | 4 | 2 | 3 |
| 4 | 5 | 8 | 3 | 1 | 9 | 7 | 6 | 2 |
| 9 | 2 | 1 | 8 | 7 | 6 | 3 | 5 | 4 |
| 7 | 3 | 6 | 5 | 2 | 4 | 1 | 8 | 9 |
| 5 | 9 | 7 | 2 | 3 | 1 | 6 | 4 | 8 |
| 1 | 6 | 3 | 4 | 5 | 8 | 2 | 9 | 7 |
| 2 | 8 | 4 | 6 | 9 | 7 | 5 | 3 | 1 |

## 249

| 7 | 4 | 5 | 3 | 9 | 6 | 1 | 2 | 8 |
| 8 | 3 | 6 | 1 | 2 | 4 | 9 | 7 | 5 |
| 1 | 9 | 2 | 5 | 8 | 7 | 6 | 3 | 4 |
| 6 | 1 | 8 | 7 | 3 | 2 | 5 | 4 | 9 |
| 5 | 7 | 9 | 4 | 1 | 8 | 3 | 6 | 2 |
| 3 | 2 | 4 | 9 | 6 | 5 | 7 | 8 | 1 |
| 9 | 6 | 3 | 2 | 4 | 1 | 8 | 5 | 7 |
| 4 | 5 | 1 | 8 | 7 | 3 | 2 | 9 | 6 |
| 2 | 8 | 7 | 6 | 5 | 9 | 4 | 1 | 3 |

## 250

| 1 | 5 | 6 | 2 | 8 | 7 | 3 | 9 | 4 |
| 9 | 8 | 2 | 3 | 1 | 4 | 7 | 6 | 5 |
| 4 | 7 | 3 | 5 | 6 | 9 | 2 | 8 | 1 |
| 7 | 2 | 1 | 8 | 9 | 5 | 4 | 3 | 6 |
| 6 | 9 | 4 | 1 | 7 | 3 | 5 | 2 | 8 |
| 5 | 3 | 8 | 6 | 4 | 2 | 1 | 7 | 9 |
| 2 | 6 | 5 | 9 | 3 | 1 | 8 | 4 | 7 |
| 8 | 1 | 7 | 4 | 2 | 6 | 9 | 5 | 3 |
| 3 | 4 | 9 | 7 | 5 | 8 | 6 | 1 | 2 |

## 251

| 8 | 4 | 9 | 6 | 7 | 1 | 5 | 3 | 2 |
| 7 | 6 | 3 | 2 | 5 | 8 | 4 | 9 | 1 |
| 1 | 2 | 5 | 9 | 3 | 4 | 8 | 6 | 7 |
| 5 | 3 | 1 | 8 | 2 | 9 | 6 | 7 | 4 |
| 6 | 9 | 8 | 1 | 4 | 7 | 2 | 5 | 3 |
| 2 | 7 | 4 | 3 | 6 | 5 | 1 | 8 | 9 |
| 4 | 8 | 7 | 5 | 9 | 2 | 3 | 1 | 6 |
| 9 | 1 | 6 | 4 | 8 | 3 | 7 | 2 | 5 |
| 3 | 5 | 2 | 7 | 1 | 6 | 9 | 4 | 8 |

## 252

| 9 | 8 | 2 | 5 | 1 | 7 | 6 | 3 | 4 |
| 6 | 5 | 7 | 4 | 9 | 3 | 8 | 2 | 1 |
| 1 | 3 | 4 | 6 | 8 | 2 | 9 | 5 | 7 |
| 8 | 4 | 3 | 1 | 5 | 9 | 7 | 6 | 2 |
| 2 | 9 | 6 | 7 | 3 | 8 | 4 | 1 | 5 |
| 5 | 7 | 1 | 2 | 6 | 4 | 3 | 8 | 9 |
| 4 | 6 | 8 | 9 | 2 | 1 | 5 | 7 | 3 |
| 7 | 1 | 5 | 3 | 4 | 6 | 2 | 9 | 8 |
| 3 | 2 | 9 | 8 | 7 | 5 | 1 | 4 | 6 |

## 253

| 9 | 7 | 4 | 8 | 3 | 2 | 6 | 5 | 1 |
|---|---|---|---|---|---|---|---|---|
| 5 | 1 | 8 | 4 | 6 | 7 | 2 | 3 | 9 |
| 3 | 6 | 2 | 9 | 5 | 1 | 4 | 8 | 7 |
| 7 | 4 | 5 | 1 | 2 | 3 | 9 | 6 | 8 |
| 1 | 8 | 3 | 6 | 4 | 9 | 5 | 7 | 2 |
| 2 | 9 | 6 | 5 | 7 | 8 | 1 | 4 | 3 |
| 4 | 2 | 7 | 3 | 9 | 5 | 8 | 1 | 6 |
| 6 | 3 | 1 | 2 | 8 | 4 | 7 | 9 | 5 |
| 8 | 5 | 9 | 7 | 1 | 6 | 3 | 2 | 4 |

## 254

| 4 | 2 | 3 | 7 | 9 | 6 | 8 | 5 | 1 |
|---|---|---|---|---|---|---|---|---|
| 7 | 8 | 6 | 1 | 3 | 5 | 9 | 2 | 4 |
| 1 | 5 | 9 | 8 | 4 | 2 | 6 | 3 | 7 |
| 5 | 3 | 8 | 2 | 1 | 9 | 4 | 7 | 6 |
| 9 | 7 | 2 | 6 | 8 | 4 | 3 | 1 | 5 |
| 6 | 1 | 4 | 5 | 7 | 3 | 2 | 8 | 9 |
| 8 | 6 | 5 | 4 | 2 | 1 | 7 | 9 | 3 |
| 2 | 9 | 1 | 3 | 6 | 7 | 5 | 4 | 8 |
| 3 | 4 | 7 | 9 | 5 | 8 | 1 | 6 | 2 |

## 255

| 9 | 5 | 7 | 6 | 4 | 3 | 1 | 8 | 2 |
|---|---|---|---|---|---|---|---|---|
| 3 | 6 | 2 | 1 | 5 | 8 | 7 | 9 | 4 |
| 1 | 8 | 4 | 2 | 7 | 9 | 6 | 3 | 5 |
| 7 | 4 | 8 | 3 | 6 | 1 | 2 | 5 | 9 |
| 2 | 9 | 6 | 7 | 8 | 5 | 3 | 4 | 1 |
| 5 | 1 | 3 | 4 | 9 | 2 | 8 | 7 | 6 |
| 6 | 2 | 9 | 5 | 3 | 7 | 4 | 1 | 8 |
| 4 | 3 | 5 | 8 | 1 | 6 | 9 | 2 | 7 |
| 8 | 7 | 1 | 9 | 2 | 4 | 5 | 6 | 3 |

## 256

| 6 | 8 | 3 | 9 | 2 | 4 | 5 | 1 | 7 |
|---|---|---|---|---|---|---|---|---|
| 4 | 7 | 2 | 5 | 1 | 6 | 8 | 9 | 3 |
| 9 | 5 | 1 | 3 | 8 | 7 | 4 | 6 | 2 |
| 3 | 6 | 7 | 4 | 9 | 5 | 1 | 2 | 8 |
| 2 | 9 | 5 | 1 | 3 | 8 | 6 | 7 | 4 |
| 8 | 1 | 4 | 7 | 6 | 2 | 9 | 3 | 5 |
| 1 | 4 | 8 | 6 | 7 | 3 | 2 | 5 | 9 |
| 5 | 3 | 9 | 2 | 4 | 1 | 7 | 8 | 6 |
| 7 | 2 | 6 | 8 | 5 | 9 | 3 | 4 | 1 |

## 257

| 7 | 5 | 4 | 2 | 6 | 8 | 3 | 9 | 1 |
| 1 | 3 | 2 | 9 | 4 | 7 | 5 | 8 | 6 |
| 9 | 8 | 6 | 5 | 1 | 3 | 4 | 7 | 2 |
| 6 | 1 | 8 | 3 | 2 | 4 | 9 | 5 | 7 |
| 4 | 2 | 7 | 6 | 9 | 5 | 1 | 3 | 8 |
| 3 | 9 | 5 | 8 | 7 | 1 | 6 | 2 | 4 |
| 5 | 6 | 9 | 1 | 8 | 2 | 7 | 4 | 3 |
| 8 | 4 | 3 | 7 | 5 | 6 | 2 | 1 | 9 |
| 2 | 7 | 1 | 4 | 3 | 9 | 8 | 6 | 5 |

## 258

| 2 | 8 | 6 | 1 | 9 | 4 | 7 | 5 | 3 |
| 4 | 1 | 3 | 7 | 8 | 5 | 9 | 2 | 6 |
| 9 | 7 | 5 | 6 | 3 | 2 | 1 | 4 | 8 |
| 7 | 9 | 8 | 2 | 6 | 1 | 5 | 3 | 4 |
| 1 | 6 | 4 | 3 | 5 | 7 | 2 | 8 | 9 |
| 3 | 5 | 2 | 9 | 4 | 8 | 6 | 1 | 7 |
| 8 | 3 | 7 | 5 | 1 | 6 | 4 | 9 | 2 |
| 6 | 4 | 1 | 8 | 2 | 9 | 3 | 7 | 5 |
| 5 | 2 | 9 | 4 | 7 | 3 | 8 | 6 | 1 |

## 259

| 5 | 1 | 3 | 2 | 8 | 7 | 6 | 4 | 9 |
| 7 | 9 | 2 | 4 | 6 | 1 | 3 | 8 | 5 |
| 4 | 8 | 6 | 9 | 5 | 3 | 2 | 1 | 7 |
| 3 | 2 | 7 | 6 | 1 | 9 | 8 | 5 | 4 |
| 8 | 6 | 9 | 3 | 4 | 5 | 7 | 2 | 1 |
| 1 | 4 | 5 | 7 | 2 | 8 | 9 | 3 | 6 |
| 6 | 7 | 4 | 5 | 3 | 2 | 1 | 9 | 8 |
| 9 | 3 | 1 | 8 | 7 | 4 | 5 | 6 | 2 |
| 2 | 5 | 8 | 1 | 9 | 6 | 4 | 7 | 3 |

## 260

| 5 | 2 | 8 | 6 | 4 | 1 | 3 | 7 | 9 |
| 1 | 6 | 9 | 7 | 3 | 8 | 5 | 2 | 4 |
| 7 | 3 | 4 | 9 | 2 | 5 | 8 | 6 | 1 |
| 3 | 7 | 5 | 2 | 8 | 9 | 4 | 1 | 6 |
| 9 | 1 | 6 | 4 | 5 | 3 | 2 | 8 | 7 |
| 8 | 4 | 2 | 1 | 7 | 6 | 9 | 3 | 5 |
| 2 | 5 | 1 | 3 | 6 | 4 | 7 | 9 | 8 |
| 6 | 8 | 3 | 5 | 9 | 7 | 1 | 4 | 2 |
| 4 | 9 | 7 | 8 | 1 | 2 | 6 | 5 | 3 |

## 261

| 8 | 2 | 5 | 4 | 1 | 3 | 7 | 6 | 9 |
| 9 | 1 | 7 | 5 | 2 | 6 | 4 | 8 | 3 |
| 6 | 4 | 3 | 9 | 8 | 7 | 5 | 1 | 2 |
| 2 | 6 | 1 | 8 | 7 | 5 | 3 | 9 | 4 |
| 3 | 8 | 9 | 2 | 4 | 1 | 6 | 7 | 5 |
| 5 | 7 | 4 | 3 | 6 | 9 | 1 | 2 | 8 |
| 7 | 3 | 2 | 1 | 5 | 8 | 9 | 4 | 6 |
| 4 | 9 | 6 | 7 | 3 | 2 | 8 | 5 | 1 |
| 1 | 5 | 8 | 6 | 9 | 4 | 2 | 3 | 7 |

## 262

| 2 | 9 | 3 | 4 | 5 | 6 | 1 | 8 | 7 |
| 4 | 5 | 8 | 3 | 1 | 7 | 2 | 6 | 9 |
| 6 | 1 | 7 | 8 | 9 | 2 | 3 | 4 | 5 |
| 8 | 2 | 1 | 9 | 7 | 4 | 6 | 5 | 3 |
| 3 | 6 | 9 | 1 | 8 | 5 | 4 | 7 | 2 |
| 7 | 4 | 5 | 2 | 6 | 3 | 9 | 1 | 8 |
| 5 | 7 | 4 | 6 | 2 | 9 | 8 | 3 | 1 |
| 1 | 3 | 2 | 5 | 4 | 8 | 7 | 9 | 6 |
| 9 | 8 | 6 | 7 | 3 | 1 | 5 | 2 | 4 |

## 263

| 4 | 5 | 1 | 9 | 8 | 6 | 7 | 2 | 3 |
| 7 | 8 | 3 | 2 | 4 | 5 | 1 | 9 | 6 |
| 6 | 9 | 2 | 7 | 3 | 1 | 8 | 5 | 4 |
| 1 | 6 | 8 | 3 | 5 | 2 | 4 | 7 | 9 |
| 9 | 7 | 4 | 6 | 1 | 8 | 5 | 3 | 2 |
| 3 | 2 | 5 | 4 | 7 | 9 | 6 | 8 | 1 |
| 2 | 1 | 6 | 8 | 9 | 7 | 3 | 4 | 5 |
| 8 | 3 | 9 | 5 | 6 | 4 | 2 | 1 | 7 |
| 5 | 4 | 7 | 1 | 2 | 3 | 9 | 6 | 8 |

## 264

| 1 | 3 | 4 | 9 | 6 | 8 | 5 | 2 | 7 |
| 2 | 5 | 9 | 3 | 4 | 7 | 6 | 8 | 1 |
| 7 | 6 | 8 | 2 | 1 | 5 | 9 | 3 | 4 |
| 3 | 2 | 1 | 7 | 9 | 6 | 4 | 5 | 8 |
| 9 | 8 | 7 | 4 | 5 | 1 | 3 | 6 | 2 |
| 6 | 4 | 5 | 8 | 3 | 2 | 7 | 1 | 9 |
| 5 | 9 | 6 | 1 | 8 | 4 | 2 | 7 | 3 |
| 8 | 7 | 3 | 5 | 2 | 9 | 1 | 4 | 6 |
| 4 | 1 | 2 | 6 | 7 | 3 | 8 | 9 | 5 |

## 265

| 4 | 8 | 9 | 6 | 3 | 5 | 7 | 1 | 2 |
| 7 | 3 | 1 | 9 | 8 | 2 | 6 | 5 | 4 |
| 5 | 6 | 2 | 4 | 1 | 7 | 3 | 9 | 8 |
| 6 | 1 | 5 | 2 | 9 | 3 | 8 | 4 | 7 |
| 8 | 9 | 3 | 5 | 7 | 4 | 2 | 6 | 1 |
| 2 | 4 | 7 | 8 | 6 | 1 | 9 | 3 | 5 |
| 3 | 5 | 6 | 7 | 4 | 8 | 1 | 2 | 9 |
| 9 | 7 | 4 | 1 | 2 | 6 | 5 | 8 | 3 |
| 1 | 2 | 8 | 3 | 5 | 9 | 4 | 7 | 6 |

## 266

| 2 | 6 | 5 | 9 | 1 | 8 | 4 | 3 | 7 |
| 9 | 3 | 1 | 7 | 4 | 6 | 2 | 8 | 5 |
| 7 | 8 | 4 | 2 | 3 | 5 | 6 | 9 | 1 |
| 5 | 7 | 3 | 8 | 6 | 1 | 9 | 2 | 4 |
| 4 | 1 | 8 | 3 | 9 | 2 | 5 | 7 | 6 |
| 6 | 9 | 2 | 5 | 7 | 4 | 3 | 1 | 8 |
| 1 | 4 | 9 | 6 | 8 | 3 | 7 | 5 | 2 |
| 8 | 2 | 7 | 4 | 5 | 9 | 1 | 6 | 3 |
| 3 | 5 | 6 | 1 | 2 | 7 | 8 | 4 | 9 |

## 267

| 5 | 8 | 7 | 6 | 9 | 3 | 2 | 4 | 1 |
| 9 | 4 | 6 | 1 | 7 | 2 | 8 | 5 | 3 |
| 2 | 3 | 1 | 8 | 4 | 5 | 7 | 9 | 6 |
| 6 | 2 | 4 | 5 | 8 | 9 | 1 | 3 | 7 |
| 1 | 7 | 9 | 3 | 2 | 6 | 4 | 8 | 5 |
| 3 | 5 | 8 | 7 | 1 | 4 | 6 | 2 | 9 |
| 4 | 6 | 2 | 9 | 5 | 1 | 3 | 7 | 8 |
| 7 | 9 | 3 | 2 | 6 | 8 | 5 | 1 | 4 |
| 8 | 1 | 5 | 4 | 3 | 7 | 9 | 6 | 2 |

## 268

| 7 | 4 | 9 | 5 | 3 | 8 | 1 | 6 | 2 |
| 8 | 1 | 6 | 7 | 9 | 2 | 4 | 3 | 5 |
| 3 | 2 | 5 | 1 | 4 | 6 | 8 | 7 | 9 |
| 5 | 3 | 7 | 6 | 8 | 1 | 9 | 2 | 4 |
| 6 | 8 | 4 | 9 | 2 | 3 | 5 | 1 | 7 |
| 2 | 9 | 1 | 4 | 7 | 5 | 6 | 8 | 3 |
| 9 | 7 | 8 | 3 | 6 | 4 | 2 | 5 | 1 |
| 1 | 6 | 3 | 2 | 5 | 9 | 7 | 4 | 8 |
| 4 | 5 | 2 | 8 | 1 | 7 | 3 | 9 | 6 |

## 269

| 7 | 3 | 4 | 9 | 2 | 5 | 6 | 8 | 1 |
| 9 | 8 | 2 | 6 | 7 | 1 | 4 | 5 | 3 |
| 1 | 6 | 5 | 3 | 4 | 8 | 2 | 9 | 7 |
| 3 | 4 | 9 | 7 | 1 | 6 | 5 | 2 | 8 |
| 8 | 5 | 1 | 4 | 3 | 2 | 9 | 7 | 6 |
| 2 | 7 | 6 | 5 | 8 | 9 | 3 | 1 | 4 |
| 5 | 1 | 7 | 2 | 6 | 4 | 8 | 3 | 9 |
| 6 | 9 | 8 | 1 | 5 | 3 | 7 | 4 | 2 |
| 4 | 2 | 3 | 8 | 9 | 7 | 1 | 6 | 5 |

## 270

| 4 | 7 | 1 | 3 | 5 | 6 | 2 | 9 | 8 |
| 2 | 8 | 5 | 9 | 1 | 4 | 7 | 3 | 6 |
| 3 | 9 | 6 | 2 | 7 | 8 | 4 | 1 | 5 |
| 6 | 3 | 7 | 4 | 2 | 1 | 5 | 8 | 9 |
| 1 | 4 | 8 | 5 | 9 | 7 | 6 | 2 | 3 |
| 9 | 5 | 2 | 6 | 8 | 3 | 1 | 7 | 4 |
| 5 | 1 | 3 | 8 | 4 | 2 | 9 | 6 | 7 |
| 8 | 2 | 4 | 7 | 6 | 9 | 3 | 5 | 1 |
| 7 | 6 | 9 | 1 | 3 | 5 | 8 | 4 | 2 |

## 271

| 7 | 1 | 9 | 3 | 8 | 2 | 5 | 4 | 6 |
| 6 | 4 | 2 | 9 | 5 | 1 | 7 | 3 | 8 |
| 3 | 5 | 8 | 7 | 4 | 6 | 2 | 9 | 1 |
| 2 | 7 | 5 | 8 | 6 | 9 | 3 | 1 | 4 |
| 9 | 8 | 4 | 5 | 1 | 3 | 6 | 2 | 7 |
| 1 | 6 | 3 | 2 | 7 | 4 | 9 | 8 | 5 |
| 8 | 3 | 1 | 6 | 2 | 7 | 4 | 5 | 9 |
| 4 | 9 | 6 | 1 | 3 | 5 | 8 | 7 | 2 |
| 5 | 2 | 7 | 4 | 9 | 8 | 1 | 6 | 3 |

## 272

| 1 | 9 | 4 | 5 | 2 | 6 | 7 | 8 | 3 |
| 2 | 3 | 5 | 8 | 7 | 1 | 6 | 9 | 4 |
| 8 | 6 | 7 | 9 | 3 | 4 | 2 | 1 | 5 |
| 7 | 2 | 9 | 1 | 8 | 3 | 5 | 4 | 6 |
| 4 | 5 | 8 | 7 | 6 | 2 | 1 | 3 | 9 |
| 3 | 1 | 6 | 4 | 9 | 5 | 8 | 7 | 2 |
| 9 | 4 | 1 | 6 | 5 | 8 | 3 | 2 | 7 |
| 6 | 8 | 3 | 2 | 4 | 7 | 9 | 5 | 1 |
| 5 | 7 | 2 | 3 | 1 | 9 | 4 | 6 | 8 |

## 273

| 9 | 6 | 5 | 7 | 3 | 1 | 2 | 4 | 8 |
|---|---|---|---|---|---|---|---|---|
| 8 | 3 | 7 | 4 | 2 | 9 | 1 | 6 | 5 |
| 2 | 4 | 1 | 8 | 6 | 5 | 7 | 9 | 3 |
| 3 | 9 | 4 | 2 | 5 | 7 | 8 | 1 | 6 |
| 6 | 5 | 2 | 3 | 1 | 8 | 4 | 7 | 9 |
| 1 | 7 | 8 | 6 | 9 | 4 | 5 | 3 | 2 |
| 4 | 2 | 9 | 1 | 8 | 3 | 6 | 5 | 7 |
| 5 | 1 | 6 | 9 | 7 | 2 | 3 | 8 | 4 |
| 7 | 8 | 3 | 5 | 4 | 6 | 9 | 2 | 1 |

## 274

| 7 | 3 | 5 | 1 | 8 | 9 | 4 | 6 | 2 |
|---|---|---|---|---|---|---|---|---|
| 6 | 9 | 1 | 7 | 4 | 2 | 5 | 3 | 8 |
| 4 | 8 | 2 | 6 | 5 | 3 | 1 | 9 | 7 |
| 5 | 1 | 6 | 3 | 2 | 8 | 9 | 7 | 4 |
| 3 | 2 | 7 | 9 | 6 | 4 | 8 | 5 | 1 |
| 9 | 4 | 8 | 5 | 7 | 1 | 3 | 2 | 6 |
| 2 | 5 | 4 | 8 | 9 | 7 | 6 | 1 | 3 |
| 1 | 7 | 9 | 4 | 3 | 6 | 2 | 8 | 5 |
| 8 | 6 | 3 | 2 | 1 | 5 | 7 | 4 | 9 |

## 275

| 6 | 4 | 7 | 8 | 1 | 5 | 2 | 9 | 3 |
|---|---|---|---|---|---|---|---|---|
| 9 | 1 | 5 | 2 | 3 | 6 | 4 | 7 | 8 |
| 8 | 3 | 2 | 4 | 9 | 7 | 6 | 5 | 1 |
| 5 | 8 | 1 | 7 | 4 | 2 | 3 | 6 | 9 |
| 4 | 2 | 3 | 9 | 6 | 8 | 5 | 1 | 7 |
| 7 | 9 | 6 | 1 | 5 | 3 | 8 | 2 | 4 |
| 3 | 7 | 9 | 5 | 2 | 4 | 1 | 8 | 6 |
| 1 | 5 | 4 | 6 | 8 | 9 | 7 | 3 | 2 |
| 2 | 6 | 8 | 3 | 7 | 1 | 9 | 4 | 5 |

## 276

| 7 | 5 | 2 | 3 | 4 | 8 | 1 | 9 | 6 |
|---|---|---|---|---|---|---|---|---|
| 4 | 1 | 6 | 5 | 9 | 2 | 7 | 3 | 8 |
| 9 | 3 | 8 | 6 | 7 | 1 | 4 | 2 | 5 |
| 2 | 4 | 3 | 1 | 8 | 6 | 9 | 5 | 7 |
| 5 | 8 | 9 | 7 | 3 | 4 | 6 | 1 | 2 |
| 1 | 6 | 7 | 2 | 5 | 9 | 3 | 8 | 4 |
| 8 | 7 | 4 | 9 | 2 | 3 | 5 | 6 | 1 |
| 6 | 9 | 5 | 8 | 1 | 7 | 2 | 4 | 3 |
| 3 | 2 | 1 | 4 | 6 | 5 | 8 | 7 | 9 |

## 277

| 1 | 3 | 9 | 6 | 2 | 7 | 4 | 8 | 5 |
| 2 | 8 | 5 | 4 | 1 | 9 | 7 | 3 | 6 |
| 7 | 6 | 4 | 3 | 5 | 8 | 2 | 9 | 1 |
| 9 | 4 | 3 | 2 | 8 | 5 | 1 | 6 | 7 |
| 6 | 5 | 7 | 1 | 9 | 3 | 8 | 2 | 4 |
| 8 | 2 | 1 | 7 | 6 | 4 | 3 | 5 | 9 |
| 5 | 9 | 2 | 8 | 4 | 1 | 6 | 7 | 3 |
| 4 | 7 | 8 | 5 | 3 | 6 | 9 | 1 | 2 |
| 3 | 1 | 6 | 9 | 7 | 2 | 5 | 4 | 8 |

## 278

| 4 | 1 | 8 | 2 | 6 | 7 | 5 | 9 | 3 |
| 5 | 6 | 2 | 3 | 9 | 8 | 7 | 4 | 1 |
| 3 | 9 | 7 | 4 | 1 | 5 | 2 | 6 | 8 |
| 7 | 4 | 9 | 1 | 8 | 6 | 3 | 2 | 5 |
| 8 | 5 | 3 | 9 | 7 | 2 | 6 | 1 | 4 |
| 1 | 2 | 6 | 5 | 4 | 3 | 9 | 8 | 7 |
| 9 | 3 | 4 | 7 | 2 | 1 | 8 | 5 | 6 |
| 6 | 7 | 1 | 8 | 5 | 9 | 4 | 3 | 2 |
| 2 | 8 | 5 | 6 | 3 | 4 | 1 | 7 | 9 |

## 279

| 5 | 6 | 2 | 1 | 4 | 8 | 3 | 9 | 7 |
| 9 | 3 | 4 | 7 | 5 | 2 | 8 | 6 | 1 |
| 8 | 7 | 1 | 6 | 9 | 3 | 4 | 2 | 5 |
| 2 | 1 | 6 | 8 | 3 | 7 | 5 | 4 | 9 |
| 4 | 9 | 3 | 5 | 1 | 6 | 7 | 8 | 2 |
| 7 | 5 | 8 | 4 | 2 | 9 | 6 | 1 | 3 |
| 6 | 8 | 9 | 3 | 7 | 1 | 2 | 5 | 4 |
| 3 | 2 | 5 | 9 | 8 | 4 | 1 | 7 | 6 |
| 1 | 4 | 7 | 2 | 6 | 5 | 9 | 3 | 8 |

## 280

| 6 | 7 | 3 | 4 | 5 | 8 | 1 | 9 | 2 |
| 2 | 8 | 9 | 7 | 1 | 6 | 3 | 5 | 4 |
| 1 | 4 | 5 | 2 | 9 | 3 | 7 | 8 | 6 |
| 5 | 2 | 6 | 3 | 4 | 9 | 8 | 7 | 1 |
| 7 | 3 | 4 | 6 | 8 | 1 | 9 | 2 | 5 |
| 9 | 1 | 8 | 5 | 2 | 7 | 6 | 4 | 3 |
| 8 | 5 | 7 | 1 | 6 | 4 | 2 | 3 | 9 |
| 4 | 9 | 1 | 8 | 3 | 2 | 5 | 6 | 7 |
| 3 | 6 | 2 | 9 | 7 | 5 | 4 | 1 | 8 |

## 281

| 2 | 3 | 9 | 7 | 4 | 1 | 8 | 5 | 6 |
|---|---|---|---|---|---|---|---|---|
| 1 | 5 | 7 | 6 | 2 | 8 | 9 | 4 | 3 |
| 4 | 6 | 8 | 3 | 9 | 5 | 1 | 2 | 7 |
| 5 | 2 | 3 | 9 | 7 | 6 | 4 | 1 | 8 |
| 7 | 8 | 6 | 5 | 1 | 4 | 3 | 9 | 2 |
| 9 | 4 | 1 | 2 | 8 | 3 | 6 | 7 | 5 |
| 3 | 1 | 4 | 8 | 5 | 2 | 7 | 6 | 9 |
| 6 | 7 | 5 | 4 | 3 | 9 | 2 | 8 | 1 |
| 8 | 9 | 2 | 1 | 6 | 7 | 5 | 3 | 4 |

## 282

| 4 | 3 | 9 | 1 | 2 | 7 | 8 | 5 | 6 |
|---|---|---|---|---|---|---|---|---|
| 8 | 6 | 1 | 5 | 3 | 4 | 9 | 7 | 2 |
| 7 | 2 | 5 | 8 | 6 | 9 | 4 | 1 | 3 |
| 6 | 1 | 3 | 4 | 9 | 8 | 7 | 2 | 5 |
| 9 | 8 | 7 | 6 | 5 | 2 | 1 | 3 | 4 |
| 5 | 4 | 2 | 7 | 1 | 3 | 6 | 9 | 8 |
| 3 | 5 | 4 | 9 | 8 | 1 | 2 | 6 | 7 |
| 2 | 9 | 8 | 3 | 7 | 6 | 5 | 4 | 1 |
| 1 | 7 | 6 | 2 | 4 | 5 | 3 | 8 | 9 |

## 283

| 6 | 2 | 1 | 3 | 8 | 5 | 9 | 4 | 7 |
|---|---|---|---|---|---|---|---|---|
| 5 | 9 | 7 | 6 | 1 | 4 | 3 | 2 | 8 |
| 4 | 3 | 8 | 9 | 2 | 7 | 6 | 1 | 5 |
| 9 | 7 | 5 | 2 | 3 | 6 | 1 | 8 | 4 |
| 2 | 8 | 6 | 5 | 4 | 1 | 7 | 3 | 9 |
| 1 | 4 | 3 | 7 | 9 | 8 | 2 | 5 | 6 |
| 8 | 1 | 2 | 4 | 6 | 9 | 5 | 7 | 3 |
| 3 | 5 | 9 | 8 | 7 | 2 | 4 | 6 | 1 |
| 7 | 6 | 4 | 1 | 5 | 3 | 8 | 9 | 2 |

## 284

| 1 | 8 | 6 | 5 | 7 | 3 | 4 | 9 | 2 |
|---|---|---|---|---|---|---|---|---|
| 2 | 9 | 5 | 4 | 8 | 1 | 3 | 7 | 6 |
| 7 | 3 | 4 | 9 | 2 | 6 | 8 | 1 | 5 |
| 4 | 6 | 1 | 3 | 9 | 8 | 2 | 5 | 7 |
| 8 | 7 | 2 | 6 | 5 | 4 | 1 | 3 | 9 |
| 3 | 5 | 9 | 7 | 1 | 2 | 6 | 4 | 8 |
| 9 | 1 | 3 | 8 | 6 | 5 | 7 | 2 | 4 |
| 6 | 4 | 7 | 2 | 3 | 9 | 5 | 8 | 1 |
| 5 | 2 | 8 | 1 | 4 | 7 | 9 | 6 | 3 |

## 285

| | | | | | | | | |
|---|---|---|---|---|---|---|---|---|
| 8 | 4 | 5 | 7 | 3 | 1 | 2 | 9 | 6 |
| 1 | 6 | 7 | 2 | 9 | 8 | 5 | 4 | 3 |
| 3 | 2 | 9 | 4 | 6 | 5 | 1 | 8 | 7 |
| 4 | 5 | 8 | 9 | 2 | 6 | 3 | 7 | 1 |
| 6 | 9 | 1 | 3 | 5 | 7 | 8 | 2 | 4 |
| 2 | 7 | 3 | 8 | 1 | 4 | 9 | 6 | 5 |
| 5 | 8 | 6 | 1 | 7 | 2 | 4 | 3 | 9 |
| 9 | 1 | 4 | 6 | 8 | 3 | 7 | 5 | 2 |
| 7 | 3 | 2 | 5 | 4 | 9 | 6 | 1 | 8 |

## 286

| | | | | | | | | |
|---|---|---|---|---|---|---|---|---|
| 4 | 8 | 5 | 3 | 9 | 6 | 1 | 7 | 2 |
| 3 | 7 | 6 | 1 | 2 | 8 | 4 | 9 | 5 |
| 9 | 1 | 2 | 5 | 4 | 7 | 6 | 8 | 3 |
| 7 | 5 | 1 | 8 | 6 | 4 | 3 | 2 | 9 |
| 8 | 6 | 4 | 9 | 3 | 2 | 5 | 1 | 7 |
| 2 | 9 | 3 | 7 | 5 | 1 | 8 | 6 | 4 |
| 6 | 3 | 8 | 4 | 7 | 9 | 2 | 5 | 1 |
| 5 | 2 | 7 | 6 | 1 | 3 | 9 | 4 | 8 |
| 1 | 4 | 9 | 2 | 8 | 5 | 7 | 3 | 6 |

## 287

| | | | | | | | | |
|---|---|---|---|---|---|---|---|---|
| 2 | 6 | 3 | 1 | 9 | 5 | 8 | 4 | 7 |
| 7 | 9 | 1 | 8 | 2 | 4 | 5 | 6 | 3 |
| 4 | 8 | 5 | 3 | 6 | 7 | 9 | 1 | 2 |
| 5 | 4 | 9 | 2 | 8 | 1 | 3 | 7 | 6 |
| 6 | 1 | 2 | 5 | 7 | 3 | 4 | 9 | 8 |
| 3 | 7 | 8 | 9 | 4 | 6 | 2 | 5 | 1 |
| 1 | 3 | 7 | 4 | 5 | 8 | 6 | 2 | 9 |
| 9 | 5 | 6 | 7 | 3 | 2 | 1 | 8 | 4 |
| 8 | 2 | 4 | 6 | 1 | 9 | 7 | 3 | 5 |

## 288

| | | | | | | | | |
|---|---|---|---|---|---|---|---|---|
| 7 | 9 | 6 | 2 | 3 | 5 | 4 | 8 | 1 |
| 5 | 4 | 8 | 1 | 7 | 9 | 6 | 3 | 2 |
| 3 | 2 | 1 | 6 | 4 | 8 | 7 | 9 | 5 |
| 2 | 1 | 7 | 8 | 9 | 4 | 5 | 6 | 3 |
| 4 | 6 | 9 | 3 | 5 | 2 | 1 | 7 | 8 |
| 8 | 5 | 3 | 7 | 1 | 6 | 9 | 2 | 4 |
| 1 | 8 | 4 | 9 | 6 | 3 | 2 | 5 | 7 |
| 6 | 3 | 5 | 4 | 2 | 7 | 8 | 1 | 9 |
| 9 | 7 | 2 | 5 | 8 | 1 | 3 | 4 | 6 |

## 289

| 7 | 5 | 4 | 6 | 3 | 8 | 2 | 9 | 1 |
| 9 | 2 | 6 | 7 | 4 | 1 | 8 | 5 | 3 |
| 1 | 3 | 8 | 9 | 2 | 5 | 7 | 6 | 4 |
| 5 | 7 | 1 | 4 | 9 | 2 | 6 | 3 | 8 |
| 4 | 8 | 2 | 3 | 1 | 6 | 5 | 7 | 9 |
| 3 | 6 | 9 | 8 | 5 | 7 | 1 | 4 | 2 |
| 6 | 4 | 7 | 2 | 8 | 3 | 9 | 1 | 5 |
| 8 | 1 | 3 | 5 | 7 | 9 | 4 | 2 | 6 |
| 2 | 9 | 5 | 1 | 6 | 4 | 3 | 8 | 7 |

## 290

| 4 | 7 | 3 | 1 | 6 | 9 | 5 | 2 | 8 |
| 2 | 8 | 9 | 3 | 5 | 4 | 6 | 1 | 7 |
| 6 | 5 | 1 | 7 | 2 | 8 | 9 | 4 | 3 |
| 3 | 2 | 4 | 5 | 7 | 1 | 8 | 6 | 9 |
| 9 | 6 | 5 | 2 | 8 | 3 | 1 | 7 | 4 |
| 7 | 1 | 8 | 9 | 4 | 6 | 2 | 3 | 5 |
| 5 | 4 | 2 | 8 | 1 | 7 | 3 | 9 | 6 |
| 8 | 3 | 6 | 4 | 9 | 2 | 7 | 5 | 1 |
| 1 | 9 | 7 | 6 | 3 | 5 | 4 | 8 | 2 |

## 291

| 4 | 6 | 3 | 9 | 2 | 7 | 1 | 5 | 8 |
| 8 | 9 | 7 | 1 | 3 | 5 | 2 | 4 | 6 |
| 2 | 1 | 5 | 6 | 8 | 4 | 7 | 3 | 9 |
| 7 | 3 | 9 | 2 | 1 | 6 | 5 | 8 | 4 |
| 6 | 4 | 2 | 8 | 5 | 3 | 9 | 7 | 1 |
| 5 | 8 | 1 | 7 | 4 | 9 | 6 | 2 | 3 |
| 3 | 5 | 6 | 4 | 9 | 2 | 8 | 1 | 7 |
| 9 | 2 | 8 | 3 | 7 | 1 | 4 | 6 | 5 |
| 1 | 7 | 4 | 5 | 6 | 8 | 3 | 9 | 2 |

## 292

| 5 | 9 | 8 | 1 | 6 | 2 | 3 | 4 | 7 |
| 6 | 3 | 4 | 8 | 5 | 7 | 9 | 1 | 2 |
| 2 | 1 | 7 | 9 | 3 | 4 | 5 | 8 | 6 |
| 4 | 8 | 1 | 6 | 9 | 5 | 2 | 7 | 3 |
| 3 | 2 | 5 | 4 | 7 | 1 | 6 | 9 | 8 |
| 7 | 6 | 9 | 3 | 2 | 8 | 4 | 5 | 1 |
| 9 | 7 | 6 | 5 | 8 | 3 | 1 | 2 | 4 |
| 8 | 4 | 3 | 2 | 1 | 9 | 7 | 6 | 5 |
| 1 | 5 | 2 | 7 | 4 | 6 | 8 | 3 | 9 |

## 293

| 3 | 6 | 9 | 8 | 7 | 1 | 2 | 5 | 4 |
|---|---|---|---|---|---|---|---|---|
| 2 | 5 | 7 | 4 | 9 | 6 | 3 | 1 | 8 |
| 1 | 8 | 4 | 5 | 2 | 3 | 6 | 9 | 7 |
| 4 | 3 | 8 | 7 | 1 | 9 | 5 | 2 | 6 |
| 7 | 1 | 2 | 6 | 5 | 8 | 4 | 3 | 9 |
| 5 | 9 | 6 | 3 | 4 | 2 | 8 | 7 | 1 |
| 8 | 4 | 1 | 9 | 3 | 5 | 7 | 6 | 2 |
| 9 | 7 | 3 | 2 | 6 | 4 | 1 | 8 | 5 |
| 6 | 2 | 5 | 1 | 8 | 7 | 9 | 4 | 3 |

## 294

| 8 | 7 | 5 | 6 | 1 | 2 | 9 | 4 | 3 |
|---|---|---|---|---|---|---|---|---|
| 6 | 3 | 9 | 5 | 7 | 4 | 1 | 2 | 8 |
| 1 | 2 | 4 | 3 | 8 | 9 | 5 | 7 | 6 |
| 2 | 1 | 7 | 8 | 3 | 5 | 4 | 6 | 9 |
| 9 | 6 | 8 | 1 | 4 | 7 | 2 | 3 | 5 |
| 4 | 5 | 3 | 2 | 9 | 6 | 7 | 8 | 1 |
| 3 | 4 | 2 | 9 | 5 | 8 | 6 | 1 | 7 |
| 7 | 9 | 1 | 4 | 6 | 3 | 8 | 5 | 2 |
| 5 | 8 | 6 | 7 | 2 | 1 | 3 | 9 | 4 |

## 295

| 4 | 1 | 8 | 2 | 5 | 3 | 7 | 6 | 9 |
|---|---|---|---|---|---|---|---|---|
| 7 | 3 | 5 | 6 | 9 | 4 | 8 | 2 | 1 |
| 9 | 2 | 6 | 1 | 8 | 7 | 5 | 4 | 3 |
| 5 | 8 | 2 | 7 | 1 | 6 | 9 | 3 | 4 |
| 1 | 9 | 7 | 4 | 3 | 5 | 6 | 8 | 2 |
| 3 | 6 | 4 | 8 | 2 | 9 | 1 | 7 | 5 |
| 2 | 5 | 3 | 9 | 6 | 8 | 4 | 1 | 7 |
| 6 | 4 | 9 | 3 | 7 | 1 | 2 | 5 | 8 |
| 8 | 7 | 1 | 5 | 4 | 2 | 3 | 9 | 6 |

## 296

| 4 | 8 | 9 | 5 | 3 | 6 | 1 | 7 | 2 |
|---|---|---|---|---|---|---|---|---|
| 2 | 6 | 5 | 1 | 7 | 9 | 8 | 4 | 3 |
| 7 | 3 | 1 | 8 | 4 | 2 | 5 | 6 | 9 |
| 6 | 5 | 4 | 9 | 2 | 8 | 7 | 3 | 1 |
| 3 | 2 | 7 | 4 | 1 | 5 | 9 | 8 | 6 |
| 1 | 9 | 8 | 3 | 6 | 7 | 2 | 5 | 4 |
| 9 | 4 | 3 | 7 | 8 | 1 | 6 | 2 | 5 |
| 8 | 1 | 2 | 6 | 5 | 4 | 3 | 9 | 7 |
| 5 | 7 | 6 | 2 | 9 | 3 | 4 | 1 | 8 |

## 297

| 9 | 4 | 3 | 2 | 7 | 6 | 8 | 1 | 5 |
| 7 | 1 | 2 | 5 | 9 | 8 | 6 | 3 | 4 |
| 6 | 5 | 8 | 4 | 3 | 1 | 7 | 2 | 9 |
| 5 | 2 | 7 | 3 | 8 | 9 | 4 | 6 | 1 |
| 3 | 9 | 1 | 7 | 6 | 4 | 2 | 5 | 8 |
| 8 | 6 | 4 | 1 | 5 | 2 | 3 | 9 | 7 |
| 1 | 8 | 9 | 6 | 4 | 3 | 5 | 7 | 2 |
| 2 | 3 | 5 | 8 | 1 | 7 | 9 | 4 | 6 |
| 4 | 7 | 6 | 9 | 2 | 5 | 1 | 8 | 3 |

## 298

| 5 | 1 | 4 | 2 | 9 | 7 | 3 | 6 | 8 |
| 8 | 9 | 2 | 6 | 3 | 5 | 4 | 1 | 7 |
| 3 | 6 | 7 | 1 | 8 | 4 | 5 | 9 | 2 |
| 2 | 3 | 9 | 8 | 4 | 6 | 1 | 7 | 5 |
| 1 | 7 | 8 | 5 | 2 | 9 | 6 | 4 | 3 |
| 4 | 5 | 6 | 3 | 7 | 1 | 8 | 2 | 9 |
| 6 | 2 | 1 | 7 | 5 | 3 | 9 | 8 | 4 |
| 9 | 8 | 5 | 4 | 1 | 2 | 7 | 3 | 6 |
| 7 | 4 | 3 | 9 | 6 | 8 | 2 | 5 | 1 |

## 299

| 5 | 8 | 6 | 9 | 7 | 1 | 2 | 4 | 3 |
| 7 | 3 | 4 | 2 | 6 | 8 | 1 | 9 | 5 |
| 2 | 1 | 9 | 4 | 5 | 3 | 8 | 7 | 6 |
| 4 | 5 | 2 | 6 | 1 | 9 | 3 | 8 | 7 |
| 6 | 9 | 3 | 7 | 8 | 4 | 5 | 2 | 1 |
| 8 | 7 | 1 | 5 | 3 | 2 | 9 | 6 | 4 |
| 1 | 4 | 8 | 3 | 9 | 6 | 7 | 5 | 2 |
| 3 | 2 | 5 | 8 | 4 | 7 | 6 | 1 | 9 |
| 9 | 6 | 7 | 1 | 2 | 5 | 4 | 3 | 8 |

## 300

| 3 | 8 | 2 | 7 | 5 | 1 | 4 | 9 | 6 |
| 1 | 9 | 5 | 4 | 3 | 6 | 8 | 7 | 2 |
| 4 | 6 | 7 | 8 | 9 | 2 | 5 | 3 | 1 |
| 7 | 2 | 3 | 5 | 6 | 8 | 1 | 4 | 9 |
| 8 | 4 | 1 | 9 | 7 | 3 | 6 | 2 | 5 |
| 9 | 5 | 6 | 1 | 2 | 4 | 7 | 8 | 3 |
| 2 | 7 | 4 | 6 | 1 | 9 | 3 | 5 | 8 |
| 5 | 1 | 9 | 3 | 8 | 7 | 2 | 6 | 4 |
| 6 | 3 | 8 | 2 | 4 | 5 | 9 | 1 | 7 |

Also Available:

*Sudoku Easy Presented by Will Shortz, Volume 1*
*Sudoku Easy to Hard Presented by Will Shortz, Volume 2*
*Sudoku Easy to Hard Presented by Will Shortz, Volume 3*
*The Ultimate Sudoku Challenge Presented by Will Shortz*
*Sudoku for Your Coffee Break Presented by Will Shortz*
*Sudoku to Boost Your Brainpower Presented by Will Shortz*
*Will Shortz Presents Sun, Sand, and Sudoku*
*Will Shortz's Favorite Sudoku Variations*
*Will Shortz Presents Simple Sudoku, Volume 1*
*Will Shortz Presents Sudoku for Stress Relief*
*Will Shortz Presents Sudoku for Your Bedside*
*Will Shortz Presents Quick Sudoku, Volume 1*
*Will Shortz Presents Easiest Sudoku*
*Will Shortz Presents Fitness for the Mind Sudoku*
*Will Shortz Presents Sudoku for a Sunday Morning*
*Will Shortz Presents Sudoku for A Lazy Afternoon*
*Will Shortz Presents The First World Sudoku Championships*
*Will Shortz Presents Simply Sudoku Volume 2*
*Will Shortz Presents The Monster Book of Sudoku for Kids*
*Will Shortz Presents Stress-Buster Sudoku*
*Will Shortz Presents Sudoku for Your Vacation*
*Will Shortz Presents Ultra Easy Sudoku*
*Will Shortz Presents Ready, Set, Sudoku*
*Will Shortz Presents Sudoku for Dads*
*Will Shortz Presents Sudoku for Your Lunch Hour*
*Will Shortz Presents Sudoku by the Sea*
*Will Shortz Presents Coffee, Tea or Sudoku*
*Will Shortz Presents Starter Sudoku*
*Will Shortz Presents Jungle Book of Sudoku for Kids*
*Will Shortz Presents The Joy of Sudoku*
*Will Shortz Presents Rise and Shine Sudoku*
*Will Shortz Presents Seduced by Sudoku*
*Will Shortz Presents Let's Play Sudoku: Take it Easy*
*Will Shortz Presents Let's Play Sudoku: Middle of the Road*
*Will Shortz Presents Let's Play Sudoku: Over the Edge*
*Will Shortz Presents The Little Flip Book of Sudoku*
*Will Shortz Presents Puzzles from the World Sudoku Championship*
*Will Shortz Presents Sudoku for 365 Days*
*Will Shortz Presents Sleepless with Sudoku*
*Will Shortz Presents Easy Afternoon Sudoku*
*Will Shortz Presents Sudoku to Soothe Your Soul*
*Will Shortz Presents Beyond Sudoku*
*Will Shortz Presents Tame Sudoku*
*Will Shortz Presents Wild Sudoku*
*Will Shortz Presents Ferocious Sudoku*
*Will Shortz Presents Sun, Surf, and Sudoku*
*Will Shortz Presents 1,001 Sudoku Puzzles To Do Right Now*
*Will Shortz Presents Every Day Sudoku*
*Will Shortz Presents Stress-Free Sudoku*

*Will Shortz Presents Single Scoop Sudoku*
*Will Shortz Presents Double Dip Sudoku*
*Will Shortz Presents Triple Threat Sudoku*
*Will Shortz Presents The Little Luxe Book of Sudoku*
*Will Shortz Presents Life Lessons From Sudoku*
*Will Shortz Presents The Double Flip Book of New York Times Crosswords and Sudoku*
*Will Shortz Presents To Do Sudoku*
*Will Shortz Presents Simply Sneaky Sudoku*
*Will Shortz Presents Simply Scary Sudoku*
*Will Shortz Presents Simply Sinister Sudoku*
*Will Shortz Presents The Dangerous Book of Sudoku*
*Will Shortz Presents Coffee Break Sudoku*
*Will Shortz Presents Sudoku to Exercise Your Brain*
*Will Shortz Presents Sudoku for the Weekend*
*Will Shortz Presents Quick Sudoku Volume 1*
*Will Shortz Presents Tough Sudoku*
*Will Shortz Presents Treacherous Sudoku*
*Will Shortz Presents Terrifying Sudoku*
*Will Shortz Presents Cup O'Joe Sudoku*
*Will Shortz Presents Puzzle-a-Day: Sudoku*
*Will Shortz Presents The Puzzle Doctor: Sudoku Fever*
*Will Shortz Presents Snuggle Up with Sudoku*
*Will Shortz Presents Wake Up with Sudoku*
*Will Shortz Presents Outrageously Evil Sudoku*
*Will Shortz Presents Little Pink Book of Sudoku*
*Will Shortz Presents Mild Sudoku*
*Will Shortz Presents Zesty Sudoku*
*Will Shortz Presents Hot Sudoku*
*Will Shortz Presents The Puzzle Doctor: Sudoku Mania*
*Will Shortz Presents Supreme Book of Sudoku*
*Will Shortz Presents Extreme Sudoku*
*Will Shortz Presents Tricky Sudoku*
*Will Shortz Presents Trickier Sudoku*
*Will Shortz Presents Trickiest Sudoku*
*Will Shortz Presents Summertime Sudoku*
*Will Shortz Presents Puzzle-a-Day: Hard Sudoku*
*Will Shortz Presents Difficult Sudoku*
*Will Shortz Presents Daring Sudoku*
*Will Shortz Presents Dangerous Sudoku*
*Will Shortz Presents Sudoku for Christmas*
*Will Shortz Presents Eat, Pray, Sudoku*
*Will Shortz Presents Mischievous Sudoku*
*Will Shortz Presents Wicked Sudoku*
*Will Shortz Presents Devious Sudoku*
*Will Shortz Presents The Epic Book of Extreme Sudoku*
*Will Shortz Presents Sizzling Sudoku*
*Will Shortz Presents Keep Calm and Sudoku On*
*Will Shortz Presents Holiday Sudoku*
*Will Shortz Presents The Little Book of Lots of Sudoku*